U0000739

OPEN 是一種人本的寬厚。
OPEN 是一種自由的開闊。
OPEN 是一種平等的容納。

OPEN 2/55

人心與人生

作　　者　梁漱溟
發 行 人　施嘉明
總 編 輯　方鵬程
責任編輯　李俊男
外包編輯　薛美惠
美術設計　吳郁婷

出 版 者
印 刷 所　臺灣商務印書館股份有限公司
編輯部：10046 臺北市重慶南路一段三十七號
電話：(02)2371-3712　傳真：(02)2375-2201
營業部：10660 臺北市大安區新生南路三段十九巷二號
電話：(02)2368-3616　傳真：(02)2368-3626
讀者服務專線：080056196
郵撥：0000165-1
E-mail: ecptw@cptw.com.tw
網路書店網址：www.cptw.com.tw
網路書店臉書：facebook.com.tw/ecptwdoing
臉書：facebook.com.tw/ecptw
部落格：blog.yam.com/ecptw

初版一刷　2013 年 12 月
本書經北京世紀文景文化傳播有限責任公司正式授權，同意經由臺灣商務印書館股份有限公司出版中文繁體字版本。非經書面同意，不得以任何形式任意重製、轉載。
文化部部版臺陸字第 102010 號

定價新臺幣 320 元
ISBN 978-975-05-2882-4

OPEN 2/55

人心與人生

梁漱溟／著

臺灣商務印書館　發行

人心与人生

1984年初版作者自題書名

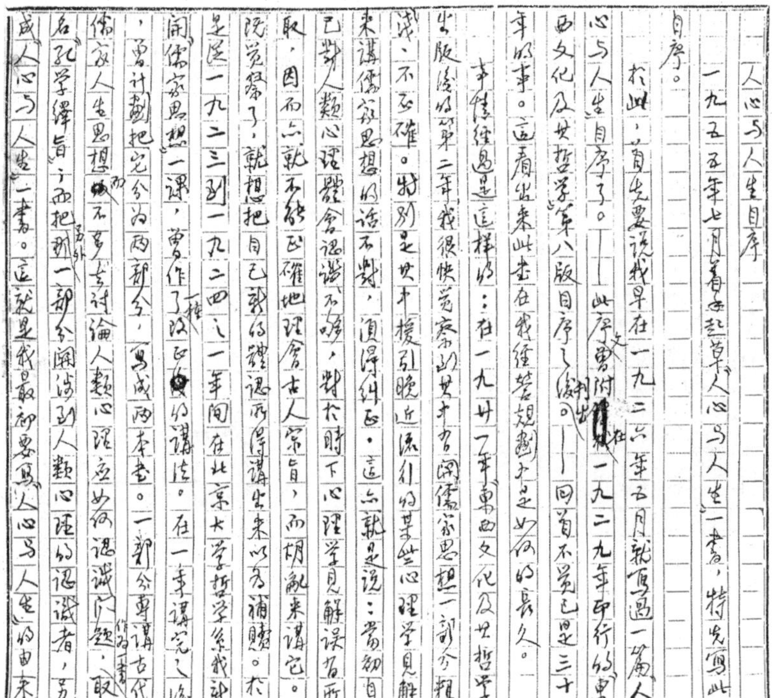
人心与人生自序

一九五五年七月着手起草《人心与人生》一书，特先写此自序。

於此，首先要说我早在一九二六年五月就写过一篇人心与人生自序了。——此序曾附刊在一九二九年印行的东西文化及其哲学第八版自序之後。——回首不觉已是三十年的事。这看出来此书在我经营规划中是如何的长久。

事情经过是这样的：在一九二一年东西文化及其哲学出版后的第二年我很快觉察到其中有关儒家思想一部分粗浅、不正确。特别是其中援引晚近流行的某些心理学见解来讲儒家思想的话不对，须得纠正。这就是说：当初自己对人类心理体会认识不够，对於时下心理学见解误有所取，因而亦就不能正确地理会古人宗旨，而胡乱来讲它。既觉察了，就想把自己新的体认所得讲出来以为补赎。於是从一九二三到一九二四之一年间在北京大学哲学系我新开儒家思想一课，曾作了一种新的讲法。在一年讲完之後，曾计划把它分为两部分，写成两本书。一部分专讲古代儒家人生思想，而另外专去讨论人类心理应如何认识问题，取名孔学绎旨；而把那一部分阐说到人类心理的认识者，另成《人心与人生》一书。这就是我最初要写《人心与人生》的由来。

作者自序手稿之一頁

1974年「批林批孔」運動時於北京新中街寓所前留影，次年《人心與人生》撰成。

自序一 [1]

在民國十年出版的《東西文化及其哲學》自序中，我曾自白，我起初實在沒有想談學問，沒有想著書立說；而且到現在還是不想。並且也不能，談學問和著書立說。我只是愛有我自己的思想，愛有我自己的見解——爲我自己生活作主的思想和見解。這樣子，自然免不了要討論到許多問題，牽涉到許多學問。而其結果，倘若自己似乎有見到的地方，總願意說給大家。如此，便是不談學問而卒不免於談學問，不著書而卒不免於著書之由。現在要爲這本《人心與人生》作序，依舊是這個意思。

這個意思要細說起來，是須得把我三十年來的歷史敘出，才可以明白當眞是如此。所以我曾經說過要作一篇《三十自述》，卻是四五年來始終不曾做出，並且不知幾時才得做他。目前只能單就這本書去說：爲什麼有《人心與人生》這本東西出來？——我爲什麼要談心理學？

我們應當知道，凡是一個倫理學派或一個倫理思想家，都有他的一種心理學爲其基礎；或說他的倫理學，都是從他對於人類心理的一種看法，而建樹起來。儒家是一個大的倫理學派；孔子所說的許多話都是此倫理學上的話；這是很明顯的。那麼，孔子必有他的人類心理觀，而所有他說的許多話都是或隱或顯地指著那個而說，或遠或近地根據著那個而說；這是一定的。如果我們不能尋得出孔子的這套心理學來，則我們去講孔子即是講空話。蓋古人往矣！無從起死者而與之語。我們所及見者，惟流傳到今的簡冊上一些字句而已。這些字句，在當時原一一有其所指；但到我們手裡，不過是些符號。此時苟不能返求其所指，而模模糊糊去說去講，則只是掉弄名詞，演繹符號而已；理趣大端，終不可見。如何不是講空話？前人蓋鮮不蹈此失矣！然欲返求其所指，恐怕沒有一句不說到心理。以當時所說，原無外乎說人的行爲——包含語默思感——如何如何；這個便是所謂心理。心理是事實，而倫理是價值判斷；自然返求的第一步在其所說事實，第二步乃在其所下判斷。所以倘你不能尋出孔子的心理學來，即不必講什麼孔子的倫理學。進而言之，要問孔子主張的道理站得住站不住，就須先看他心理學的見解站得住站不住。所以倘你不能先拿孔子的心理學來和現在的心理學相較量、相勘對，亦即不必說到發揮孔子道理。但這兩方的心理學見解明明是不相容的；稍有頭腦的人都可以覺得。現在流行的幾個心理學派，在他們彼此間雖然分歧抵牾，各不相下，卻沒有一個不是和孔子的心理學見解相反對者。——假如今日心理學界有共同趨勢，或其時代風氣可言，那麼就是和孔子的心理學見解適不相容的一種趨勢、風氣。所以倘你不能推翻今日的心理學，而建樹孔子的心理學，亦即不必來相較量、勘對！

明白這一層，則知我雖然初不曾有意要講心理學，而到現在沒有法子避心理學而不談。雖然西文程度太差，科學知識太差，因而於現代學術幾無所知，原無在現代學術界來說話的能力；而心難自昧，理不容屈，逼處此際，固不甘從默謝短也。《人心與人生》之所爲作，凡以此而已！

更有一層是這本書所以要作的原故，即對自己以前講錯的話，趕須加以糾正修改。從前那本《東西文化及其哲學》原是討論人生問題，而歸結到孔子之人生態度的。自然關於孔子思想的解說爲其間一大重要部分，而自今看去，其間錯誤乃最多。根本錯誤約有兩點。其一，便是沒把孔子的心理學認清，而濫以時下盛談本能一派的心理學爲依據，去解釋孔學上的觀念和道理；因此就通盤皆錯。其二，便是講孔學的方法不善，未曾根本改掉前人以射覆態度來講古書的毛病。除於十一年原書付三版時，有一短序對第二點稍致聲明外，忽忽五年，迄未得舉悔悟後的見解，改正後的講法，整盤地或系統地用文字發表過。直到今日才得勉成此書以自贖；——然亦只就第一點有所改正，其關於第二點則將另成《孔學繹旨》一書。故爾，此書之作，不獨取袪俗蔽，抑以自救前失，皆不容已也。

此書初稿本是《孔學繹旨》的一部分。——原初只是《孔學繹旨》一部書而已。《孔學繹旨》在民國十二年秋訖十三年夏的一學年（一九二三—一九二四），曾爲北京大學哲學系講過一遍。凡此大意，爾時約略已具。但當時只系臨講口授，雖粗備條目，未曾屬文。是秋赴曹州辦學，遂從擱置。（外間有以筆記流傳者，概未得我許可，抑且未經我寓目，全不足據。）及今動筆，睹時人言心理者率從俗學，一世耳目皆爲所蔽，念非片言可解；而舊講於此，亦復發揮未盡。因劃取其間涉論心理之部分，擴充附益，自成一書，別取今名。所餘部分還如舊制，亦將繼此寫定出版。是雖裂爲二制，而譬則本末一氣，前後所言相爲發明；讀者雙取，可資互證。

一九二六年五月三十一日

漱溟記

①早在一九二六年，作者立意將撰寫《人心與人生》一書後，即先寫成此書序言，並作為附錄刊載於《東西文化及其哲學》序言之後。——編者注

自序二

一九五五年七月著手起草《人心與人生》一書，特先寫此自序。

於此，首先要說我早在一九二六年五月就寫過一篇《人心與人生》自序了。——此序文曾附在一九二九年印行的《東西文化及其哲學》第八版自序之後刊出。——回首不覺已是三十年的事，這看出來此書在我經營規劃中是如何的長久。

事情經過是這樣的：在一九二一年《東西文化及其哲學》出版後的第二年，我很快覺察到其中有關儒家思想一部分粗淺不正確。特別是其中援引晚近流行的某些心理學見解來講儒家思想的話不對，須得糾正。這亦就是說當初自己對人類心理體會認識不夠，對於時下心理學見解誤有所取，因而亦就不能正確地理會古人宗旨，而胡亂來講它。既覺察了，就想把自己新的體認所得講出來以爲補贖，於是從一九二三年到一九二四年之一年間在北京大學哲學系我新開「儒家思想」一課，曾作了一種改正的講法。在一年講完之後，曾計劃把它分爲兩部分，寫成兩本書，一部分專講古代儒家人生思想而不多去討論人類心理應如何認識問題，作爲一書取名《孔學繹旨》；而把另外那一部分關涉到人類心理的認識者，另成《人心與人生》一書。這就是我最初要寫《人心與人生》的由來。

一九二六年所寫那篇序文，主要在說明一點：一切倫理學派總有他自己的心理學作基礎；所有他的倫理思想（或人生思想）都不外從他對人類心理或人類生命那一種看法（認識）而建樹起來。儒家當然亦不例外。只有你弄清楚孔子怎樣認識人類，你才能理解他對人們的那些教導；這是一定的。所以，孔子雖然沒講出過他的心理學——孟子卻講出了一些——然而你可以肯定他有他的心理學。但假使你自己對人類心理認識不足，你又何從瞭解孔子具有心理學見解作前提的那些說話呢？此時你貿然要來講孔子的倫理思想又豈有是處？我在《東西文化及其哲學》中便是犯了此病。在一九二三—一九二四年開講儒家思想時，自信是較比以前正確地懂得了孔子的心理學，特地把先後不同的心理學見解作了分析討論，再來用它闡明儒家思想，其意義亦就不同於前。但我所相信孔子的心理學如是者，無疑地它究竟只是個人對於人類心理或人類生命的一種體認——一種比較說是最後的體認罷了。所以將它劃出來另成《人心與人生》一書是適當的。

那次同這次一樣，書未成而先寫了序，手中大致有些綱領條目，不斷盤算著如何寫它。一九二七年一月我住北京西郊大有莊，有北京各高等學校學生會組織的寒假期間學術講演會來約我作講演，我便提出以「人心與人生」作講題。那時我久已離開北大講席，而地點卻還是借用北大第二院大講堂。計首尾共講了四星期，講了全書的上一半——全書分九章，講了四章。當時仍只是依著綱領條目發揮，並無成文講稿。記得後來在山東鄒平又曾講過一次，至今尚存留有同學們的筆記本作爲今天著手寫作之一參考。

爲什麼著筆延遲到今天這樣久呢？這便是我常常自白的，我一生心思力氣之用恆在兩個問題上：一個是人生問題，另一個可說是中國問題。不待言，《人心與人生》就是屬於人生問題一面的。而自從一九三一年的「九一八」事件後，日寇向中國進逼一天緊似一天，直到「七七」而更大舉入侵，在忙於極端緊張嚴重的中國問題之時，像人生問題這種沒有時間性的研究寫作之業，延宕下來不是很自然的嗎？

以下試把上面所說我當年對人類心理的體認前後怎樣轉折不同，先作一簡括敘述。

首先說在《東西文化及其哲學》中所表見的我對人類心理的那種體認。而這一體認呢，卻又是經過一番轉折來的，並非我最初的見解。我最初正像一般人一樣，以意識爲心理，把人們有自覺的那一面，認作是人類心理的重要所在。這是與我最初的思想——功利派思想不可分的。如我常常自白的那樣，我的思想原先倒很像近代西洋人，亦就是《東西文化及其哲學》所菲薄的墨子思想那一路。及至轉到出世界想，即古印度人的那一路，又是其後的事。再轉歸到中國固有思想上來，更是最後的事了。因爲我少年時感受先父影響。先父平素最恨中國舊式文人，以爲中國積弱都是被歷來文人尙虛文而不講實用之所誤；論人論事必從實用、實利作衡量；勉勵青年後進要講求實學。因而在我就形成了最初以利害得失來解釋是非善惡的那種功利派思想。在這種思想中總是把人類一切活動看成是許多慾望，只要慾望是明智的那就好（正像近代西洋人那樣提倡開明的利己心）。慾望不就是在我們意識上要如何如何嗎？所謂明智不又是高度自覺嗎？意識、自覺、慾望……這就是（我）當初的人類心理觀。

自己好久好久運用不疑，彷彿是不易之理的，慢慢生出疑難問題，經過反覆思考卒又把它推翻，這才進入《東西文化及其哲學》那一時期。《東西文化及其哲學》一書表面上好像站在儒家一面批評墨子，站在中國一邊批評西洋，其實正是我自己從一種新的體認轉回頭來指摘其舊日所見之淺薄。

那麼，此時所有新的體認是如何呢？那恰是舊日所見的一大翻案。人類一切活動不錯都是通過意識來。——不通過意識的是例外，或病態。然而人類心理的根本重要所在則不在意識上，而寧隱於意識背後深處，有如所謂「本能」、「衝動」、「潛意識」、「無意識」的種種。總之，要向人不自覺、不自禁、不容己……那些地方去求。因此，人生應該一任天機自然，如像古人所說的「廓然大公，物來順應」那樣；若時時計算利害得失而統馭著自己去走路，那是不可能的，亦是很不好的。——這便是《東西文化及其哲學》中的思想。

如上所說由人心體認到人生思想這樣前後一個翻案，好像簡單的很，卻概括了那全書大旨；一本《東西文化及其哲學》就從這裡來。這在原書中曾不惜再三指點出。

原書第五章指證世界最近未來將從西洋文化轉變到中國文化的復興，分了三層來說明。其中一層就明白地說是由於現在心理學見解變了之故。

（上略）如果單是事實（社會經濟）變遷了，而學術思想沒有變遷，則文化雖有轉變之必要，而人們或未必能為適當之應付。然西洋人處於事實變遷之會（資本主義經濟要變為社會主義經濟），同時其學術思想亦大有改變遷進，給他們以很好之指導，以應付那事實上的問題，而闢造文化之新局。這學術思想的變遷可分為見解的變遷（或科學的變遷）和態度的變遷（或哲學的變遷）之二種。見解的變遷，就是指其心理學的變遷說，這是最大的，根本的。（中略）差不多西洋人自古以來直到最近變遷以前，有其一種心理學見解，幾乎西方文化就建築在這個上面；現在這個見解翻案了，西方文化於是也要翻案。（中略）這就是一向只看到人類心理的有意識的一面，忽卻那無意識一面；……不曉得有意識之部只是心理的淺表，而隱於其後無意識之部實為根本重要。（中略）以前的見解都以為人的生活儘是有意識的，盡由知的作用來作主的，盡能揀擇算計著去走的，總是趨利避害去苦就樂的……如是種種。於是就以知識為道德，就提倡工於算計的人生。自古初蘇格拉底直到一千九百年間之學者，西洋思想自成一種味調態度，深入其人心，形著而為其文化，與中國風氣適相反對者蓋莫不基於此。

這下面舉出麥獨孤（W. McDougall）《社會心理學緒論》之盛談本能，羅素（B. Russell）《社會改造原理》之盛談衝動，以及其他一些學者著作爲例，證明好多社會科學社會哲學的名家學者們通都看到了此點，而總結說：

（上略）雖各人說法不同，然其為西洋人眼光從有意識一面轉移到另一面則無不同。於是西方人兩眼睛的視線乃漸漸與孔子兩眼視線之所集相接近到一處。孔子是全力照注在人類情志方面的，孔子與墨子不同處，孔子與西洋人的不同處，其根本所爭只在這一點。西洋人向不留意到此；現在留意到了，乃稍稍望見孔子之門矣。我所怕者只怕西洋人始終看不到此耳。但得他看到此處，就不怕他不走孔子的道路。

其中最明白的例是羅素。羅素這本著作是第一次世界大戰後寫出的，他開宗明義的一句話，就說他從大戰領悟了「人類行爲的源泉究竟是什麼」這個大道理。自來人們總把人類行爲看作是出於慾望；其實慾望遠不如衝動之重要有力。如果人類活動不出乎種種慾望，那麼，他總是會趨利而避害的，不至於自己向毀滅走。而實際上不然。人類是很可以赴湯蹈火走向毀滅而不辭的；請看大戰不就是如此嗎？釀成戰爭的都是衝動——不管怒火也罷，野心也罷，都是強烈的衝動。大凡慾望亦爲有一種衝動（羅素名之爲「佔有衝動」）在其中才有力。衝動不同，要事先注意分別調理順暢，各得其宜；抑制它，或強行排除它，不是使人消沉沒有活氣，就是轉而發出暴戾傷害人的衝動來。「要使人的生機順暢而不要妨礙它」，我認爲這就是羅素終會接近於孔子的根本所在了。

其他類此，不再多說。

這種改變不獨見之於當代西洋人，而且同時還見之於中國主張學西洋的人——「五四」新文化運動的首腦人物陳獨秀先生。在他主編的《新青年》中和他本人的文章中均供給了我很好的例證，原書也一同作了徵引，這裡且從略。

以上只是說出了從我最初的見解到《東西文化及其哲學》時期見解的轉變，而要緊的還在此後的第二個轉變，以下將進而敘明它，亦即指出我對人類心理最後作何認識。

爲了說話簡便易曉，我每稱此第二個轉變爲「從二分法到三分法」的轉變。什麼是二分法？二分法就是把人類心理分作兩面來看：本能一面較深隱，而衝動有力；理智一面較淺顯，卻文靜清明。人類行爲無不構成於這兩面之上，不過其間畸輕畸重各有不同罷了。除此兩面之外不可能更有第三面，所以是「二分法」。

所謂三分法不是通常所說的「知」、「情」、「意」那種三分，而是指羅素在其《社會改造原理》中提出的「本能」、「理智」、「靈性」三分，恰又是對「不可能更有第三面」來一個大翻案的。在《東西文化及其哲學》中我曾表示不同意羅素這種三分法。羅素建立靈性，說它是宗教和道德的心理基礎，我以爲遠不如克魯泡特金所說的正確。克氏著《互助論》一書，從蟲類、鳥類、獸類以至野蠻人的生活中，搜集羅列許多事實，指出像人類社會所有的母子之親、夫婦之情、朋友之義等等早見於生物進化的自然現象中，而說之爲「社會本能」。這不恰和孟子「良知良能」之說相發明相印證嗎？他還同孟子一樣把人們知善知惡比作口之於味、目之於色，從切近平實處來說明道德，而不把它說向高不可攀，說向神秘去。何需乎如羅素那樣憑空抬出一個神秘的「靈性」來呢？我恐怕由於「靈性」在人類心理上缺乏事實根據，倒會使得宗教、道德失掉了它的根據吧！

當年既如此斬截地否定了羅素的三分法，其後何以忽然又翻轉來而肯定它？這不是隨便幾句話可以說明得了的，要看完我這全書才得圓滿解答。看完全書亦就明白「三分法」並不是一句正確的說法，《人心與人生》所爲作亦絕不只是爲了闡明三分法有勝於二分法。然而在此序文中卻不妨姑就此問題引一頭緒。

我們要從二分法的缺欠處來認識三分法，那麼三分法雖不是一句正確的說話（法？），它還是勝於二分法的。二分法的缺欠在何處呢？其根本缺欠在沒有把握到人類生命的特點，首先它遠不能對人類社會生活予以滿意的說明。

人類在生物界所以表見突出者，因其生命活力顯然較之一般生物是得到一大解放的。其生命重心好像轉移到身體以外：一面轉移到無形可見的心思；一面轉移到形式萬千的社會。人類生命所貴重的，寧在心而不在身，寧在群體而不在個體。心思和社會這兩面雖在生物界早有萌芽，非獨見於人類，然而心思作用發達到千變萬化，社會生活發達到千變萬化，心思活動遠超於其身體活動，群體活動遠超於其個體活動，則是人類最爲突出獨有的。它雖從兩面表現，但這兩面應當不是兩事。發達的社會生活必在發達的心思作用上有其依據；無形可見的心思正爲形式萬千的社會之基礎。那麼，就要問：從二分法來看，這裡所謂心思主要是理智呢，還是本能？

頭一個回答，似乎應該便是理智。因爲誰都知道只有物類生活還依靠著先天本能，而人類所特別發達的正在理智。然而我那時（寫《東西文化及其哲學》時）意見恰不如是。導致我那時意見的則有三：

第一，我看了近代西洋人——他們恰是以理智勝——由其所謂「我的覺醒」以至個人主義之高潮，雖於其往古社會大有改進作用，但顯然是一種離心傾向（對社會而言）；使我體會到明晰的理智讓人分彼我，亦就容易只顧自己，應當不是社會的成因。

第二，曾流行一時的，「社會契約說」，正由近代西洋人理智方盛，不免把人類行爲都看作是有意識的行爲而想像出來的。其於歷史無據，已屬學者公論；社會構成不由理智，於此益明。

第三，從克魯泡特金的《互助論》上，知道人類之一切合群互助早在蟲類、鳥類、獸類生活中已有可見，明明都是本能。於是我便相信了發達的人類社會是由於所謂「社會本能」的特殊發達而來。

這是符合當時我重視本能的那種思想的。然而到底經不起細思再想，不久之後，就覺察出它的不對。第一，本能在人類較之物類不是加強而是大爲減弱；我們之說人類生命得到解放的，即指其從那有機械性的本能中得解放。今若以其優於社會者歸功於其所短之本能，如何說得通？再看物類如何合群，如何互助，乃至有的如何捨己爲群，種種不一而莫不各有所限定。像這樣恆各有所限而不能發展的，說它是一種本能自然沒有錯。但若人類社會之日見開拓，變化萬千，莫知其限量的，焉得更以本能看待？

既不是理智，又不是本能，人類社會之心理學的基礎必定在這以外另自有說。那麼，是不是就在羅素所說的「靈性」呢？

在經過考慮之後，還是發現羅素在本能、理智之外提出靈性來確有所見，並不是隨便說的。羅素說靈性「以無私的感情——impersonal feeling——爲中心」，這就揭出了他之所見。我們要知道，本能在動物原是先天安排下的一套營謀生活的方法手段，因之其相應俱來的感情衝動——皆有所爲，就不是無私的感情。到了人類，其生活方法多靠後天得來，既非理智代替了本能，更不是於本能外又加了理智，乃是在本能中有了一種反乎本能的傾向，本能爲之鬆弛減弱，便留給後天以發明創造和學習的地步。原從降低了感情衝動而來的理智，其自身沒有動向可見，只不過是被役用的工具；雖然倒可說它是無所私的，卻又非所謂「無私的感情」了。因此，羅素提出的靈性確乎在此兩者（本能、理智）之外，而是很新鮮的第三種東西。問題只在看是不是實有這種東西。

老實講，第三種東西是沒有的；但我們說來說去卻不免遺忘了最根本的東西，那便是爲本能、理智之主體的人類生命本身。本能、理智這些爲了營生活而有的方法手段皆從生命這一主體而來，並時時爲生命所運用。從主體對於其方法手段那一運用而說，即是主宰。主宰即心，心即主宰。主體和主宰非二。人類生命和人心，非二。羅素之所見——無私的感情——正是見到了人心。

人類社會之心理學的基礎不在理智，——理智不足以當之；不在本能，——本能不足以當之；卻亦不是在這以外還有什麼第三種東西，乃是其基礎恰在人類生命本身，——照直說，恰在人心。

我們爲什麼竟然忽略遺忘了它呢？因爲你總要從生活來看生命，來說生命，而離開人的種種活動表現又無生活可言；這些活動表現於外的，總不過一則是偏動的本能，二則是偏靜的理智罷了；還有什麼呢？特別是生命本身在物類最不易見。而我們心理學的研究之所以由意識內省轉入本能活動者，原受啓發於觀察動物心理，那就也難怪其忽略。

物類生命——物類的心——因其生活大靠先天安排好的本能，一切爲機械地應付便與其官體作用渾一難分，直爲其官體作用所掩蔽而不得見。在物類，幾乎一條生命整個都手段化了，而沒有它自己。人類之不同於物類，心理學何嘗不深切注意到。然而所注意的只在其生活從靠先天轉變到靠後天，只在其本能削弱、理智發達；此外還有什麼呢？理智！理智！這就是人類的特徵了。而不曉得疏漏正出在這裡——正在只看到生活方法上的一大變動，而忽略了與此同時從物類到人類其生命本身亦已經變化得大不相同。請問這生命本身的變化不較之生活方法的改變遠爲根本，遠爲重要嗎？無奈它一時卻落在人們的視線外。

這根本變化是什麼呢？這就是被掩蔽關鎖在物類機體中的生命，到了人類卻豁然透露（解放）。變化所由起，還是起於生活方法之改變。當人類生活方法轉向於後天理智之時，其生命得超脫於本能即是從方法手段中超脫出來而光復其主體性。本能——是有所爲的；超脫於本能，便得豁然開朗達於無所爲之境地。一切生物都盤旋於生活問題（兼括個體生存及種族繁衍），以得生活而止，無更越此一步者；而人類卻悠然長往，突破此限了。他（人心）對予任何事物均可發生興趣行爲而不必是爲了生活——自然亦可能（意識地或無意識地）是爲了生活。譬如求眞之心、好善之心只是人類生命的高強博大自然要如此，不能當作營求生活的手段或其一種變形來解釋。

蓋理智必造乎無所爲的冷靜地步而後得盡其用，就從這裡不期而開出了無所私的感情。——這便是羅素說的「靈性」，而在我名之爲「理性」。理智、理性不妨說是人類心思作用之兩面：知的一面曰理智；情的一面曰理性；二者密切相聯不離。譬如計算數目，計算之心屬理智，而求正確之心便屬理性。數目算錯了，此心不容自昧，就是一極有力的感情。這感情是無私的，不是爲了什麼生活問題。——它恰是主宰而非工具手段。

本文至此可以結束。關於人類社會之心理基礎問題，書內將有闡明，此不詳。舊著《東西文化及其哲學》有關儒家思想一部分所以粗淺、不正確，從上文已可看出，那就是濫以本能冒充了人心，於某些似是而非的說法不能分辨。其他，試看本書可知。

一九五五年七月著筆而未寫完，一九五七年八月十二日續成之。

梁漱溟記

日文譯本序言

拙著《人心與人生》一書如一九七五年「書成自記」之所云：早在一九二六年春即以此爲標題，曾爲一次公開演講，茲於一九八四年乃始以積年底稿付印出書，求教於國人，蓋愼之又愼矣。今復承池田篤紀先生翻譯成日文，景嘉先生審定之，將更得友邦人士之指教焉，曷勝感激。謹志衷心感謝之忱如右。

一九八五年七月八日

梁漱溟識於北京

目錄

第一章
緒論（上）

吾書旨在有助於人類之認識自己，同時蓋亦有志介紹古代東方學術於今日之知識界。科學發達至於今日，既窮極原子、電子種種之幽渺，復能以騰游天際，且即攀登星，[1]其有所認識於物，從而控制利用乎物者，不可謂無術矣。顧大地之上人禍[2]方亟，竟自無術以弭之。是蓋：以言主宰乎物，似若能之；以言人之自主於行止進退之間，殆未能也。「人類設非進於天下一家，即將自己毀滅」（One world, or none）；非謂今日之國際情勢乎？歷史發展卒至於此者非一言可盡，而近代以來西方人之亟亟於認識外物，顧不求如何認識自己，馴致世界學術發展之有偏，詎非其一端歟。當世有見及此者，非無其人：或則以「人類尚在未了知之中」（Man, the unknown）名其書，[3]或則剖論晚近學術上對人的研究之竟爾落空。[4]蓋莫不有慨乎其言之矣！及今不求人類之認識自己，其何以裨助吾人得從一向自發地演變的歷史轉入人類自覺地規劃創造歷史之途邪？[5]

講到人，離不開人心。要必從人心來講，乃見出人類之首出庶物。非然者，只從其機體構造、生理運行乃至大腦神經活動來講，豈非基本上皆無以大異於其他許多高等動物乎？縱或於其間之區別處一一指數無遺矣，抑又何足以言認識人類？更要知道：所有這些區別看上去都不大，或且極其細微，一若無足輕重者，然而從其所引出之關係、所含具之意義則往往甚大甚大。誠以此小區別所在，恰爲人對動物之間無比重要巨大的區別——例如人類極偉大的精神氣魄、極微妙的思維活動——所從出也。質言之：前者實爲後者之物質基礎，亦即其根本必要的預備條件；前者存於形體機能上，爲觀察比較之所及，或科學檢驗之所可得而見者；後者之表見雖亦離開形體機能不得，然在事先固不可得而檢驗之，只可於事後舉徵而已。前者屬於生理解剖之事，後者之表露正所謂人心也。人之所以爲人，獨在此心，不其然乎。

講到心，同樣地離不開人心。學者不嘗有「動物心理學」、「比較心理學」之研究乎？心固非限於人類及有之者。然心理現象畢竟是一直到了人類才發皇開展的；動物心理之云，只是從人推論得之。離開人心，則心之爲心固無從講起也。

總結下來：說人，必於心見之；說心，必於人見之。人與心，心與人，總若離開不得。世之求認識人類者，其必當於此有所識取也。

心非一物也，固不可以形求。所謂人心，離開人的語嘿動靜一切生活則無以見之矣。是故講到人心必於人生求之。而講到人生又不可有見於個體、無見於群體。群體謂始從血緣、地緣等關係而形成之大小集團，可統稱曰社會。人類生命蓋有其個體生命與社會生命之兩面。看似群體不外乎個體集合以成，其實個體乃從社會（種族）而來。社會爲本，個體則其支屬。人類生命寧重在社會生命之一面，此不可不知。即人生以求人心，若只留意在個體生活上而忽於其社會生活間，則失之矣。（於體則曰生命，於用則曰生活；究其實則一，而體用可以分說。）

動物界著見其生命在群體而不在個體者，莫如蜂、蟻。蜂蟻有社會，顧其社會內部結構、職分秩序一切建築在其身之上。說身，指其生來的機體暨本能。人類生命重在其社會生命之一面，皆不異乎蜂蟻也。顧所以形成其社會者，非同蜂蟻之在其身與身之間，而寧在人心與心之間焉。試看蜂蟻社會惟其從先天決定者如是，故其社會構造形態乃無發展變化，而人類不然。人類社會自古及今不斷發展變化，形態構造隨時隨地萬千其不同。夫人類非無機體無本能也，然其機體本能曾不足以限定之矣。是知人類社會構成之所依重寧在其心也（詳後）。說心，指人類生命從機體本能解放而透露出來那一面，即所謂理智理性者，將於吾書後文詳之。

「生物學者達爾文是在同獸類密切關係上認識人類，而社會學者馬克思則進一步是在同獸類大有分別上認識人類。」——語出謝姆考夫斯基。應知：達爾文之認識到人獸間密切關係者是從人的個體生命一面來的，而馬克思之認識到其間大有分別者卻從人的社會生命一面來的。此所以恩格斯在悼念馬克思時曾說：正如達爾文發見自然界中有機體的進化法則一樣，馬克思發見了人類社會歷史的進化法則。達爾文所觀察比較的對象是在**人身**。馬克思所觀察比較的對象在古今社會，雖不即是人心，然須知人心實資藉於社會交往以發展起來，同時，人的社會亦即建築於人心之上，並且隨著社會形態構造的歷史發展而人心亦將自有其發展史。

達爾文馬克思先後所啓示於吾人者，有其共同處，亦有其不同處。其共同處則昭示宇宙間萬物一貫發展演進之理，人類生命實由是以出現，且更將發展演進去也。其不同處：泯除人類與其他生物動物之鴻溝，使吾人得以觀其通者，達爾文之功也；而深進一層，俾有以曉然人類所大不同於物類，亟宜識取人類生命之特徵者，則馬克思（和恩格斯）之功也。設非得此種種啓示於前賢，吾書固無由寫成。

吾書既將從人生（人類生活）以言人心，復將從人心以談論乎人生（人生問題）。前者應屬心理學之研究；後者則世所云人生哲學，或倫理學，或道德論之類。其言人心也，則指示出事實上人心有**如此如此**者；其從而論人生也，即其事實之如此以明夫理想上人生**所當勉勵實踐者亦即在此**焉。

人心，人生，非二也。**理想要必歸合乎事實**。

在學術猛進之今世，其長時間盤旋不得其路以進，最最落後者，莫若心理學矣。心理學的方法如何？其研究對象或範圍如何？其目的或任務如何？人殊其說，莫衷一是。即其派別紛雜，總在開端處爭吵不休，則無所成就不亦可見乎！蓋爲此學者狃於學術風氣之偏，自居於科學而不甘爲哲學；卻不曉得心理學在一切學術中間原自有其特殊位置也。心理學天然該當是介居哲學與科學之間，自然科學與社會科學之間，純理科學與應用科學之間，而爲一核心或聯絡中樞者。它是最重要無比的一種學問，凡百學術統在其後。

心理學之無成就與人類之於自己無認識正爲一事。此學論重要則凡百學術統在其後；但在學術發達次第上則其他學術大都居其先焉。是何爲而然？動物生存以向外求食、對外防敵爲先；人爲動物之一，耳目心思之用恆先在認識外物，固其自然之勢。抑且學術之發生發展，恆必從問題來。方當問題之在外也，則其學術亦必在外。其翻轉向內而求認識自己，非在文化大進之後，心思聰明大有餘裕不能也。此所以近世西方學術發展雖曰有偏，要亦事實之無足深怪者；而古代東方學術如儒家、道家、佛家之於人類生命各有其深切認識者，我所以夙昔說爲人類未來文化之早熟品也。——關於此一問題後有專章，此不多談。

晚近心理學家失敗在自居於科學而不甘爲哲學；而一向從事人生哲學（或倫理學或道德論）者適得其反，其失乃在株守哲學，不善爲資取於科學。

科學主於有所認識；認識必依從於客觀。其不徒求有所認識，兼且致評價於其間者便屬哲學；而好惡取捨一切評價則植基在主觀。人生哲學既以論究人在社會生活中一切行爲評價而昭示人生歸趣爲事，其不能離主觀以從事固宜。然世之爲此學者率多逞其主觀要求以勖勉乎人，而無視或且敵視客觀事實，又豈有當乎？資產階級學者較能擺脫宗教影響矣，顧又襲用生物學觀點，對於人生道德以功利思想強爲生解，非能分析事實，出之以科學精神也。秉持科學精神，一從人類歷史社會發展之事實出發，以論究夫社會理想、人生歸趣者，其惟馬恩學派乎。馬克思、恩格斯資藉於科學論據以闡發其理想主張，不高談道德而道德自在其中，雖曰「從頭至尾沒有倫理學氣味」，⑥要不失爲較好的一種倫理學也。其得失當於後文論及之。

①此書著筆時美國初有地球衛星上天之事。

②曰「人禍」者，人為之禍，蓋對天災而言之也。

③此為法國人亞歷克西・卡雷爾（Alexis Carrel）所著書，有胡先驌譯序一文，見於一九四六年上海《觀察》雜誌，第一卷，第三期。

④潘光旦有《人的控制與物的控制》一文剖論學術上對人的研究竟落於三不管地帶，見於一九四六年上海《觀察》雜誌，第一卷，第二期，值得一讀。

⑤此請參看恩格斯著《社會主義從空想到科學的發展》一文末一大段。

⑥列寧曾說：「不能不承認桑巴特的斷言是正確的，他說『馬克思主義本身從頭至尾沒有絲毫倫理學的氣味』，因為在理論方面，它使『倫理學的觀點』從屬於『因果性的原則』；在實踐方面，它把倫理學的觀點歸結為階級鬥爭。」——見《列寧全集》第一卷《民粹主義的經濟內容及其在司徒盧威先生的書中受到的批評》一文，北京一九五五年版，第三九八頁。

第二章
緒論（下）

吾書蓋不啻如一篇《人性論》也。客有以人性論爲疑者，輒因其致問而申論之如次。然其中某些問題非此所能畢究，讀者必待全書看完，乃得了然也。

自一九五七年「反右」運動以來，人無敢以人性爲言者。蓋右派每以蔑視人性、違反人性詰責於領導，領導則強調階級性，指斥在階級社會中離階級性而言人性者之非。客之所疑，即在人性、階級性之爭如何斯爲其的當之解決也。茲設爲幾個問題進行分析，試求其解答。

一、何謂人性？——此若謂人之所不同於其他動物，卻爲人人之所同者，即人類的特徵是已。人的特徵可得而言者甚多，其見於形體（例如雙手）或生理機能（例如巴甫洛夫所云第二信號系統）之間者殆非此所重；所重其在心理傾向乎？所謂心理傾向，例如思維上有彼此同喻的邏輯，感情上於色有同美，於味有同嗜，而心有同然者是已。其他例不盡舉。

二、何謂階級性？——此謂不同階級便有其不同的立場、觀點、思路等等。而階級立場、觀點、思路云者非他，即其階級中人處在社會上對於問題所恆有的心理活動傾向也。

三、階級性其必後於人性乎？——人類原始社會無階級，階級爲後起，則階級性必後於人性而有，是可以肯定的。時下不有「階級烙印」一語乎？正謂階級性是後加於人者。

四、人性果出於先天乎？——通常以爲與生俱來者即屬先天，所以別於後天學習得來的那種種。凡言「人性」者似即有「先天決定的人類心理活動傾向」之涵義。然此從生物進化而來的人類，即其遠者——人類從猿的系統分離出來時——言之，既一千萬年以上乃至三千萬年以上，[①] 即其近者——能製造工具的人出現時——言之，亦經一百萬年。像我們今天這樣的人類，無論從體質形態、生理機能或其心理傾向任何方面來說，自都是又在此百萬年間逐漸發展形成的。其發展形成也，大抵體質、形態、生理機能，或總云身的方面，多爲在自然界鬥爭中從生產勞動愈用而愈有所改進；而意識、語言、心情，或總云心的方面，多爲在社會共同生活中彼此之交往相處愈用而愈發達。又不待言，身心之間自是交相促進，連帶發展的。既明乎百萬年間人類在其活動改造外界的同時改造著其自身；其自身且爲後天產物矣，則人性又焉得有先天之可言邪？不可見其此時彷彿「天生來如此」而遽認爲先天也。世俗一般之人性論，殆非通人之見歟？

或問：與生俱來，不學而能者，且未足以言先天，則更將向何處求先天？難道一切一切罔非後天，根本就無所謂先天嗎？答之曰：是亦不然，請於吾書後文詳之。

五、果有所謂人性否乎？——此一問題宜從兩方面各申其說，乃得透徹：

㈠難言有人類一致之人性存在。——人類從形體以致心理傾向，無時不在潛默隱微演變中，積量變而為質變，今既大有變於古矣，且將繼續變去，未知其所屆；而其間心理傾向尤為易變與多變，其將何所據以言人性乎？② 非第其今昔前後之莫準也。橫覽大地，殊方異俗。在不同的膚色種族，不同的洲土方隅，非皆有所不同乎？人種血緣關係而外，或受變於自然風土之異，或從各自宗教、政治、經濟、文化歷史演來，而有所謂民族性者，表見其不同。說人類，信乎不失為同屬人類，而見於其社會生活心理傾向間者，則求所謂一致之人性蓋難言之矣。

然而此猶未若階級性之掩蔽乎人性之為甚也。前既言之，人類生命實重在其社會生命一面；而階級則發生於歷史發展一定階段的社會生活中，成為其社會所必不可少的結構者。此一定階段，蓋指人類歷史上有國家出現以至國家卒又歸消亡之一階段。國家——信如恩格斯所云——「是社會陷入自身不可解決的矛盾中，並分裂為不可調和的對立方面而又無力擺脫這種對立情勢的表現。」結構之云，正謂其在經濟上同時又在政治上皆為既互相對立（剝削與被剝削、統治對被統治），恰又互相依存，以構成此一社會內缺一不可的兩個方面也。此為一社會中的兩大基本階級，其他階級、階層則從屬於此。雖論其人時代、地區曾非有異，而生死利害彼此處境不同，則其立場、觀點、思路，一切心理傾向為其行動所從出者，夫何能不異其趣而相為矛盾鬥爭乎？此即階級性之所由來。除原始社會外，從過去之奴隸社會而封建社會而近代至今之資本社會，既無超外於階級而生活之人，便無超外於階級性之人性。乃至走向消除階級之路如中國者，作為階級的經濟基礎（生產關係）幾已不存，而其人之種種活動仍見有階級性（階級鬥爭性質）。若在修正主義出現情況下，且可復反於階級分化之局焉。甚矣哉，階級性之頑固而人性之難言！

㈡人性肯定是有的。——毛澤東在其強調人的階級性時，必先肯定說：人性「當然有的」；③其立言可謂確當得體。人性所以當然是有者，約言之其理有二：

1. 生物有相同之機體者，必有相同之性能；其在人，則身與心之相關不可離也。在不同時代、不同種族、不同階級的人，果其身的一面基本相同矣，豈得無基本相同之心理傾向？雖曰意識、心情之發展與陶鑄來自社會，而社會是不相同的（不同時代、不同種族、不同階級）。但其發展總是在基本相同的機體基礎之上的。發展到後來可能大異其趣，而當其開初則有此身即有此心，不可否認還有基本相同的心理功能為其發展之心理基礎或素質。古語「性相近也，習相遠也」，其謂此乎？

或問：此只是一種推論耳；此最初所有相同之心理基礎或素質者亦可得而指實之乎？應之曰：可，請於吾書後文詳之。

2. 階級性後於人性而有，既肯定於前；抑且人性將在階級性消滅之後而顯現，不亦為論者所公認乎？則人性當然是有的了。

或曰：原始社會之人性遠在往古，吾人未曾得見；共產社會之人性遠在未來，吾人復不及見之；則此又是一推論耳。其亦有及今可得而見之人性否乎？應之曰：有，茲試言之如次。

3.階級性之在人者，縱許烙印深重，然其人性未嘗失也。於何見之？此於其可能轉變見之，或出此（階級）而入乎彼（階級），或出彼而入乎此。彼此之間苟無其相通不隔者，其何能爲此轉變耶？馬克思、恩格斯固皆資產階級之人也，而爲國際工人運動之先導，是其顯例矣。今吾國之資產階級分子，有的已得到改造，有的不正在改造乎？領導黨以自覺地轉變期之，而在彼亦以此自勉。即此自覺轉變即人性也。《論持久戰》等文中早曾指出人之所以區別於物的特點在此，而名之曰「自覺的能動性」，又或曰「主觀能動性」④。不相信人之有此人性，何爲而期望其轉變？不自信其能轉變，何爲而以此自勉？階級性之不足以限制人，而人之原自有人性也，固早在彼此相喻而默許中矣。

又觀於一向之國際工人運動、當前之世界革命運動，不同國度、不同膚色種族之人而共語乎一種思想主義，協力於同一理想事業，則人類所有種種分異舉不足以限隔乎人性也，不既昭昭矣乎？

最後，吾願說階級性之被強調固自有理。人類從生物進化而來，後於高等動物而出現。其進化也，非因有所增益，而轉為其逐漸有所剝除（剝除一些動物式本能），是以人性生來乃無其顯著（色彩）可見者。譬如說：虎見其性猛，鼠見其性怯，豬見其性蠢，如是種種；物性各殊，頗為顯然，而人卻不爾。人類蓋不猛、不怯、不蠢，亦猛、亦怯、亦蠢，可猛、可怯、可蠢者也。試看：虎與虎之分別不大，鼠與鼠之分別不大，豬與豬之分別不大也，而人之與人其分別往往卻可以很大很大；不是嗎？人性顯著可見者獨在其最富有活變性（modifiabity）與夫極大之可塑性（plasticity）耳。是則所以為後天學習與陶鑄留地步也。階級性以及其他種種分異之嚴重，豈無故哉！

然而無謂人性遂如素絲白紙也。素絲白紙太消極，太被動，人性固不如是。倘比配虎性猛、鼠性怯、豬性蠢而言之，我必曰：人性善。或更易其詞，而曰：人之性清明，亦無不可。凡此當於後文指出之。

①人類從猿的系統分離出來的時間，現今一般都認為是在地質時期的第三紀中新世，或其前後；就絕對年代來說，至少在一千萬年以上。美國耶魯大學自然博物館古脊椎生物學館館長西蒙斯教授，是關於靈長目進化方面的專家，據他證明在三千四百萬年前就存在大猩猩和人類的分別派系。又學者稱能製造工具的人之出現，直到現代人，為「真人階段」。

②馬克思在其《哲學的貧困》一書中，曾有「蒲魯東先生不曉得整個歷史，正無非人類本性的不斷改變而已」一語。

③《毛澤東選集》，第三卷，第八七一頁。

④《毛澤東選集》第二卷，《論持久戰》及《抗日游擊戰爭的戰略問題》兩文。

第三章
略說人心

說人心，應當是總括著人類生命之全部活動能力而說。然一般說到人心卻多著眼在人之對外活動的一面。實則人類生命之全部活動能力，應當從其機體內外兩面來看它。㈠所謂對外一面即：人在其自然環境和社會環境中，即有所感受，復有所施爲，既有所施爲，復有所感受的那些活動能力。在此對外一面的心理活動，主要是依靠大腦皮質高級神經活動通過感官器官來完成的。這未能舉人心之全。㈡還有其另一面在，即：個體生命所賴以維持其機體內部日夜不停的活動能力。凡此種在人死之前，恆時不停的生理上——有時兼病理上——一切機能運轉，統屬植物性神經系統之事，一般無待大腦來指揮；然大腦仍爲其最高調節中樞，大腦和內臟之間固息息相聯通，以成其一個完整的活體。通常將此後一面內部生活劃歸生理學、病理學去講，但在吾書卻定須涉及它，而不劃分出去。要知生理學上消化系統的機能、生殖器官的機能等等，是直貫到心理學上的各種本能活動而爲其根本，事實上原分不開的。

這裡又須知：㈠並非所有一切對外應付之事，無例外地都要通過大腦以高級神經活動出之，而是亦有不少直接出自機體生理的反射或本能的對外應付活動。所以只說對外應付主要在大腦。㈡說對外，雖主要是指身外的自然環境或社會環境而說，但有時機體內部感受刺激亦通過大腦而起著內臟功能種種調整應付作用。說大腦主要在對外者，此外非定指身外；從生命來說，一切所遇莫非外也。①

說人心，雖應當是說人類生命的全部活動能力，然此生命活動能力既從進化發展而來，還在不斷發展之中，未知其所屆，所謂「全部」是很難講的。而且發展到人之後再向前發展，總不過是可能性的更發展——更發展出有可能如何如何——而非發展出一定的新面貌，所以又是很難講的。②因此吾書於此只是簡略地就一般人的一般情況有所闡說而已。所謂一般人的一般情況者，即略去了如下種種不同：

略去人類初現尚在未開化之時和其後社會文化發展下的很大不同；

略去各不同膚色種族的多少有些不同；

略去人的個體從初生嬰兒到童年到少壯到衰老的種種不同；

略去男女兩性的不同（有些處亦談到，顧不及詳）；

略去有失於健康生理時（病變）的許多不同。

此外則人的天資不同，智愚賢不肖之間個別差距有時甚突出，亦爲言人心者所不可不知，而此亦不及詳也。這裡點明這些不同出來，意在提醒讀者莫忽忘人心之發展不住，變化不定而已。讀者誠不忽忘於其恆有發展變化，而又能把握其間共同一貫之處，則吾書致力以求者爲不虛矣。

一般之言人類心理者，大抵著眼在個體生命上，雖亦有所謂社會心理學之類，而於人類社會發展史中隨有之人心發展顧未之及。人類生命既重在其社會生命一面（見前），是豈非重有所遺漏乎。如我所見：人類在其個體生命一面固然隨著身體從幼小成長起來的同時而有其心理之開展成熟的過程，在社會生命亦復同樣有之。原始社會正像一個幼兒，社會發展到末後共產主義成功，便像是其長大成人。在此社會發展過程中，正亦有其身的一面和心的一面之可見，並且亦是隨著身一面的發育成長而心一面開展成熟的。吾書於此，行將具言我之所見以就正於讀者。

任何一種學問均必由淺入深，由近及遠，由常人所及知者引入其所不及知。普通心理學所研究的人心，是在現前實際生活上起作用的人心，吾書自當亦由此入手。然吾書雖在起首，即不能不有哲學意味。上文固曾說過心理學不同其他科學，它是介於科學與哲學之間的一種學問。哲學似爲深遠之談，而其實則眼前隨處就遇到，避免不得。雖無可避免，卻不作深談。必待末後乃引入形而上學③，有所透露。尤其在介紹古東方學術時，勢須談得稍多。此即是說：吾書言人心，將從知識引入超知識、反知識，亦即從科學歸到形而上學，從現實生活上起作用的人心歸到宇宙本體。——此願爲預告於讀者。

認識人心，既須照顧全面，又貴乎得其要領。否則，博而寡要，斯亦不足取也。此即上文之所云必在不忽忘人心恆在發展又變化多端的同時，要能把握其共同一貫之處。又上文所云，爲當從現實生活上起作用的人心來講起者；下文即試爲之。

扼要地問一句：何謂心？心非一物也；其義則主宰之義也。主謂主動；宰謂宰制。對物而言，則曰宰制；從自體言之，則曰主動；其實一義也。心之與物，其猶前之與後，上之與下，左之與右，要必相對待而有見焉。如非然也，心物其一而已矣，無可分立者。

客有以如何認識人心爲問者，吾輒請讀《毛澤東選集》。毛澤東善用兵亦善言心。選集中《抗日游擊戰爭的戰略問題》、《論持久戰》兩文，人見其言用兵也，我則見其言心。前後兩文中，一皆列舉主動性、靈活性、計劃性之三點以言用兵，而要歸於爭取主動。實則此三點者，非即人心之所以爲人心乎？用兵要歸於爭取主動，同樣地，整個人生亦正是要歸於爭取主動而已。蓋人生大道即在實踐乎人心之理，非有他也。

今我之言心，即將從此三點者入手而申說之。當然，我借取他的話來講我的話，如其有不合之處，其責任在我；讀者識之。

《論持久戰》等兩文非有意乎講人心也，卻在無意中指點出人心來，此即其所云「自覺的能動性」是已。主動性、靈活性、計劃性三點是自覺的能動性之內涵分析。同時，又無妨把自覺的能動性簡化而稱爲「主動性」。說主動性，是又可以涵括靈活性、計劃性兩點在其內的。

人心非一物，不得取來放在面前給大家去認識。但人莫不有心，凡我之所云云，卻可各自體認之。心爲主宰之義，以主動、宰制分析言之，是一種方便。其又日自覺的能動性者，是另一最好的說法，來說明此主宰之義。以下分三點次第進行。雖分三點而各點相通，仍在說明一事也。凡此皆爲說話方便，俾易有所體認而已。幸讀者識之！

①然而同時從生命來說，一切問題又莫非內也；容後詳之。

②讀者或不明我此言之所指，且待全書讀竟自可明瞭。

③此處「形而上學」一詞，沿用自古希臘哲學家，蓋以討究宇宙本體等問題為事者。其作為一種與辯證唯物主義相對立的思想方法，為今時所譏稱的「形而上學」一詞，根據《反杜林論》，蓋源於「最近四百年」（恩格斯文內語）自然科學知識初盛之時一般習用之觀察自然事物的方法而來，即有所不同於古時本義。在恩格斯且曾說：形而上學的思維方法依所研究的對象在一定領域中是合用的甚至是必要的。（見《馬克思恩格斯文選》〔兩卷集〕，卷二，第一三一頁）

第四章 主動性

宇宙間森然萬象，莫不異中有同，同中有異。自其異者而言之，顯有區分，一若鴻溝不可逾越；而實則萬殊同出一本。其異也，不過自微之著，由隱而顯，不斷變化發展而來；追蹤原始，界劃不立。故爾爲學既須分別精審，又貴善觀其通。人心非他，即從原始生物所萌露之一點生命現象，經過難計其數的年代不斷地發展，卒乃有此一偉大展現而已。人類之有人心活動，同於其他生物之有生命表現，雖優劣不等，只是一事。應當說：心與生命同義；又不妨說：一切含生莫不有心。這裡徹始徹終一貫而不易者即後來所見於人心之主動性是已。認識人心之主動性要先從生物生命作理會。①

似乎植物植立一處而不動，微生物隨處飄散以生存，類乎此者豈有主動之可言？然而不然也。一切生物皆有其生命現象之可見。生命現象首先是它的新陳代謝；即它能不斷地吸收外界一些物質而消化之，以變成自己的成分；復時時分解體內一些成分釋放出「能」來，好作活動。它由此而得生活，同時它就能生長和生殖。它有內外即有自己，則主動之主體在此矣。當其吸收同化，分解異化，以至生長生殖，是何得謂爲不動耶？其主動性於此明白不可否認矣。再從反面來看：譬如風也，水也，何嘗不見其動；然風也水也誰得而爲之分內外，指出其自己來？誰得而說爲主動耶？

風之動，水之動，是無心的，是非生命的動，是不由自主的動，亦即是被動的。然而說主動，所以別於被動；說被動所以明其未得而主動也。非生物既無主動之可言矣，則亦無所謂被動。眞正的主動，眞正的被動，皆就有生命者而且富有生命者言之。風也水也固不足以語此；即微生物、植物、一切弱劣生命，要不過乍見出主動性的一點朕兆，亦無多可說。

《論持久戰》等文何爲獨於討論兩軍作戰時提出主動性來說耶？原文既明白言之：

> 自覺的能動性是人類的特點。人類在戰爭中特別強烈地表現出這樣的特點。②

蓋作戰是人類——最富生命力者——的事，而且是人類集團間彼此爭強鬥勝的事，此時正在較量誰更富有生命活力，即看誰更善於發揮人類的特點，爭取得主動也。戰爭雙方都在力爭主動，力避被動，其能制人抑或制於人將於此取決，而誰勝誰負亦即由之而決。

此非謂戰爭中一切得勝者，皆從其主動性之高強得來。例如以優勢兵力取勝者，即不足算也。此但謂戰爭雙方不問其有利條件、不利條件之如何，皆必經由力爭主動，力避被動而致勝。不過其中有利條件居多之一方，其爭取主動就容易了，其主動性即無多可見。

主動性最有可見者莫如不利條件甚多，顯然處於劣勢，而卒能著著取得主動之一方。蓋主動性要必在爭取主動的爭取上見之也。

戰爭勝負是有許多因素的；然總不外客觀存在的舊因素加上主觀努力的新因素。舊因素種種非一，雙方各有其有利條件與不利條件，綜合計算下來，彼此對比可能一方佔有優勢而另一方處於劣勢。新因素即指主觀努力之努力，亦即爭取主動之爭取，亦即各方主帥於其所擁有之條件如何運用。此在事後較論之，其間彼此舉措可能有善巧有不善巧，亦種種之非一。然而歸結下來，勝負之所由分，往往不在前者——舊因素，而在後者——新因素。此即所以說「事在人爲」也。

事在人爲者，人的主動性爲之也。在舊因素中除地勢天時等自然條件不計外，其他種種亦何莫非人爲之者？何莫非出於生命之創造？但以其屬於過去事，爲今日所憑借而非能憑借之一面便不得再算入主動性。主動性是只見於當下生命上的，此所以稱之爲新因素也。

一切生物的生命原是生生不息，一個當下接續一個當下的；每一個當下都有主動性在。而這裡所說人心的主動性，則又是其發展擴大熾然可見的。曰努力，曰爭取，曰運用，總都是後力加於前力，新新不已。

我們知道「主動」與「能動」與「自動」，其詞意是可以相通的。主動所以別於被動，能動所以別於所動，自動所以別於他力之動。其相通之處即在：其動也，皆非有所受而然，卻正是起頭的一動。起頭又起頭，不斷地起頭，其日新新不已，正謂此耳。

當然，生命是有其連續性的。然而其連續性世俗之所易見也，而於其刻刻創新則少留意，[3]必須強調指出之。從一般說，生物的生命雖刻刻創新，卻總在相似相續中，難有創新之可見。惟人類生命最爲高強，其創新乃最有可見。人類社會文化的進步，不就是無數創新的積累增高嗎？在人類中，人們才智又大不相等的。偉大的天才，其創新往往更有可驚。此在兩軍作戰中見之，在其他事業活動中莫不見之也。[4]

認識人心的主動性，宜先從其生命自發地（非有意地）有所創新來體認；然後再就人們自覺的主動精神——人們的意志來認取。

所謂生命自發地有所創新者，例如一切文學藝術的上好作品——不拘是詩人的、畫家的、或是其他的——總在其精彩，總在其出塵脫俗；此非創新乎？這創新卻不出於有意求新。有意求新，又是內裡生命主動性不足之徵了。主動性非他，即生命所本有的生動活潑有力耳。力氣充沛便能於素日見聞廣爲吸收消化，因而取精用宏，到臨時不拘什麼都成了他的工具，他的材料，供其驅遣運用，一個創作就出手了。力氣單薄貧弱者，素日既少吸收消化，縱有工具、有材料而不能活用，反爲工具所累、所壓，只落得滿紙陳詞濫套，因襲堆砌了。這就是下劣作品。

人在思想上每有所開悟，都是一次翻新；人在志趣上每有所感發，都是一次向上。人生有所成就無不資於此。語云「文章本天成，妙手偶得之」。此不惟適用於文藝作家，亦適用農、工百業的發明創造，和軍事、政治的事功成就。「文章天成」是說自有合理性在其中。「妙手偶得」是說靈機觸動，非所意料。詩人巧得妙句，畫家有神來之筆，不惟旁人所不測，他自己亦不能說其所以然。若究問其致此之由，一切可說的都是外緣，都是湊成乎此的條件，而不是能用這些外緣條件的主體——生命本身。生命是自動的、能動的，是主動的，更無使之動者。憑空而來，前無所受。這裡不容加問，無可再說。問也，說也，都是錯誤。⑤

生命本性可以說就是莫知其所以然的無止境的向上奮進，不斷翻新。它既貫串著好多萬萬年全部生物進化史，一直到人類之出現；接著又是人類社會發展史一直發展到今天，還將發展去，繼續奮進，繼續翻新。——體認主動性當向此處理會之。

如上所說的主動性，是從本源上指點。至於所謂人們自覺的主動精神，亦即人們的意志（連行動在內）者，恆必涵括了主動性、靈活性、計劃性三點，則是從此本源發展擴大的。除其中靈活性、計劃性容後分別申說外，這是再就其中主動性之一點試爲指明。

自覺是人心的特點（後詳）。通過自覺的主動性不是別的，就是人們意識清明中的剛強志氣。譬如有人對於外界環境的困難險阻未嘗不看得分明，且在奮鬥中再三再四受到挫折，而卒能不屈不撓堅持到底，以制勝於最後五分鐘的那種堅毅精神，即其好例。再則對於強敵，如所謂「在戰略上藐視敵人」而在戰術上卻能針對敵人不稍輕忽的那種豪邁精神，即其又一好例。

眼前具體事例，莫如開發大慶油田中的人們的精神。他們兼具著以上所說兩種——堅毅、豪邁——精神的。讀者試細玩其前後經過事跡，當必於體認人心之主動性大有所獲。

---

①生物學家之說生物有云：生物具有自動發展的能力，能夠精確反映外界條件的變化，並適應於這些條件；能夠維持自己的完整性，恢復遭受損傷的部分；能夠生長，並能夠繁殖與自己相像的後代。——語見施密特所著《復甦》一書之中譯本。又中譯本之湯姆生《科學大綱》第二十篇說生物特性有云：生物在地球上凡是可以容身之處它們沒有不去的，好像不要給自然留下真空。在一萬英尺高峰的冰雪中可以發現它們，又見到它們存在於六英里深的海底，且有的生息在熱可炙手之溫泉。有的魚類竟能緣木而活。有的蜘蛛竟亦存活水中。它們似沒有不能戰勝的困難，亦巧於利用各不同環境而移居，更能以應付不同的天時氣候而蟄伏（或冬眠或夏眠）。它們尋棲息於每一隙穴，從而就展佈拓殖到廣水大陸。總之，生物實具滋蔓、侵佔、抵抗、適應、圖存等能力；這就是我們所得的印象。以上所引兩則均大可理會得生物生命之主動性。

②見《毛澤東選集》第二卷，第四六七頁。

③佛家說生命是「非斷非常」，即指此。前後非一，故非常恆；相續而轉，故非斷滅。

④斯大林一九二四年一月在軍校演說列寧的為人，其中講列寧的革命天才一段，頗能揭出天才人物的出奇創新來。我曾讀其俄語原文，大有啓悟，愛玩不置。惜譯為中文後，便不能盡其妙致耳。其文見於《斯大林全集》（中譯本），第六

卷，第五五—五七頁。

⑤巴甫洛夫高級神經活動之研究是很有價值的，其自稱為生理學而非心理學，亦復甚是。顧其以條件反射、無條件反射立言，不免予人以一種不正確印象，好像生命不是在主動之動，只是在反應（reaction）而已。實則生命本性固是 action 而非 reaction 也。此不可避免之一缺點，當吾人注意它是生理學時，便亦不成嚴重問題。蓋生理學屬科學，心理學則介於哲學科學之間，性質上不同。

從刺激在先，反射在後，有感受而後施為以言之，似乎是 reaction，而其實不然。要知吾人種種感覺器官皆從最低生物之感應性逐漸進化而來。感應之向於高度發達，豈不充分見出生物生命的主動性？我舊著《東西文化及其哲學》曾說過，「吾人感官為對外探問之工具，每一感覺即一探問，而所感覺即其所為答或報告也」。進一層說，凡取得經驗者即是取得心靈向世界所發問題的答案；如其沒有發問的活動，即沒有知識成就出來。所以知行之「知」，早已是「行」了，不是被動的。

第五章
靈活性

《論持久戰》文中講靈活性說：靈活性就是具體地實現主動性於作戰中的東西。又說：古人所謂「運用之妙，存乎一心」，這個「妙」，我們叫做靈活性。當然，指揮作戰不能靈活運用，即無從得以實現主動性；主動性是有賴於靈活性的，我們借此引入談靈活性之在人心。

何謂靈活性？不循守常規而巧妙地解決了當前問題，是謂靈活性；在一時一時形勢變幻中而能隨時予以適當應付，總不落於被動，是謂靈活性；出奇制勝是靈活性；閃避開突如其來的襲擊，亦是靈活性。總之，靈活性就是生命不受制於物而恆制勝乎物的表現。此從生物界過去的進化不已，充分可見。靈活雖是不可能前定的，然卻可以避免前定的不靈活，而為靈活預備好條件；從過去生物進化所見於其形體構造和機能間者，正是這樣——正是從機構蠢笨不靈活步步向著求靈活而開展前進。

然而生物進化不可遏的大勢如過去之所見者，卻非所語於今天的生物界。在過去的進化途程中，其向靈活前進之度，各物種高下相差，等級甚多；但它們今天一一止於其所進之度了。宇宙間代表此生命本性尚在前進未已者惟有人類耳。其他生物一般都落於其各自生活的刻板文章中，恍如機械在旋轉著，殆無復靈活性之可言。爲要說明人類生命何以獨保有靈活性，還須追溯生物界歷來進化之跡，一爲指點。

試先來看原始單細胞動物（Protozoa）它是既不靈又不活的代表。一個生物是一個活動中心，恆在刺激反應之間活動不已。說不靈，是指其感受刺激的遲鈍，沒有耳目感官以覺知稍遠距的環境，而必待有外力刺激迫近於它；且只能在刺激的強弱上有分別，其他則不辨。說不活，是指其當刺激迫來，只能出以簡拙的反應，如遇弱刺激則向前，遇強刺激則退避，遇可食物則攝取，如斯而已。蓋以其形體構造簡單之極，在其生活上初無分理機關，感受刺激者同時即是施出反應者，渾淪一處，則從受刺激到施反應之間，便無迴旋餘地無延宕時間，而被迫成爲一種機械性的直接反應。所謂前定的不靈活，即指此也。

在進化的途程中，生物的形體構造、生活機能顯見是一貫地由簡單漸次趨向繁複；此皆從多細胞動物次第發展出各種各樣之分工而來。分工是分別各有職司，於其同時必有以聯合統一之，神經即於此肇端。譬如動物機體表皮細胞職司感覺（感受刺激），皮內伏處細胞（筋肉）職司運動（施出反應），於此介居其間以行傳導整合作用（integration）者即神經細胞也。原始簡單直接的反應即由是變爲神經系間接的反應，而名曰反射。此在動物反應活動上即高出於前者，而爲避免不靈活、走向靈活邁進之第一步。①

又如一個動物機體，必須一面照應環境隨時來的問題而有所施爲，另一面爲維持自身生活又恆時有其例行事務而不停。借喻軍事：前者有如前方作戰，後者有如後方勤務。前方作戰信必有賴後方勤務做得好，但若於此兼營而不分工，精神不得集中在指揮作戰上，勢必有失靈活。反之，若分工而不統一於最高統帥，勢必多受牽礙，乃更爲不利。內外分工是必要的，分工而不失統一尤爲必要。故爾，動物機體構造於此邁進於分工者，其同時即爲神經系統的發達。

分工實爲生物進化的第一重要方針、步驟。必分工而後功能各得進於專精，乃更有所分化，更以精細。譬如初步分工的感覺細胞，對於不同刺激應於其物種各自生活需要，乃更分出嗅覺、味覺、視覺、聽覺……種種是。凡此感覺之發達實與其神經系統之發達相緣俱來。有分工即有整合，**分工與整合不斷地繁複發展即是進化**。如前所言神經細胞之出現，即爲後此高等動物發達的中樞神經、大腦皮質之萌始，亦即爲後此人心有其物質基礎之本。要知道靈活就出在這繁複發展的分合之上，前所謂爲靈活預備好條件者即指此也。

這裡略爲申說其中之理。

從原始單細胞動物一直數到現代人類，其活動力量的大小強弱等差繁多，差距絕大，有不待言。若問其力量大小強弱以何爲衡？可以說：即以其所生活的世界廣大或狹小和內容的繁富或貧乏爲衡準。要知生物界物種不同，其知覺所及的廣狹貧富是各不相同的。而知覺所及的廣狹貧富，則各視乎其機體感官的進化、神經腦髓的發展程度如何而定。如感官以分工而專精，則知覺靈敏可及於**遠**，可入於**細**者是。一個動物是一個活動中心，其知**覺是爲活動而預備的**，亦即通過感官神經而此一中心乃與環境發生其可能有的活動關係。凡爲其知覺感受所不及者，自無反應活動之可言也。若其發生關係的面愈廣，發生關係的點愈多，斯即其世界愈以廣大，內容愈以繁富，而爲活動力愈以升高增大之徵。

於此，應當指出：人類所生活的世界，其廣大繁富是莫得而限量的。此以人類不徒依恃乎其天生的耳目等感官，而於後天更發明創造種種所以增擴其耳目之用的資具，如望遠鏡、顯微鏡、有線電或無線電的接收設備以收視收聽者，方未有已也。（此依重後天創造而不依恃其生來的器官和本能，是人心最大特徵，亦即人心的計劃性，後文隨詳。）人類知覺之所及既無限，斯其活動力的強大亦無限。

靈活性即寓乎活動力而隨之以見者。活動力愈強大，即愈超越不靈活以近於靈活。從知覺所及之廣狹貧富固有以知其活動力之大小強弱，實則其靈活性如何亦從可知也。知覺不靈，斯行動活；**靈是活的前提**。觀於原始單細胞動物所以爲不靈不活的代表者，其理可曉。

再則，分工之涵義不可不察也。生物機體率以細胞爲其結構單位又機能單位。自機體望於細胞，蓋由渾一而闢分爲多個；由細胞望於機體，則又爲多個組合而成一體。分工者，原初即細胞之分工，其後乃進爲不同之組織分別、器官分別等等。在單細胞動物，其一個細胞固是一生命。多細胞動物所有之個別細胞，亦非無生命者，乃若組合起來又形成一集體之大生命。生物之逐步進化於高等動物也，必始於細胞分工。分工之事，在細胞言之，當其專守一職，即鄰於機具而不自主，地位降低；在機體言之，則通過神經系統總攬大權於上，整個生命卻由之以提高一步。往往分工愈進於繁密，細胞地位愈降居微末，然其同時整個生命則愈以提高，活動力大增。整體的靈活性實以其分子成員之趨於機械化換得來的。（分工涵有集權之義。）

三則，神經系統發達之云，其涵義又不可不察也。神經系統發達見於動物者，不一其途徑；而卒得見高度發達者，必數脊椎動物有人類出現之一途。學者言神經系統之演進，嘗有「發頭」、「發腦」、「發皮質」之說。此次第升進之「三發」，固非一一於脊椎動物肇其端；然脊椎動物一途實皆經歷之，而特著於發皮質，由是以達於高峰。何謂發頭？低等動物初無頭尾之可言。自蠕蟲以上乃有頭尾判然可見，行動時其頭向前，有向前看的傾向。且以頭端數節，控制身體之餘部。由此，感受環境刺激的器官（眼耳等）即於其頭部分化出來，主司聯繫全身各部的神經成分亦逐漸集中在此，終於有腦髓出現。此一過程，在進化史上名曰發頭（cephalization）。發腦者，如魚類、兩棲類皆以中腦爲其行動上主要的控制中樞，是其例也。發腦（encephalization）一詞涵括有發中腦（mesencephalization）、發間腦（diencephalization）、發端腦（telencephalization）之各級；此不及詳析。若哺乳類以上至於人類，則其主要進程在發皮質（corticalization）。世所習知，人類大腦皮質發達特著，人心活動之所以優越資於是焉。一言以括之：神經系統發達者，頭腦之發達是已。②頭腦發達的必要性，從全身來看果何在乎？通常全身各部分一切大小機構各事其事，固無待於發動督促也，頭腦要在收集情報（主要是身外的，亦間或有身內的），而爲行動（主要在對外，亦有時對內），作出抉擇耳。當其抉擇也，對內恆在統一調節以求平衡，對外恆在統一控制以求準確。或一經抉擇而有關機構順從之以各事其事；或則時時在抉擇，時時順從以各事其事焉。總之，頭腦對於全身各部分機構正爲直接地或間接地控制與順從之關係。動物愈進於高等則頭腦之爲用愈見其重在控制（或調節），遠過於發動。

此一義也，從蘇聯專治高級神經活動之科學家所明白指出之人類生活事實得到印證而益信。

> 大腦皮質愈來愈發達，控制的作用顯然愈來愈增加，而本能（自發）③作用則愈以減弱。因此，在行為中有計劃的活動愈來愈多地代替了本能的反應。
>
> 簡單的觀察已使我們得以確認：抑制過程的減弱是老年人精神狀態的重要特徵。巴甫洛夫曾指出老年人主動性內抑制的損害（衰損）④及各種神經過程靈活性的減

低。⑤

實則尋常所見，所謂「主動性內抑制」（巴甫洛夫學說中之專門術語）在有病之人即每見缺乏，視健康無病之人頗爲不如；在一般女性亦復不如男性；在孩童似可云未成熟，而在老年人則衰損矣。俗常說人年紀老了反近於孩童，蓋即謂此。遇事沉穩，不動聲色，惟成年人神經健強爲能爾。

人心的靈活性必以此所謂主動性內抑制者爲前提。躁動非靈活，情急最誤事。必也，不動則已，動必準確達到預期效果，斯眞表見了靈活性。——所謂神經系統的發達實指向於此。

以上所爲申說，不外證實前文「靈活就出現在此繁複發展的分合之上」一句話。然不可誤會此繁複不已的分合，便爲順一條直線而發展者。應當曉得，生物進化初非有目的有計劃地前進，第從其一貫爭取靈活若不容已之勢而觀之，恰似有個方向耳。然在進程中始終未曾迷失方向者，亦惟脊椎動物有人類出現之一脈；其他物種所以形形色色千差萬別，正不妨說是種種歧誤之先後紛出。前說它們一一止於其所進之度者，蓋既陷於歧誤乃往復旋轉其間耳。

至今在獨自前進未已之人類，非徒表見日新於其社會文化間也，即其形體構造亦復未成定型。據專治此學之科學家云：

人類神經系統發皮質的過程，仍在推進。它是，也要繼續是，最高的生理控制中樞。附屬、供應它的下級結構，在各樣的方式不同的程度上，也進行連帶的發展。大家知道，丘腦、紋狀體和小腦都有進化上屬於後起的部分，所謂新丘腦（外側、後側各核）新紋狀體（尾狀核的一部分和殼核）和新小腦（半球的大部）。這些是與大腦皮質聯繫發展起來的，品級比較崇高。腦幹、甚至脊髓一般的組合程度，在人類亦高出其他動物。——自然，有些個別部分是退化的。⑥

人類——作爲生物之一——是今天惟一無二能以代表生物進化的了。此正以人類還在爭取主動、爭取靈活而未已。假如不再爭取了，那便沒有靈活性，亦且沒有一切。此又見人心是從全部機體機能不斷演進而來；說人心寄於大腦皮質之發達者，特舉其重要一端而突出言之耳。無形的人心之出現，實緣此有形的演進。乃有些宗教家賤形體而貴精神，甚至敵視此身，殊非通人之見也。獨中國儒家之學旨在「踐形盡性」，故其言曰「形色，天性也；惟聖人然後可以踐形。」（見《孟子》）此非謂人果能充分發揮人類身心所有作用，便是聖人乎？

人心要緣人身乃可得見，是必然的；但從人身上得有人心充分表見出來，卻只是可能而非必然。此又從上文所言分工整合之繁複發展細察之，而其理可得也。從分工以言之，則各事其事於一隅，而讓中央空出來不事一事。從整合以言之，則居中控制一切，乃又無非其事者。「空出」一義値得省思。遇事有迴旋餘地，有延宕時間，全在此也。又分工則讓其權於中央，而後整合可因地因時以制其宜。權者權衡，亦即斟酌、選擇，可彼可此，不預作決定之謂。是即靈活之所從出也。人身只給人心開出機會來，有靈活之可能而已；靈活固不可以前定者。機體構造之進化，只能爲靈活預備好條件，而避免前定的不靈活；此既言之於前矣。

不靈活不足以爲人心。因爲原來是預備它靈活的。然而臨到事實上體現靈活，卻只居其許多可能分數之一，則其事蓋非易。因此，從人身上所表現出來的，往往難乎其言人心。並且可以說，在機體構造上愈爲高度靈活作預備，其表見靈活也，固然愈有可能達於高度；然其卒落於不夠靈活的分數，在事實上乃且愈多。此以其空出來的高下伸縮之差度愈大，故也。儒家必曰「惟聖人然後可以踐形」，其謂此乎？

大聲地說一句：靈活是有待爭取的！——人心不是現成可以坐享的。

然而靈活又不可求也，求則失之。靈活是生命之一種流露或無意中表現於外者，其根本還在生命本身。不求其本，而齊其末，寧可得乎！若是，其將如何？姑言其淺近易曉者：如在戰略上藐視敵人，不爲強敵所懾，而在戰術上不稍輕敵，無疑地必且動作靈活，而膽小無勇者不能也。胸有成竹，對前途滿懷信心者必能措置裕如，靈活前進，而失去信心者不能也。捨己爲人，熱情所注，靈機大開，而猥屑自私者往往顧此失彼，進退罔措矣。即此等事例而善推之，當必有悟。

此章開首曾言，靈活性蓋所以實現主動性者。——主動性有賴於運用上的靈活乃得實現，今於章末，卻又可以說：靈活性復有賴於主動性；飽滿的主動精神恰爲手腳靈活之所自出也。

①朱洗著《智識的來源》一書，有云：「生物心理亦跟著生物形態漸次進化的：由最簡單的反應漸進至神經系的反射；由反射進至本能；由本能進至聯合記憶，然後及於最高心理生活——抽象的境界。」見該書第五十五頁，又同見於第一五八頁。

②請參看《神經系的演化歷程》一書，臧玉淦編譯，北京：科學出版社，一九五八年版。

③「自發」二字繫著者所加，用以助顯原文之意。

④「衰損」二字繫著者所加，用以矯正原譯「損害」一詞之未善。

⑤《精神病學》（蘇聯高等醫學院校教學用書），北京：人民衛生出版社，一九五七年版，第二十頁。

⑥請參看《神經系的演化歷程》一書，臧玉淦編譯，北京：科學出版社，一九五八年版，第二〇四頁。

第六章
計劃性

第一節　人心之基本特徵（上）

上來講人心，既縷縷言之計五章之多矣，然於人心之基本特徵尚未曾明白揭出，將留在此講計劃性一章中闡明之。於此，以環繞關聯於計劃性而有待一一剖說之事之多也，將不得不分爲數節次第進行。

《論持久戰》一文中說：

現在來說計劃性。由於戰爭所特有的不確實性，實現計劃性於戰爭，較之實現計劃性於別的事業，是要困難得多的。然而，（中略）不是沒有某種程度的相對的確實性。我之一方是比較地確實的。敵之一方很不確實，但也有朕兆可尋，有端倪可察，有前後現象可供思索。這就構成了所謂某種程度的相對的確實性，戰爭的計劃性就有了客觀基礎。

即此已夠我們據以闡發之用，其下文不多引錄。

一、由此可見計劃性恰恰不同於靈活性：靈活是不可得而前定的，計劃性卻正是要前定的。

二、計劃要前定，而作戰計劃輒有難於前定者。因爲作戰計劃要以敵我兩方各種實際情況爲準據而設計出來，我之一方或不難周知詳計，而敵方恆保密不使我知其虛實，且每以僞裝欺惑，不可爲據。同時，戰爭常在推移發展，敵我情況隨以變化不定，計劃亦就時時要改而定不住。困難在此。兵家所貴於「知己知彼」者，其掌握情況之謂乎？

三、所謂實現計劃性不這樣困難的別的事業，又是哪些事業呢？此即其情況比較容易掌握之事業耳。如非兩軍作戰而是獵取鳥獸，則其事在實現計劃性來說便容易得多；以對方情況及其事進行中可能有的變化，均比較易掌握故也。又假如不是獵取鳥獸，而是植樹造林。又假如不是植樹造林，而是採取土石而運輸之。顯然在實現計劃性上，一事又比一事更無困難。以對方一層比一層將更少發生變動而接近於固定，則其情況之掌握較之兩軍作戰容易多多也。是故固定少變之事乃於人心的計劃性最爲適合。

四、然而在戰爭中必求其逼眞又且固定的情況而掌握之既無可能，不得已而思其次，則從其朕兆跡象間以求其大致不差約略相當者（某種程度的相對的確實性），亦就可以爲我作戰計劃的客觀基礎，而卒能以取得勝利了。

以上四層與後文分析討論有關，必須預爲記取。

茲當先問：所云計劃者何謂乎？計劃是人們在其行事之前，卻不即行動，而就其所要解決的問題中那些對象事物，先從觀念上設爲運用措置一番或多番，以較量其宜如何行動，假定出一方案或藍圖之謂也。是故識取事物而預有其一一之觀念、概念羅列胸中，乃爲計劃所由設訂之前提。

人類最大本領——此本領爲一切其他本領之所從出——即在其能以外在事物（自身亦其一）攝入心中，通過思維，構成觀念和概念，從而離開其事物猶得據有其相當的代表，而隨時聯想運用之。此代表事物之觀念概念，即所謂知識也。語言、文字則又其代表，俾得更方便於其聯想運用者也。上文「識取事物」云者，即此化客觀事物爲主觀知識，乃至納於語言文字系統之謂也。

知識之構成始於各種感覺、知覺直接經驗，固求不失事物之眞；然卻本於生命立場出發，一切要識得其與我（生命——主體）之關係意義如何，各事物彼此間之關係意義如何（包涵其相關規律）。凡此關係意義未明者，即其觀念、概念未明，未成其爲知識；而其關係意義既明者，亦即接納到我固有知識系統中來了。此既非一事一物之經驗，更非一次一時之經驗；經驗累積愈多愈久，而構成之知識（觀念、概念）乃愈精確深入，愈以聯成系統。它是輾轉不斷發展前進的。

知識系統之發展，非徒賴於生活經驗之累積也；更以人之稟賦知識欲，進而為彙集、檢查、實驗，力促其發展。其一門深入，循序探討前進者，即成科學。客觀事物原非一一分離孤立者，比經彙集、檢查、實驗，透過現象窺悟本質，乃益見其密切相聯，變化相通。科學與科學之間互相啓導而其理益明。在時時化具體為抽象，不斷概括又概括之下，一偉大的知識網絡遂以組成；宇宙之大，萬有之繁，一若不出吾了了之一心。

語云「知識就是力量」（Knowledge is power）；緣何知識就是力量耶？正為任何改變客觀局勢達成主觀意圖之事，必資於計劃；而一切計劃之產生端賴知識為其張本故耳。試看動物園豢養百鳥百獸，大都活捉得來。此皆獵人準據其對於一鳥一獸之知識而以計劃取之者。假非人心有計劃性，而徒恃主動性、靈活性以相較量，則鳥飛獸走其敏捷靈活固人所不及，人又將何從達成其意圖？一些高等動物，論其機體構造直逼近於人類矣，其所以卒不如人者豈有他哉，只在進化途程中其心智活動未得造於此計劃性之一境耳。夫自然界原為人類之所從出也，然人類今日竟能以改造自然，操縱乎一切，儼若躍居主人地位者，豈有他哉，亦惟人心具有此計劃性之故耳。

近世以來，學者公認人之所特異於動物要在其能製造工具而用之。①信如恩格斯所云「任何一隻猿類的手，都未曾製造過一把哪怕是最粗笨的石刀」是已。然試問此裁石製器一事意味著什麼？這豈不就是人心計劃性之一最初表現。後此人類文明日進，任何大事小事莫不有人心計劃性之施展運用在內，要皆資始於此也。

且試看所謂人類文明日進者，其間任何一步前進有非繫於人們知識學問之增進者乎？抑且往往資於生產工具、生活用具、交通工具、科學實驗工具等等之進步，而凡百事業乃相緣以俱進。故雖謂自古及今全部人類文明史，即一部人心計劃性的發揮運用史無不可也。

若然，此計劃性當即是人心之基本特徵耶？

第二節　人心之基本特徵（下）

說計劃性是人心之基本特徵，自未爲不可；顧吾意別有所屬而不在此。觀於恩格斯在其名著《勞動在從猿到人轉變過程中的作用》一文中之所云云，計劃性乃若非人類所獨有。其原文云：

> 我們並不想否認動物有能力從事有計劃的預計的行動。（中略）但是一切動物的一切有計劃的行動，都不能在自然界上打下它們意志的印記。這一點只有人才能做到。簡言之，動物僅僅利用外面的自然界，並且只是由於自己在場乃使自然界中有

些變化；而人則以自己所作出的改變來迫使自然界服務於他自己的目的，支配著自然界。這便是人跟其他動物不同的最後一個重大區別，而這個區別也是由於勞動的結果。②

此其爲說得毋與我上文所說者不相合乎？其實無不合也。彼此所說原非一事耳。恩格斯所云「一切動物的一切有計劃的行動」，蓋指其計劃之出於天者，亦即出於種族遺傳的本能，非個體有意識之行動；③而我據《論持久戰》論作戰計劃之所闡發則在行動計劃之出於人者，恰指其人行動之有意識。

遠從生物進化全部歷程以言之，固非有目的有計劃者。但某一物種覓食圖存或傳種繁殖之所爲，往往奇妙地表現出有目的有計劃來，則博物學家言之者多矣。其事尤多見於昆蟲類、魚類，其情節曲折盡妙，跡近深謀遠慮；卻在高等動物轉未見有此。高等動物所表見者，不過一些狡獪黠智而已。此何爲而然耶？應知動物界在演進上實有本能與理智兩大脈路之不同。於蟲、魚所見之計劃性，出自天演，雖跡近思深慮遠，卻非有意識，不過率循本能之路以發展，達於高致耳。另一路歸趨在發展理智，即脊椎動物之所循由，必待人類出現而後造於高致，乃有意識而擅長計劃。其他高等動物之於此路也，只是理智初萌，意識猶在曖昧微弱者，其計劃性之短絀固宜。魚類同屬脊椎動物一路，胡乃著其計劃性於本能？蓋理智、本能第爲生命活動之兩不同傾向，彼此互爲消長，**相反而不相離**。魚類雖同此路向而進程太淺，猶自依重在本能故也。即如各高等動物亦未嘗不依本能爲活，第以其較偏於理智一側矣，既不得更著其計劃性於先天本能，亦復未及邁進於後天理智的計劃性。上固不足比於人類，其下視蟲、魚亦爲短絀在此。

凡以上就計劃性問題所爲辨明本能、理智脈路之不同者，若蟲、若魚、若高等動物、若人類，在其間或出或入，或彼或此，一一皆可在生理解剖學上檢認得其腦系神經不同發展之跡，非第比較推論於其行爲、心理間也。讀者請詳科學專籍，此不備陳。

試尋繹恩格斯原文論旨，蓋亦正在辨明基本上此兩種計劃性之不相同耳。其指出動物不能在自然界打下它們意志的印記，而人類卻能以其勞動迫使自然爲他自己目的服務，支配著自然界者，非即以人類特徵屬之於其意識明強（具有自覺意圖）的計劃性行動耶？是其言非但與我不相抵牾，而且彼此實相印合也。讀者察之。

然任何一個計劃必經許多心理活動復合以成，其性質殊不單純。論人心之基本特徵，若以計劃性當之，略亦同於以「意識」或以「理智」當之；其詞意似尚不如後二者之簡單扼要，通俗易曉。如此等等皆非我之所取。吾意宜且從淺近處說起，而後引入深奧，多方以指點之，暫不必固定在某一概念上。試爲言之如次。

吾以爲人心特徵要在其**能靜**耳。何謂**能靜**？淺言之，此即相對於動而說。設非人心之能靜也，兩軍對峙，立即投入戰鬥，尚何有作戰計劃之可言乎？暫時保持冷靜，不立即行動而猶豫思考如何應付，將一切以計劃出之；此即人類理智之活動，有異乎本能動作之一觸即發，如在動物生活中所習見者。此所云暫時，即謂其延宕之時，非必指片時一刻；凡蘊蓄待發之時，即一日二日，一年二年皆暫時也。在此時中，非無活動，不過其活動往往不形於外，主要在心思而不在肢體。此即上文所云人們於其行動之前，不即行動，而就其所要解決的問題中那些對象事物，先從觀念上設爲運用措置一番或多番，以較量其機宜如何者是也。

一計劃之設訂必資於知識。以作戰計劃爲例：其將帥之胸懷韜略則夙蓄之知識系統也，其在敵我間知己知彼之知，則其掌握當下要解決的問題中那些對象事物之知識也。非靜以觀物，知識無由得成。且當其根據知識以思索設計也，又非頭腦冷靜不可。則謂計劃性出於人心之能靜，誰曰不宜。

茲取科學家研究動物心理之兩小故事，用以助明此義。故事見於漢譯湯姆生《科學大綱》第七篇《心之初現》文中（商務印書館一九三三年版）。其一爲黑猩猩莎立之事，略述如次：

羅蔓內斯博士教莎立以數草莖之法，向其索某數則以某數應，至五而止。莎立求五數時，將草莖一一拾取，含之於口，至五數乃握以呈之於人。教六數至十數乃鮮成績。似在莎立，六數以上即為多矣。最奇者，如求五數以上，每見其折一草而露其兩端，作為二草。可見其計數之智或不止於五，惟其忍耐則盡於此焉。（於原譯文有刪略潤飾。）

計數為理智之事，於此頗見端倪。要必頭腦冷靜，乃得盡理智之能事，此即尋常人事而可驗。所謂莎立「忍耐盡於此」者，謂計數至五數以上時，其心氣即不能更靜持以從事也。

又其一則為荷謨茲教授所豢養印度獼猴栗齊之事。略述如次：

取花生米幾粒納入玻璃瓶，則隨落於瓶底，加軟木塞於瓶口，以授栗齊。栗齊從其夙習以齒嚙塞而啓之，顧乃不知倒轉瓶口以傾出花生米。惟搖舞其瓶，於不意中偶然得出之耳。雖示以倒轉瓶口之法，而栗齊終不悟。蓋彼方注目瓶底急切其所欲得，努力過殷，不復能從容理會人所以達到目的之方法也。（於原譯文有改動修飾。）

此見栗齊之心未能稍靜。不能靜則猛於施力，無由取得知識，而絀於計劃矣。

吾謂人心特徵要在其能靜，不其然乎？

第三節　理智與本能（上）

於是當問：人心能靜之所從來，其亦有可得而言者乎？此蓋生物進化脊椎動物與非脊椎動物分途，乃有理智生活一路，從而發展出之結果也。

為了說明人心，必須一談理智（intellect）與本能（instinct）的問題。

從生物界言之，則見有植物、動物兩大分派。植物為自養生物，恆就一地資取營養而不移動；動物為異養生物，恆遊走覓取植物或其他動物以為食。兩派同出一源，只在營求生活的方法上有其不同趨勢而已。再從動物界言之，亦見有兩大分派，其不同亦在生活方法上：節肢動物依循乎本能，而以蜂若蟻為其代表；脊椎動物則趨向乎理智，惟人類乃信乎其有成就，其他高等動物謂之半途而廢可也。

理智對於本能而說，實為後起之一種反乎本能的傾向。俗常非以「人為的」、「天然的」對待而言之乎？本能正是所謂天然的；而人之有為也，必以意識出之，意識即從理智開展出來。猶乎植物、動物同出一源，雖異其趨向而終不相離也，理智、本能亦復一源所出，勢若相反而不相離。脊椎動物之在理智上發展不足者，仍必依重本能以生活。說高等動物廢於半途者，即謂此耳。

吾書之言人心，渾括通常所謂生理現象者在內。誠以生理現象、心理現象一出於生命表現，恆相聯貫，強爲分別非宜也。[4] 由此而言之，人類生活秉自先天，有賴本能，殆無以異乎動物；何以說人類獨成就得理智，而高等動物乃廢於半途？此其分判何在？其所以有此分判的關鍵又何在？

試就巴甫洛夫學說具體指點之：其所謂無條件反射者概屬本能；其所謂條件反射則不離本能而向於理智發展之見端。凡此皆其所謂第一信號系統，爲人類與高等動物所同具。其所謂第二信號系統，亦即信號之信號者，則理智之能事，而爲人類所獨擅矣。此即其分判之所在也。理智對於本能，原不過是生活方法上趨向不同的問題，然其反本能的傾向發展到末後突變時，卻變成人類生命本身性質根本不同了（不再僅僅是生活方法上比較的不同）。由此一根本性的變化，遂使人類成就得理智，而其他動物概乎其未能焉。語其關鍵所在，即在此。——凡此當於下節詳之。

這裡將爲理智與本能做一些比較，先聲敘幾句話。理智、本能皆近幾十年自外輸入之譯名。理智或譯智慧，或譯理性，而吾書於茲三詞各有其不同用場，不相混同；其所具意義分別，必就吾書前後文求之，不可與俗相濫。本能一詞雖鮮異譯，然在國外先多濫用，國內隨之不免；其涵義出入莫準，亦望讀者細審之吾書，乃得其旨。以下試行比較。比較之，即所以說明之也。

本能、理智爲心理學上兩個名詞，分指其性質上方式上彼此相異的生命活動而說。雖兩者在高等動物和人類同見有之，然理智特著見於人類生活中，因即以所見於人類者爲其代表型；動物生活特依恃乎本能，言本能應即以動物式本能爲準。

本能、理智之異趣，皆緣生物機體構造及其機能之有異而來。此即是說：凡心之不同皆緣身之不同而來；生命表見之不同，恆因生理解剖學上有其條件之不同在也。但本能活動緊接於生理機能，**十分靠近身體**；理智活動便不然，**較遠於身體**，只主要關係到大腦而已。

本能是個體生命受種族遺傳而與生俱來的生活能力（或其動向），既不能從個體生命中除去之，亦非可於其一生中而獲得。心理學上所說本能與生理學上所說反射，雖要區別方好，卻有時實難於區分之。[5]高等動物頭腦相當發達，理智有所萌啓，其本能之僵硬化（機械性）即有所減輕，**而接受後天生活經驗影響**。巴甫洛夫條件反射的研究所得以進行者在此；狗馬之屬可加以種種訓練者在此。到人類，大腦特見發達，理智大啓，其衍自動物祖先的種種本能更大大沖淡、鬆弛、削弱，甚且貧乏，恆有待後天模仿練習乃得養成其生活能力。是故應知純粹本能在高等動物已經不多，在人類更難得見之。凡言本能者，不過指其基本上還是種族遺傳下來的而已，固非無後天經驗影響於其間。凡不言本能者，其中又非無本能因素在，只不過它在基本上是從經驗學習而得建立耳。

從與生俱來而言，理智固亦本能也。我們說理智爲後起之一種反本能的傾向者，果何謂乎？本能是生來一項一項專業化的能力，各項本能在生活上各有其特定用途或命意；而理智反之，傾向於有普泛之用。雖其勢相反，而一源所出，固不相離。當生物生命向理智發展之時，即其本能或淡褪，或鬆弛，或削弱之時。此一長一消，即是智能——指其出自天然非思慮者，亦即指生命——一向用於專途者改向普泛有用而轉化。此一轉化過程，勢必消融、弛解了那些預先鑄定的機括，而爲後天留下空來以因事制宜多方創造之可能。本能生活無藉於經驗，而理智生活顧必資於經驗者在此。

一個動物是一個活動中心，其知覺是爲活動而預備的，亦即通過感官、神經而此一中心乃與其環境發生其可能有的活動關係。在本能是即知即行，知行合一，不分不隔。此即是說：此一活動中心一旦與其某些特定有關環境相接觸，便立時地、直接地、緊切地發生其恆定不易之關係而活動起來。其知、情、意（行）一貫而下，頗似一通電流，機械即行旋轉者然。在其特定有關（此云有關兼括後天形成之條件反射關係）的活動對象之外，漫不經心，既鮮有所行，亦鮮有所知。人爲動物之一，同樣是一個活動中心，且無疑是一個活動力更大更大，大到不可比擬的活動中心。其知爲行的預備，基本上是不變的。第以其優於理智，知行之間往往很有間隔。間隔涉遠者，離知於行，爲知而知，自成一種活動而單獨行之。凡所謂科學知識以至一切學問悉出於此。彷彿初不爲行的預備，而實際上仍不外儲備起來，以爲後此行動計劃之用；而其無可比擬的偉大活動力亦即出於此焉。

於此際也，必當注意：吾人之有知與許多高等動物之有知，雖同始自視、聽等感覺，但因其感官構造機能不同，其物種生活不同，乃各異其所反映；⑥更且由於理智、本能之異趣，而有其性質上之基本不同。試爲比較如次：

動物本能中之所感知好像具體的一個點，吾人理智中之所感知好像一個面；前者是集中的，後者則大大放寬放遠去，而有廣大空間展現於其前；

動物本能中之所感知，情味濃烈，立即引發行動，動向決定，似完成其活動即所以完成其知識；吾人理智中之所感知，一般說來情味不無而比較平淡，動向似有而未云決定，故不必即有行動，而要在聯屬於過去經驗，納入自己知識系統中，得一明確之觀念、概念而後其知識乃云完成；

本能所得可說爲實體之知識，理智所得則爲空式之知識；

本能之知對於生命活動可說爲直接的、斷定的，理智之知，對於生命活動可說爲間接的設定的；⑦

本能的對象以其特定故有限，理智之用則普泛及於一切而無限。

此中一個要點，即在吾人生命中便帶來靜以觀物的態度（所謂「離知於行，爲知而知」）。靜觀亦即客觀，亦可云物觀。從吾人感覺、知覺開始，即若有「物質」觀念之形成，用以概括乎其所接觸到一切。即遇有不大適用者，亦方便假借用之於一時。此與廣大空間之展現有關。物體既佔有空間位置，物體移動亦借空間而得辨。物質觀念之形成與空間觀念之形成要不可分。宇宙萬象方在變化流轉不定，殊難加以掌握。然不求逼眞而舉其大略，節取一時所現者固定化之，以便掌握爲規劃設計之所資，實屬必要。[8]物質一若必爲固體者，其觀念形成殆本於此。

往者柏格森倡論：理智不知有眞時，恆假借空間以比擬時間；理智不知有眞動，恆假借連續微變之固定狀態以代表不容截斷之動流。又嘗謂「理智的知識（被約制於其對象），其內容與形式實乃互相適應以成；理智固模楷乎物質，物質亦順應乎理智。」凡此皆至理名言，值得舉出。現附其英譯文備考。

Matter and form of intellectual knowledge (restricted to its own object) are seen to be engendering each other by a reciprocal adaptation, intellect modelling itself on corporeity and corporeity on intellect.[9]

第四節　理智與本能（下）

人類生活倚重理智而非倚重本能，於何徵之？此不難從下列三事取徵。其一，依本能以生活者，其生活中所需工具即寓乎其身體，若不假外求而自足。但人類非於身外製造種種工具而用之，幾乎不能生活。其二，依本能以生活者，一生下來（或於短期內）即具有其生活能力，然畢生亦即如其所能者而止。人之生也，初若無一能，其卒也乃無所不能。此即依重先天本能抑或倚重後天學習之分異。凡脊椎動物自魚類以訖於各高等動物，視其幼體未成熟期之若長若短，而其物種在理智發展上孰優孰絀可知也。然即其中此期最長者如靈長類，以視人類猶遠遠不得相比；人類兒童期之長，蓋十數倍之不止也。[10]其三，依本能以生活者未脫離自然狀態，只須身體長成即能自營生活，而人類不然。雖在遠古初民社會未有文字者，亦必有其語言；未有宗教法制者，亦必有其禁忌風尚；乃至飲食起居、器物、宮室，一切總出人爲，非復自然，因而皆必待學習乃能適應其群的生活。此社會學所謂「超有機體界」（super organism）者，社會文化雖淺稚亦必存在。一個人固非徒身體發育成熟，即可爲其社會一成員而生活也。一言總括：人類的生活能力、生活方法，必倚重後天養成和取得，是即其倚重理智之明徵。

上節曾言：

> 理智對於本能原不過是生活方法上趨向不同的問題，然其反本能的傾向發展到突變時，卻變成人類生命本身性質根本不同了。由此一根本性的變化，遂使人類成就得理智，而其他動物概乎其未能焉。語其關鍵所在，即在此。

此節即就此關鍵問題一爲闡說。

所謂生活方法，非所用以解決生活問題者乎？而所謂生活問題者，從一切生物所有生活看去，要不外**個體生存**、**種族繁衍**兩大問題而已。圍繞此兩大問題預爲配備所需用之種種方法手段，隨動物生命以俱來者，即所謂本能也。動物藉本能以生活，其所知所行囿止乎此，莫能有外。畢生所事，惟有圖存而傳種於後；傳種亦只是重複乎此而不已，更無其他。此所以巴甫洛夫所爲高級神經活動之研究，捨動物生命中先天生來恆定不易之刺激反應關係（即本能），即無所藉以建立其條件反射，而首要之刺激物即飲食也。從條件反射上反覆研究之所得，固見高等動物生活有某些訓練或拓展之可能規律，然又何曾越出兩大問題之外耶？

其所發見若稍遠於兩大問題者，如探究之本能、遊戲之本能、自由冀求之本能，[11]非能外也，只是高等動物生命增強而理智啓萌之顯示耳。理智啓萌，即從本能之狹隘而稍稍向**遠開**拓去。

高等動物理智啓萌之表徵，即在其大腦發達。大腦之發達，即智力之發達也。其生命之所著重，即**從行而移於知**。顧其知乃所以爲行之性質依然不改。頃所謂若稍遠於兩大問題者，即其興趣之所及，或云關心留意者，稍廣泛耳。**興趣**（或關心留意）其貫乎知與行而爲其骨髓者乎。**無興趣不可能有知**；**無興趣不可能有行**。低等動物興趣至隘，其知與行牢錮在兩大問題上。高等動物探究之本能密接於其防衛本能而來，其去兩大問題未云遠也。若靈長類（猿猴、猩猩）之有好奇心，⑫乃似稍遠。至於人類而有知識欲焉，興趣廣泛，無所不到，斯可謂之遠矣。

知識欲泛及於一切與兩大問題渺無干涉之事物，而在科學家、哲學家卻莫不可爲之忘寢廢食。此其興趣之無邊拓展果由何而來？即由理智反本能傾向之發展來也。動物的本能生活，於其特定相關之事物情味濃烈，而於此外則漠不關心。世界自廣大、自富麗，全與它無預也。理智反之，漸從特定關係中鬆弛以至最後脫開。惟其不拘定在有限關係上，而後其可能有之關係乃無邊際之可言。或關注於此，或關注於彼。對於任何事物均可發生興趣，正爲其對於任何事物亦可沒有一定興趣，甚至一些興趣不生。興趣不生者，謂此心之能靜也。正爲其能靜，是其所以能動。靜也動也，各能臻乎其極，生命發展至人類而境界大闢。世界之廣大富麗實隨人類生命之發展而來者，此不可不知。

動物是要動的，原無取乎靜也；然靜即從動中發展出來。本能急切於知後之行，即偏乎動；理智著重乎行前之知，即偏乎靜矣。理智發達云者，非有他也，即是減弱身體感官對於具體事物近似機械的反應作用，而擴大大腦心思作用；其性質爲行動之前的猶豫審量。猶豫之中自有某種程度之冷靜在；更加延長發展，卒達於純靜。設若其靜也，不離乎生活上一種方法手段，則亦變形之動耳。然若突破局限，更與生活問題無涉，非復可以任何方法手段目之者，則是其本質不同，不謂曰純靜不得也。

或問：一切生物的生活不外兩大問題；人亦生物之一耳，人類雖有富麗堂皇之文化生活，總不過或直接或間接關係於兩大問題而已；要亦何能出其外耶？答之曰：人為一種生物是其一面，人大不同乎一般生物是其又一面；人類生活同樣地縈迴於兩大問題是其一面，人類生活卒非兩大問題所得而限之者是其又一面。

從現存生物之生活事實看去，信莫能有外於圖生存與繁殖之兩事者，然不可遂謂生命本性惟在以解決此兩大問題為事也。此兩大問題在植物可不謂有其解決之道乎？何為過去進化程中尚有動物之別出？在動物走本能之路者，可不謂得其解決之道乎？何為猶有理智反本能傾向之後起？兩大問題在生物界各不同物種，雖謂自始既各得其解決無不可也。顧過去生物界猶層層創新，進化之不已，豈不充分證明生命本性之不在此乎？生命本性是在無止境地向上奮進；是在爭取生命力之擴大，再擴大（圖存、傳種，蓋所以不斷擴大）；爭取靈活，再靈活；爭取自由，再自由。試一諦視生物進化之歷史詎不躍然可見。然此在現存生物界蓋已不可得見矣。惟一代表此生命本性者，今惟人類耳。——人之大不同乎一般生物者在此；人類生活卒非兩大問題所得而限之者在此。

人類果何從而得突破兩大問題之局限乎？此即以理智之反本能，而兩大問題固寄托於種種本能之上也。本能活動無不伴有其相應之感情衝動以俱來。例如鬥爭與憤怒相俱，逃避與驚恐相俱，慈柔之情從屬於父母的本能，而兩性的本能則與其固有一種感情衝動不可分。如是可以類推。然而一切感情衝動皆足爲理智之礙。理智恆必在感情衝動屛除之下——換言之，即必心氣寧靜——乃得盡其用。於是一分之理智發展，即屛去一分之感情衝動而入於一分之寧靜；同時對於兩大問題亦即解脫得一分之自由。繼續發展下去，由量變達於質變，人類生命卒乃根本發生變化，從而突破了兩大問題之局限。

理智之發展也，初不過在生活方法上別闢蹊徑，固將更有以取得兩大問題之解決。然不期而竟以越出兩大問題之外焉。此殆生命本性爭取靈活、爭取自由有不容已者歟。柏格森嘗於此設有譬喻云：「自最低級以至最高級之生命，自由好像是緊繫於鏈索之上，個體最多只能伸張至其鏈之長度爲止。但到了人類卻似突然一躍而鏈索亦斷」[13]。此緊系之鏈索蓋指生物圖生存與繁殖之兩事，而以鏈之長度不等借喻自由餘地之不等。其鏈折斷，即悠然長往無得而限之矣。

第五節　人類生命之特殊

生命發展至此，人類乃與現存一切物類根本不同。現存物類陷入本能生活中，整個生命淪爲兩大問題的一種方法手段，一種機械工具，浸失其生命本性，與宇宙大生命不免有隔。而惟人類則上承生物進化以來之形勢，而不拘泥於兩大問題，得繼續發揚生命本性，至今奮進未已，巍然爲宇宙大生命之頂峰。

關於宇宙大生命的話，這裡要講一講。

在生物界千態萬變，數之不盡，而實一源所出。看上去若此一生命彼一生命者，其間可分而不可分。說「宇宙大生命」者，是說生命通乎宇宙萬有而爲一體也。[14]講到生命，捨生物無以見之；而生物之爲生物也，其必對照無生物而後見乎！請試對照來看。

任何一種無生物（石、金、柴等）如其與外界環境各種因素（空氣、水分、陽光乃至其他）的影響隔絕，是可以保存著的。但生物則相反。它在這種隔絕情況下，就會死亡，不再成其爲生物。生物一定要不斷吸收同化其外界環境各種因素，以合成生活物質（此謂同化作用），又不斷分解之，釋放出「能」來（此謂異化作用）以活動。必如是，它才是活生生的生物。因此，最要領會到：說生物是不可能以其機體爲限的。把生物有限的機體指目爲生物之所在，是庸俗觀點，不科學的，不合實際的，至多算一種方便說法。此即是：實在應該把這陳舊觀念擴大，聯繫著機體和其環境當成一個總體來看，而不應該脫離那關係著生物機體所賴以生存的環境一切條件而孤立地看它。若能這樣看，既不是孤立地看，同時，亦就不是靜止地看。因爲當我們聯繫著機體和環境時，豈不就是從其生物的生長、變化、活動過程來看了嗎？生物既不可以其有限之機體體積爲限矣，則亦豈可以其機體之有限生存期間爲限？此在生物機體從其生殖機能而繁衍不絕，固已顯示之矣。

凡以有限之機體及其有限之生存，構劃一個生物觀念者，只是吾人一種方便措置，俾便於涉思——亦即便於說話——而已；事實上卻是劃不出其範圍界限來的。認識生命必先認識這不容限隔，亦無可界劃之一義。⑮蓋生命托於機體以爲中心而聯通於一切；既有其局守之一面，同時更重要的是有其通靈之一面。通是正面，局是其負面。然局守之一面世俗易見，其另一面通靈之無所限也，多爲世俗所忽焉。

生命本性要通，不要隔，事實上本來亦一切渾然爲一體而非二。吾人生命直與宇宙同體，空間時間俱都無限。古人「天地萬物一體」之觀念，蓋本於其親切體認及此而來。此必從張目四望之散亂意識收斂、潛默、凝合到生命本身，亦即從有所對待轉入無所對待，方得。世俗或以爲那所謂一體只是意識上把橫豎不相聯屬的一切東西渾括在一起的一個假設（擬想）觀念，未免無識可笑。⑯

世俗錯誤蓋由其見有空間，而不知空間之不空。在空間上亦即在事物上，人們爲了便於一時的規劃設計、操縱利用而有種種分劃併合，而不悟其不可以當眞。不悟其分也，合也，要不過理智之能事而一出於人之所爲；其在宇宙大自然固漫然無限，渾然一體耳，曾何分合之有哉！

特別是人們從其擅長分割的理智，極容易分割出空間上時間上的自己個體來，而外視一切，若不相干。此一錯誤觀念，在理智分別不足的動物卻不會有的；相反地，它生活於本能之中，一片天機，倒彷彿較爲接近於生命的一體性。但其實不然。人們的錯誤出於後天人爲，能錯的就能對。當人類知識進步，從意識上去分的，不難還從意識上合起來，糾正了那錯誤觀念。這是一層。更重要的一層尚在其後，那就是親切體認到一體性。而在動物則於此之錯也對也皆無可談，正爲其陷於本能生活，缺乏靈活自由之故。其卒陷於本能缺乏自由者，則爲其得從本能解決了兩大問題而自安自足，不更向上奮進爭取自由之故。原夫生物之圖存也，傳種也，無非延展生命之向上奮進於不斷不絕。今乃爲圖存而圖存，爲傳種而傳種，迷失其向上奮進之本性，其於宇宙一體之大生命豈不有隔閡？其彷彿較爲接近一體性者，豈不就限止在彷彿較爲接近上而已耶？

前於第五章講靈活性時，曾說過：

> 生物進化初非有目的有計劃地前進，第從其一貫爭取靈活若不容已之勢而觀之，恰似有個方向耳。然在進程中始終未曾迷失方向者，亦惟脊椎動物有人類出現之一脈。其他物種所以形形色色千差萬別，正不妨說是種種歧誤之先後紛出。前說它們一一止於其所進之度者，蓋既陷於歧誤乃往復旋轉其間耳。

今更申明其義。如前所明，生命之在生物也，既有其局守之一面，同時復有其通靈之一面，而生命本性則趨向乎通。生物進化即從局向通而發展，亦即向於靈活主動而不斷地爭取。然其發展也不一其途徑，亦即不一其如何圖存如何傳種之生活方法。生物類型種別千千萬萬之不同，即此圖存傳種方法之不同耳。曠觀生物界之歷史發展，其中惟有從原始生物經歷脊椎動物終於出現人類之一條路線，其通的靈敏度步步增高，高至人類猶且在不斷向上爭取，信爲能貫徹生命本性者。其他則有不少曾一時繁殖稱盛，顧已滅絕不傳者；亦有見其既進而復退者；其現存於今者自是極大多數，卻各止於其所進之度，一似長途旅行或於此，或於彼，或先或後，而休歇焉。對於貫徹始終不迷失方向者而言之，豈不爲歧誤之先後紛出乎？

尋其所以致此之外緣內因，頭緒複雜紛繁，誰能道其詳。姑試從內外兩方抽象地一推論之。譬如古生物之絕種不傳者，大抵爲其生存條件的環境驟然大變，而不能適應之故。此由外緣所致，或有不可抗者在。然可抗不可抗總是相對的；能適應不能適應，要亦視乎生物本身之如何。其若不可抗者，得毋有生物本身之發展有偏，臨變不能迴旋應付之因素在耶？假如不落一偏，其或能靈活應變焉，未可知也。此本身發展方向之有偏，即我所謂歧誤之歧也。而歧則由誤來。何以言之？

夫生命固時時在發展變化，不斷適應環境之有變，將度過一關一關以賡續向上也。當其所向之偏也，果誰使之？——誰使其發展之失乎中耶？發展是它自己發展，失中是它自己失中，無可歸咎於外。竊以爲是必其耽溺於現前方法便利，不自禁地失中耳。質言之，是其所趨重轉落在圖存傳種之兩事，而渾忘其更向上之爭取也。如上文所云，現存動物得從本能解決了兩大問題而自安自足者，正同屬此一回事。即此一息之懈，便違失生命本性。我所云歧誤之誤，蓋指此；我又云歧由誤來者，胥謂此也。讀者毋疑吾言之落於唯心論也。試看生物進化中既進而復退之寄生動物（附著於其他有機體而不復動），詎非耽溺現前生活方法便利而違失生命向上之顯例？在從原始生物經歷脊椎動物終於出現人類之一脈，其步步發展總不迷失方向者，亦豈有他哉？正無外向上奮進曾不稍懈而已。是則問題只在懈不懈，豈不明白乎？

前既言之，生物進化即是從局向通而發展；其懈者，滯於局也。滯於局者，失其通。吾故謂現存生物於宇宙大生命之一體性都不免有隔。蓋自一面看，一切生物說通都是通的；而另一面看，則其通的靈敏度大爲不等。人類而外各視其在進化程中所進之度可以決定其通靈之度。惟人類生命根本不同，只見其進未見其止，其通靈之高度誰得而限定之耶。其獨得親切體認一體性者在此矣。

第六節　略說自覺及意識（上）

人心以理智之趨求乎靜，不期而竟以越出兩大問題之外，不復爲所糾纏；此固生命本性爭取靈活，爭取自由，有不容已。同時亦須認識到：要解決一個問題，事實上就必有超過解決此問題的力量乃得而解決之。理智作爲解決生活問題之一種新途徑來說，不如是即未得走通，並不是多餘的。何以見得不是多餘的？成就得理智與否，必以其能成就出知識與計劃來與否爲判。人類以外之高等動物非無理智之萌啓也，顧未能於環境事物攝取其知識，從而有計劃地處理事物，則勢必仍自依重本能以生活。此觀於前述莎立、栗齊之兩事不既可見乎？上文曾指出其心不夠靜，今更點明是在其心缺乏自覺。

自覺與心靜是分不開的。必有自覺於衷，斯可謂之心靜；惟此心之靜也，斯有自覺於衷焉。但今點出自覺來，較之徒言心靜，其於知識及計劃之關係乃更顯明。

於是我們來談自覺。

自覺是隨在人心任何一點活動中莫不同時而具有的，不過其或明強，或闇弱，或隱沒，或顯出，殊不一定耳。例如：人在聽到什麼聲音時，他不惟聽到了而已，隨即同時還自知其聽到什麼聲音；人在自己說話的同時，還自知其在說什麼話。甚至一念微動，外人不及知而自己知之甚明。不惟自知其動念而已，抑且自知其自己之知之也。儒書有云「知之爲知之，不知爲不知，是知也」；此中第五個知字正指其自覺昭明而言。人有感覺、知覺皆對其境遇（兼括機體內在境遇）所起之覺識作用，而此自覺則蘊乎自心而已，**非以對外**也。它極其單純，通常除內心微微有覺而外，無其他作用。然而人心任何對外**活動卻無不有所資藉於此**。佛家唯識學於能見之「見分」、所見之「相分」而外，更有「自證分」以至「證自證分」之說；審其所指，要即在此中深微處。質言之，這裡所談自覺爲吾人所可得親切體認者；彼之所云自證分，殊非吾人體認所及，只能理會而承認之。一粗一細，不盡相當，推斷此自覺應是根於彼自證分而有者。（下文續有論及。）

自覺之在人，蓋無時不有也。第其明、暗、強、弱、隱、顯往往變於倏忽之間，一時一時不同。大抵心有走作——心向外傾斜去——自覺即失其明。略舉其例：在匆忙中便不同於悠閒之時；悠閒時較少向外傾，而一匆忙便向外傾去矣。在動作慣熟中便不同於不熟練時；不熟練時較爲用心在當下，而動作慣熟則此心每轉向別處去矣。常說的「印象深刻」，意即謂當時觀感中留有之自覺明強。若所謂「心不在焉，視而不見，聽而不聞」，則正是其視、其聽皆缺失自覺也。蓋心神不定，有所牽引於外，自覺即失。顧又不難猛然自己省覺此心神不定。

吾人機體內部生理運行，屬在植物性神經系統，通常無自覺也。一有病不適，輒或自覺之矣。大抵自覺不自覺繫於用心不用心，注意不注意。凡**自覺之所在即心之所在**。中國道家功夫，於其機體內部生理運行往往皆有自覺，且能相當支配之，正以其「收視反聽」恆時潛心於此耳。

更當知道，人的天資高下不等，又或氣質各有所偏。例如：有坦率而不免淺躁之人，亦有穩重而喜怒不形於色之人。前者在言動間疏於檢點，即其疏於自覺也。後者不論其有容物之量或不能容物，其喜其怒皆存於自覺中（或思維中），而為其人優於理智之徵。

總而言之，既從本能解放而進於理智的人類，於靜躁之間是有很大伸縮性的。其往往出入乎自覺或不自覺者在此。從可知陷於本能而不得拔的物類生命，豈復有自覺可言。更申言以明之：動物生命中缺乏自覺是確定的；人類生命既進於自覺之域，亦是確定的。但人們臨到生活上，其生命中的自覺一時昏昏然不起作用，又幾乎常常有的。雖說是常有的，卻為懈怠不振之象，而非其正常。且其作用亦只在當時隱沒不顯而已，其作用自在（未嘗失）也。容當於後文論及之。

自覺蘊於自心，非以對外，而意識則是對外的。意識一詞於英文為 consciousness，原屬自覺之義。然則茲二者其為一為二乎？今確切言之：內有自覺之人心一切對外活動——自感覺、知覺以至思維、判斷——概屬意識。乃至人的一切行事，論其本分胥當以意識出之。無意識即同於不自覺。不自覺則知難乎其為知，行難乎其為行。但如上文所說，這卻又幾乎是人們生活中所常常有的。人們通常總是出入乎自覺不自覺之間的。且自覺雖或隱沒不顯而其作用又自在，則於其隱顯強弱明暗之間更難加以區分。所以當我們說自覺——就其蘊於內的一面說時——須得**從嚴**；當我們說意識——就其對外活動一面說時——無妨**從寬**；雖則自覺和意識原來應當是一而二，二而一的。[17]例如人們生活上所常常有的那種事情，我們都不可能說爲無意識的動作（他們動作時非無意識揀擇），而實際上其言動之間的自覺固又極其不足也。

人類的一切有所成就者，何莫非意識之功。但不是那悠忽散亂的意識（悠忽散亂只讓光陰虛度），而是全在意識的認眞不苟。質言之，就是：**任何成就莫非人心自覺之力**。凡人類之所成就，從大小事功以至學術文化之全績要可分別用「眞」、「善」、「美」三字括舉之。然而試看此三者其有一非藉人心自覺之力以得成之者乎？無有也。

關於吾人之所以得成乎善，所以得成乎美，且待後文論及道德、論及藝術時說明其事。至若求眞惡僞實存於人心活動之隨時自覺中，是爲吾人知識學問得以確立之本，則將在此簡略一談，用以完成此章主題計劃性之論述。

古語云「直心是道」。求眞惡僞者，即**人心之直**也。僞者欺僞；僞則不直，故惡之。求眞，非他，只不自欺耳。求眞惡僞是隨著人心對外活動之同時自覺中，天然有的一種力量，例如吾人核算數字必求其正確；苟有迷糊不清，無以自信，則重行核算，一遍、兩遍以至數遍，必明確無誤乃快。脫一時未得其便，恆不洽於心，歉仄難忘。此非有利害得失之顧慮存乎其間也。例如在核算生產經營之盈虧數字時，吾人初不因喜盈惡虧輒以虧爲盈，而必求其數字之眞是已。此不顧及利害得失而是則是、非則非者，蓋所謂是非之心也。是非之心昭昭乎存於自覺之中，只須坦直不自欺便得。

大抵一門系統化的知識即可稱之曰科學。其所以得成系統化者，蓋因其有合於客觀事物之眞（或者近眞），乃前後左右不致自相違忤牴觸（或者一時未易發現），而往復可通，且資之以解決實際問題效用不虛也。然此足以自信而信於人者，非科學家在其進行調查研究分析實驗中，自覺明強，一力求眞，清除僞誤，其能得之耶？如或稍有牽動於利害得失——例如急於求成——而不能是則是、非則非，立言不苟，則不成其爲科學家，不成其爲科學矣。在科學上其精而益進於精者，固不徒在其人之勤奮，尤在其敏於自覺，於理稍有未臻精實，輒能覺察不忽不昧，因以督進之也。

第七節　略說自覺及意識（下）

求眞惡僞是人心天然所自有的，純粹獨立的，不雜有生活上利害得失的關係在內。何以能如是？此必須有以說明之。

曠觀人類之感情意志雖複雜萬狀，卻不妨簡單地以兩大相異之方向總括之。這兩大相異之方向，就是：好和惡，或取和捨，或迎和拒，或趨和避，……如此之類。在高等動物的生活動作上亦不無感情意志之流露，而且與人情多相類似，要亦可總括於此兩大方向之中。不難看出：生物生命上之所以表見有此相異兩方向者，蓋導因於生活上利害得失之有異而來；至於其爲利爲害，爲得爲失，則一視乎其在圖存與傳種兩大問題上之如何以爲決定。然在一般動物依循本能之路畢生爲兩大問題而盡瘁者，固當如是耳。既邁進於理智而不一循本能，生命活動有非兩大問題所得而限之的人類（請回看前文），其情志之向背是否亦限制在其利害得失上？這是一個問題。再則，此所謂求眞惡僞者當亦不能不屬在情志之兩大方向內，設若它與兩大問題之利害得失無涉，其又何從而來耶？這又是一個問題。

顯然前後兩個問題互相關聯，統屬後文論述人類倫理道德時之所當詳，然在此亦不能不簡略地有所回答。試爲分說如次。

求眞惡僞——是則是，非則非——屬於吾人感情意志兩大方向之一種表露，是肯定的。儒書之言不自欺其心，即借「如惡惡臭，如好好色」[18]以明之是也。後儒陽明王子有云「只好惡就盡了是非」，亦可見。

人情所以有此兩大方向之表露，一般說來，固然或直接或間接來自兩大問題上的利害得失；但非即限止於此，而有超乎其上者。此即在計較利害得失外，吾人時或更有向上一念者是。此向上一念何指？要曉得，人類生命是至今尚在爭取靈活、爭取自由而未已的，外面任何利害得失不能壓倒它爭取自由的那種生命力。當初理智的發展，原作爲營求生活的新途徑而發展，故從乎營求生活的立場吾人時時都在計較利害得失是在所當然的。但理智的發展卻又是越出兩大問題之外不復爲其所糾纏的（見前）；儘管時時用心在應付和處理問題，卻可不受牽累於任何問題。所謂不受牽累於任何問題，即不以任何利害得失（誘惑、威脅）而易其從容自主自決之度也。

利害得失是相對的，是可以商量比較的，因而亦是可以彼此作交易的；而是非就不然了。求眞之心「無以尚之」。是則是，非則非，無可商量；它亦不能同任何利害作交易（凡交易皆從利害之計算出發）。

古人雖借「如惡惡臭，如好好色」以喻不自欺其本心之眞切，卻須曉得此兩種好惡有本質之不同。前者是對外的，後者存於自覺；前者靠近身體，屬於本能，而後者恰相反之。前文（第四節）曾說，本能活動無不伴有其相應之感情衝動以俱來。凡在動物不無感情意志之可見者，一一皆與其本能相伴者也。人類生命既得解放於本能，其感情意志不必皆從本能而來，然一般說來又大多難免關聯於本能，如此靠近身體一類例是也。各項本能都是圍繞著兩大問題預爲配備的方法手段，一一皆是有所爲的。因之，一切伴隨本能而與之相應的感情亦皆有所爲而發（從乎其利害得失而發）。不論其爲個體，抑爲種族，其偏於局守一也；則其情謂之私情可也。人類固不能免於此，卻殊不盡然。若求眞之心，其求眞就是求眞，非別有所爲者，雖不出乎兩大方向，卻與利害得失無涉，我們因謂之無私的感情。所謂兩種感情有著本質之不同者在此。

動物生命是錮蔽於其機體本能而淪爲兩大問題之機械工具的。當人類從動物式本能解放出來，便得豁然開朗，通向宇宙大生命的渾全無對去；其生命活動主於不斷地向上爭取靈活、爭取自由，非必更出於有所爲而活動；因它不再是兩大問題的機械工具，雖則仍必有所資借於圖存與傳種。（不圖存，不傳種，其將何從而活動？）原初伴隨本能恆必因依乎利害得失的感情，恰以發展理智必造乎無所爲的冷靜而後得盡其用，乃廓然轉化而現爲此無私的感情。指出其現前事例，即見於人心是則是，非則非，有不容自昧自欺者在。

具此無私的感情，是人類之所以偉大；而人心之有自覺，則爲此無私的感情之所寄焉。人必超於利害得失之上來看利害得失，而後乃能正確地處理利害得失。《論持久戰》中說人類的特徵之所以必曰「自覺的能動性」者，人惟自覺乃臨於一切動物之上而取得主動地位也。非然者，人將不能轉物而隨物以轉矣。吾書開宗明義曾謂：人之所以爲人在其心；而今則當說：心之所以爲心在其自覺。此章（第六章）開首（第一節）提出人心基本特徵問題來討論，今於章末便可作結束，鄭重地指出人心基本特徵即在其具有自覺，而不是其他。

人心特徵在自覺之一義，方將繼此更有所發揮闡明，用以貫徹吾全書。但在這裡仍且就其有關計劃性者申說之於次節，用以結束此章主題之論述。

第八節　知識與計劃

人類原以自然界之一物而出現於地上，顧其後乃一步一步逐漸轉向宰制乎自然界，浸至騰游天際攀登星月如今日者，罔非知識之力、計劃之功；而知識與計劃則出於人類意識的創造，此現前事實共見共曉，無煩多贅。但知識與計劃之成就如何有賴於人心有自覺，卻必一言之。

設制一計劃必憑借其一切有關之知識，此既言之於前矣。然不有**主觀意圖**於先，徒有客觀之知識果何所爲而設計乎？任何一個計劃總構成於此主客兩面條件之上，而意圖是首要的。一切意圖都是自覺的。不有自覺，尚何有意圖可言？必其意圖明白確切者，而後設出計劃乃得確切精當；然而此非有**高度自覺貫徹其中**固不能也，讀者不難反躬體認而得之。——成就計劃有賴於此心之自覺者即謂此。

精確之科學知識所由成就出來，端賴科學家在其工作活動中自覺明敏，一力求眞，清除僞誤，此既言之於前矣。然更有先於此者：不有經驗，何有知識？不有記憶，何有經驗？而**記憶則全繫於此心自覺之深微處**，亦即上文所引唯識學之所謂自證分（一稱自體分）者。唯識家之說明自證分也，謂相分爲「所量」，見分爲「能量」，而自證分則其「量果」。蓋生命上任何一點活動，豈有虛過者？必收有其果，即此是也。《成唯識論》原文這樣說：

> 相分是所緣，見分名行相；相、見所依自體名事，即自證分。此若無者，應不自憶心、心所法，如不曾更境，必不能憶故。（見《唯識述記》卷十五，第十五頁）

或問：自證分既非吾人體認所及（見上），何爲而信其說？應當曉得：唯識學非他，不過是佛教瑜伽師修瑜伽功夫所得的一種副產物——一種知識。佛教瑜伽功夫不同其他外道瑜伽有所造作；它只是掃除心理障礙（「煩惱障、所知障」），入於深靜而已。吾人現有之自覺是心靜之端倪；所謂入於深靜者，即此自覺之徐徐擴大，以至光明瑩澈，無邊通達。當其漸入於深靜也，則人類生命中許多隱奧精微的事實歷歷呈現，若相分、見分、自證分等皆不過其中事實之一耳。此有如科學家出其在實驗室中之所得以語人；人人皆可從事其實驗而得知之；雖未曾親自實驗，固無妨信其說也。[19]

吾上文曾說，自覺作用當時不顯者，實亦未嘗失，即指其留有印象，天然不虛過而說。例如雨天外出，而歸時天晴，遺忘雨具於某處。自其遺忘於某處言之，則爾時自覺固昧而不顯矣；然自其卒又憶及遺於某處言之，則爾時不顯之自覺何嘗遽失其作用耶？唯識家所謂自證分者，即於此而見之。自覺在通常情況中，蓋既不顯著，亦非昏昧。凡吾人意識活動若聯想概括，若回憶內省，固必基於此始得有之；乃至任何一點活動罔有不資借於此者。正惟其資於此也，乃所謂意識。

動物本能之知，即知即行，無所資借於經驗而天然明確不誤。吾人理智反之，任何一點認識，若不有多次經驗之累積其能明確之耶？且經驗之云，匪云經過一次或幾次而已也；必也臨事以敬，行動中不失自覺。若在生活上漫不經心，飄忽而過者，其亦得謂為有其經驗乎？今人皆曉然於認識必資於實踐之理，亦即謂：必行而後知，知皆從行來。然假使缺乏自覺如動物之生活於本能中，則行亦徒然虛有此行耳。何從而成就得知識耶？

不有經驗，何有知識？不有記憶，何有經驗？不有自覺，何有記憶？如是，如是。

或問：動物豈無記憶者，顧乃不能累積經驗以成知識，是果何故耶？應當曉得，動物之有記憶原不同乎吾人。吾人記憶可說是有兩種，而動物卻只有一種。此其不同之由來，可一回顧吾前文之所云：

（動物）本能急切於知後之行（下略）。

（吾人）理智著重於行前之知（下略）。

在本能，是即知即行，知行合一，不分不隔。

在理智，知行之間往往很有間隔。間隔渺遠者，離知於行，為知而知（下略）。

動物借本能以生活，畢生所事惟在圖存而傳種於後，其所知所行囿止乎此，莫能有外。

（以理智之反本能）人類生命遂得突破（圖存、傳種）兩大問題之局限；人類生活雖同樣地縈迴於兩大問題，但卒非兩大問題所得而限之者。

蓋動物之有知也，恆在引發其行動而已足。其心智與機體動作密切相聯若一，其有**記憶不過寄於動作習慣之上耳**。[20]人類不然。借助於機體動作習慣（例如借歌訣韻語之成誦）以成其記憶者，固亦爲其一種，而主要不在此。凡吾人之所謂知者，主要在知事物與我之關係意義如何，事物與事物間的關係意義如何（見上文）。而一切關係意義都是有待貫通前後左右以識取的，是抽象的（亦云共相），而非止集中當下具體之一點。其**主要記憶正伏於此貫通識取之前而爲其必要（前提）條件者；則非動物之所有也**。動物不能成就得知識，其故在此。

在巴甫洛夫學說中，不有所謂第一信號系統、第二信號系統者乎？高等動物雖與人類同具有第一信號系統，但人類所兼具之第二信號系統卻非任何動物之所有。所謂第一信號者，即具體的信號，從周圍現實界直接給予機體視聽等感覺的一種刺激，引起反應活動者是。所謂第二信號者，亦即信號的信號，指那些能用以刺激反射的語言、文字。動物於語聲字形非不能有所辨識，但不能理解其涵義，則仍將歸屬第一信號而已，非所論於第二信號也。理解力爲人類所獨擅，亦即上文所云貫通前後左右以識取其間關係意義之能力也。理智之云，正謂此耳。

優於理智之人類即富有知識欲者，恆用心在理解客觀事物間的關係意義，尤在識取所謂不依人們意志爲轉移的那些客觀規律，一切自然科學、社會科學成就於此焉。吾人之能以控制乎自然的、社會的各種事物而操縱利用之，以達成一切主觀意圖者在此焉。

科學之成就蓋非徒賴人們生活經驗之自然累積也，尤在有意識地去取得經驗，即所謂科學實驗者。試看科學家一切調查研究分析實驗之所爲，不皆出於其自覺意圖而爲有規劃地進行乎？是知識既爲計劃之所必資據，乃又借途於計劃以產生知識也。知識與計劃輾轉相生，以至無窮，而無不有賴自覺作用在其間焉。是即所謂人類的意識活動，亦即人心計劃性之充分發揮表現，夫豈任何動物之所可企及。

前文不嘗言之乎：心爲主宰之義；主謂主動，宰謂宰制；主動蓋從自體而言之；其曰宰制，則對物而言之也。人類文明發展至於今日，此主宰之云，不既有可見乎？然且方興而未已也。遠爲開宏之顯示更在今後，如今日所有者殆未足數。此一預見自有其科學的理據在。

心對物的宰制能力，源於其計劃性來。然任何一計劃必資借於其相關之知識。計劃性是天生的，知識卻不是天生的。宰制能力還必待步步逐漸增長。貧於知識即絀於計劃之遠古初民，處在洪水猛獸之大自然界中，其落於被動，忍受災害而無從宰制乎物者在此。前人之贊言「知識就是力量」者亦即在此。自有人類以來，知識固隨時都有增進，而其系統化，專門化以成科學，則要在知識與計劃輾轉相生以加速進步之近數百年間耳。宰制能力茁然可見者，不亦正在近代以至今日乎？

知識隨人類歷史以俱進，其發展順序蓋亦有可言者。舉其大端，則社會科學之確有成就遠在自然科學之後是已。人類作爲一動物，天生是要向外看的，是要向自然界爭求生存的。以自然界一切爲對象的自然科學，無疑地正是在長期從事向大自然作生存鬥爭中而得以慢慢成長起來。但社會科學卻不同，它必從人類回顧——不是向外看——其社會的發生、發展一切演變歷程而得來。其得以成就似必有待於如下各條件：㈠由長期又長期的生存鬥爭，大大發展提高了社會生產力，並從而不斷改變了社會生產關係，達到近代資本主義社會這一階段，乃有足供這一回顧考察研究的史實材料；㈡由於科學發達，社會上有了科學頭腦的高級知識階層，而其人又能在激烈的階級鬥爭中深有感觸於社會問題，乃引起這一回顧性的考察研究運動；㈢由於交通發達，乃得遠適異方巡訪未開化各族落，考察殘存之原始社會及其演變之跡，爲溯論古史搜獲佐證；如此等等。

更當指出：自然科學所以必成功在先者，吾人對於無生命物質或雖有生命而少活動的生物發見並掌握其必然規律較易，而於社會人事則難也。蓋知識原出自人心的計劃性，將以為設訂計劃之準備，而人心的計劃性惟於固定少變之事乃最適合，前於第一節曾言之。又第三節曾言「靜以觀物的態度」為人類理智所特具；知識之為物，雖於變化流轉亦將節取而固定化之；並宜參看理會。是可知社會人事間的規律最難認取，社會科學之晚成良非一端也。

惟社會科學之晚出也，乃有如恩格斯在其論《社會主義由空想發展為科學》文中所指出：社會力量（意指近代資本主義社會生產力）當其未被人類所認識和掌握，便一如自然力量之電若火一樣，發生著盲目、強制和破壞作用，演為劇烈災禍（意指「生產過剩」）。而在科學的社會主義指引下，一旦社會掌握生產資料時，社會生產內的無政府狀態為有計劃的自覺的組織所代替，然後人們的社會生存一直是作為自然界和歷史強加於他們，或不免跟他們相對立的，乃從這時起人們開始完全自覺地創造自己的歷史。於是「人們第一次成為自然界的真正的和自覺的主宰」，「這是人類從必然王國進入自由王國的飛躍。」㉑

在這裡恩格斯更有一語頗堪注意——

個人的生存競爭停止了；因此，人在這時——在某種意義上最終地——脫離了動物界。

如我所理解：要必待科學的社會主義之指引，乃能進入共產社會；必待共產社會而後階級與國家可以消除，世界大同，**人類協調若一**。一向爲生存競爭而受牽掣於種種本能衝動，**多所障蔽的人心**，至此乃始解除障蔽與隔閡，而和洽相通。人們乃不復在彼此競爭、鬥爭上耗用其心思力氣，而同心一力於憑借自然，創造文化；利用自然，享有文化。說人類最終脫離了動物界者，其必指此乎？我說人心方將大大（大有過於今日）顯示其主宰之義於即可預見之未來者，亦正謂此也。

---

①恩格斯既説從勞動創造出了人類本身，又説真正勞動是從製造工具開始的；見於其《勞動在從猿到人轉變過程中的作用》一文。又富蘭克林曾指出人類特徵即在能製造工具一點。

②引自恩格斯「勞動在從猿到人轉變過程中的作用」一文。一九五五年莫斯科外文書籍出版局版。

③恩格斯文中談計劃性甚且説及植物之捕蟲為食，並點明其完全無意識，更可見其與人心無涉也。

④機體內在的生理變化，恆引起心理上的變化而表見於外在行為；而凡事一經行動起來亦立即影響到機體內部生理上而有變化。兩面循環互為因果，殆難究詰。

⑤請參看《大腦兩半球機能講義》中第一講，巴甫洛夫著，戈紹龍譯，上海：文通書局，一九五三年出版。

⑥動物品種不同，生活各異，其感覺境界各自為一事，未可相比況。略言之：狗之嗅覺特見靈敏，然其視覺卻只能看到

物體形象大小明暗和運動，而不辨物形細目，亦無真正色覺；鳥類視力一般極敏銳，其調節視距的能力尤可驚，而在生理實驗上卻證明鳥是有色覺的。

⑦設定云者設其如是定將如何如何也。

⑧此處應參看上文講解《毛澤東選集》中《論持久戰》一文論作戰計劃一段話內之各點。

⑨見柏格森著《創化論》（英譯本），第三八一頁。

⑩參看卡薩特金著《嬰兒高級神經活動概論》（中譯本，一九五七年北京科學出版社出版）。其中指出嬰兒初生大腦形態和機能均簡單，其發育成熟是一長期複雜過程。又大腦皮質在肢體運動發展中所起作用愈大者，新生幼體（哺乳類以至人類）的運動能力就愈差，其有待逐漸發展的時間就愈長，而當其末後成熟時亦即愈富有多樣複雜變化。——此就運動而說。

再參看荊其誠著「知覺對實踐的依賴關係」一文（見一九六四年四月十五日《人民日報》學術研究欄）。文中闡明人類的知覺是在生活實踐中發展形成起來的，不是同感覺一起生就的。如生盲而復明之人，開始只見明暗和顏色，卻分不清物體的大小形狀和遠近。在他看來外界是模糊一片，好像要接觸到自己的眼睛。如此之例甚多。——此就知覺而說。

⑪參看《大腦兩半球機能講義》一書，第一三頁。

⑫參看《科學大綱》（商務印書館出版）第七篇《心之初現》中「猿猴之心」一段及其前後之所論述。

⑬見於柏格森論文集《心力》中《生命與意識》一文。文集為胡國鈺譯，一九二三年，商務印書館出版。

⑭嘗聞一農家老婦云：「別看我人笨，我的身體可真聰明。節氣來到了，或是天氣要變，它都先知道（指筋骨痠痛不適等）。」中國古醫家每言人身病變與天地造化之氣運節候息息相連通，相應知。大抵有宿疾在身者皆有此經驗。是即宇宙人生一體不隔之明證。又曾見《參考消息》（北京出版）轉載國外科學新聞，報道音樂可使乳牛增加產乳量，音樂又可使稼禾加速其生長率。此即生物界千態萬變而實一源所出，看上去若此一生命彼一生命者其間可分而不可分之明證。

⑮一九七一年八月看到如下幾句話可供參證：生命活動體系除了包括機體本身外，還有總是和機體密切聯繫作用的物質環境。所以從廣義上說實體結構不止指機體而是概括了機體以及其環境相互作用的整個物質系統。（《自然辯證法研究通訊》，一九六六年，第二期，第三八頁）

⑯前於第三章中説到人類大腦主要在對外之時，曾申言此對外之云非必指此身之外，雖身體內部問題亦是外；從生命來説，凡其所遇到的問題何莫非外乎？然而曉得了生命通乎宇宙為一體，初無範圍可言，正又可説一切莫非內，雖遠在千里亦內也。何肝膽之非秦越；何秦越之非肝膽？蓋生命雖必有所憑借卻無形體，不佔有一定空間，而一切空間又莫非它的空間也。

⑰自覺與意識既為一心之兩面，又且從嚴從寬而異其宜，故我於自覺別以 awareness 為其英譯，而不用 consciousness。此未審在英文上是否妥當，希望高明指正。⑱　見《禮記・大學》篇中誠意章。

⑲瑜伽功夫即禪定功夫，義譯亦稱靜慮，為唯識學所自出。此學從其解釋宇宙人生自成一周密圓通之理論來説，應屬哲學。然其立言多有靜中察見之事實根據在，則此一部分又不異於科學也。通常人無其功夫，心不夠靜，故於其相、見、自證等四分之説體認不及。近世多有學者如章太炎等，誤以為明儒所言良知便是自證分，吾舊著《唯識述義》第一冊小注中曾辨其非。良知蓋與這裡所談自覺相當。良知以自證分為其根柢，大約不錯的；但粗細相懸，未可等同起來。其細何如？如唯識家言，「各識及其心所，現現別轉，皆有四分。」心所者，具云心所有法，相當附於眼耳等識上的感情意志，似不難知。然如其遍行五心所（作意、觸、受、想、思）為眼等識每一轉現所恆具者，即非吾人辨認所及；對於此五心所各自具有相、見、自證等四分，將更何從而體認之乎？余請參看舊著《唯識述義》。

⑳曾於某刊物上見有如下的記載：蘇聯生理學家列・克魯辛斯基教授發展了巴甫洛夫學説，動物除了條件反射、無條件反射之外還有第三種「預測反射」或稱「外推反射」。其基礎在智力，是先天性的，但只有當某些高級動物積累了必需的經驗以後，這種反射方能出現。——預測反射之發見足以見出高等動物走理智之路同於人類，足以見出生命之偉大不可思議。

據此而論，則有此預測反射之高級動物，其記憶非止限於動作習慣上的慣熟性而已，兼且有知識形成之萌芽矣。惜當時未記取此刊物之名稱及其出版時期地點。

㉑據《馬克思恩格斯文選》（兩卷集），莫斯科外文書籍出版局，一九五五年版，第二卷，第一五二頁。

第七章
我對人類心理的認識前後轉變不同

第一節　意識與本能比較孰居重要

今將一談我對人類心理的認識前後轉變不同。此一前後不同的轉變，頗有與近世西方心理學界的思想變遷情況相類似者，即從看重意識轉而看重本能是也。但此非我最後之轉變；最後之轉變將於下一節言之。

我曾多次自白，我始未嘗有意乎講求學問，而只不過生來好用心思；假如說我今天亦有些學問的話，那都是近六七十年間從好用心思而誤打誤撞出來的。

由於好用心思，首先就有了自己的人生觀，而在人生觀中不可能不有一種對人類心理的看法；此即我最初對於人類心理的認識。大約我自十歲以至廿六歲前後應劃屬於這初一階段的；在此階段中我大體上是看重意識而忽於本能。——當時並不曉得何謂意識，何謂本能；此不過後來回想當初所見是如此。

我十歲光景似乎就漸有思想；這思想當然是從家中親長之啓發而來。先父在當年是憂心國事而主張維新的人。他感受近百年歷次國難的刺激，認定中國積弱全爲文人所誤。文人惟務虛文，不講實學，不辦實事；而西方國家之所以富強正在其處處尚實也。父既深恨一般讀書人隨逐頹風，力求矯正，形著於日常言動之間，遇事輒以有無實用爲衡量，於是就感染到我。我少年時志向事功，菲薄學問（特指舊日書冊之學），其思想恰爲淺薄的功利主義一路。如今日之所謂文學、哲學——爾時尚無此等名堂——皆我所不屑爲。然而好用心思的我卻不知不覺在考慮到：人世間的是非善惡必在利害得失較量上求得其最後解釋。這恰與近代西洋人——特如英國的邊沁、穆勒——的人生思想相近。

我常常說我一生思想轉變大致可分三期，其第一期便是近代西洋這一路。從西洋功利派的人生思想後來折反到古印度人的出世思想，是第二期。從印度出世思想卒又轉歸到中國儒家思想，便是第三期。凡此皆非這裡所及詳。

前所云我初一階段對於人類心理的認識只在其意識一面，就是隨著功利主義的人生思想所自然地帶來的一種看法。那即是看人們的行動都是有意識的，都是在趨利避害、去苦就樂的。西洋近世經濟學家從慾望出發以講經濟學，提倡「開明的利己心」，其所見要亦皆本於此。我以此眼光來看世間一切人們的活動行事，似乎一般亦都解說得通。既然處處通得過，便相信人類果眞如此。如所周知，看重意識正是西方近世心理學界的一般風氣，彷彿所謂心理學就是意識之學。我初不曾想研究什麼心理學，卻當年我的見地亦一度落歸到此。

第一期功利思想以爲明於利害即明於是非，那亦就是肯定慾望而要人生順著慾望走。第二期出世思想則是根本否定人生而要人消除慾望，達於徹底無慾之境。這是因我覺悟到人生所有種種之苦皆從慾望來；必須沒有慾望才沒有苦。在人生態度上雖然前後大相反，卻同樣從慾望來理解人類生命，不過前者以慾望爲正當，後者以慾望爲迷妄耳。關於我人生態度的轉變此不及談；但須點明在人類心理的認識上，前後相沿，此時尚未超出初一階段。

此時所見雖說尚未超出初一階段，卻實隱伏轉變之機。蓋先時（功利思想時）多著眼人們慾望的自覺面，亦即其主動性；併力求人生之能以清明自主，如所謂「要從明於利害以明於是非」者是。而到此時，卻漸漸發見人們慾望的不自覺面，亦即其盲目性、機械性或被動性，正有如佛家所斥爲迷妄者是。慾望的不自覺面、慾望的被動性何指？此指慾望之爲物，實以種種本能衝動爲其根本，而意識只居其表面也。先時之看重意識實屬粗淺之見，只看到外表，殊未能深察其裡。且人當本能衝動強烈時，生死非所顧，又何論於利害得失？非但本能強奮時也，人在平時一顰一笑或行或止之間，亦爲情感興致所左右耳。豈能一出於利害得失計較之爲耶？好用心思的我，恆時不停止地觀察與思考，終於自悟其向者之所見失於簡單淺薄，非事理之眞。

人之所以高於動物者，信在其理智之優勝，一言一動罔非通過意識而現。然事實上其通過意識也，常不免假借一番說詞（尋出一些理由），以自欺欺人（非眞清明自主而以清明自主姿態出現）而已。是感情衝動支配意識，不是意識支配感情衝動。人類理智之發達，不外發達了一種分別計算的能力。其核心動力固不在意識上而寧隱於意識背後深處。莫忘人類原從動物演進而來，凡生物所同具之圖存傳種兩大要求在其生命中無疑地自亦植根甚深，勢力甚強也。研究人類心理正應當向人們不自覺，不自禁，不容已……的那些地方注意。於是我乃大大看重了本能及其相應不離的感情衝動。就在我自己有此轉變的同時，我發見一向看重意識的西方學術界同樣轉而注意於本能、衝動、潛意識（一稱下意識）、無意識……這方面來，乃更加強我的自信。此即我在人類心理的認識上從初一階段之進入次一階段。

當時加強我之自信的西方學術思想可約略舉出如次。

最先我看到英國哲學家羅素在第一次世界大戰後寫出的《社會改造原理》一書①。他開宗明義第一章第一節就說他「從大戰所獲得的第一見解，即什麼是人類行爲的源泉……」他指出這源泉就在衝動（impulse）。試看戰爭不就是破壞、不就是毀滅？不論勝者敗者同不可免。然而衝動起來，世界千千萬萬人如瘋似狂，甘遭毀滅而不顧。他說以往人們總認爲慾望是人類行爲的源泉，其實慾望只不過支配著人類行爲較有意識亦即較開化的那一部分而已。在這裡，他是把慾望和衝動分別對待說的。其實慾望仍然以本能衝動為核心，只表面上較文明一些。羅素總分人們的衝動為兩種。一種，他謂之「佔有衝動」，例如追求名利美色之類。另一種，他謂之「創造衝動」。這與前者恰相反。佔有是要從外面有所取得而歸於自己；創造則是自己的聰明力氣要向外面使用出去。科學家、藝術家工作起來往往廢寢忘食，固屬此例；實則一般人們每當研究興趣來時，或任何活動興趣來時，不顧疲勞，皆其例也。一切捨己為人的好行為亦都是出於創造衝動。羅素認為近世以來資本主義社會鼓勵人的佔有衝動，發展了人的佔有衝動，而抑制、阻礙人的創造衝動已經到了可怕的地步。所以現在必須進行社會改造，在改造上必當注意如何使人們的創造衝動得以發揮和發展，而使佔有衝動自歸減退。

當時我最欣賞和佩服羅素的，是其主張人的本能衝動必得其順暢流行發展方好，而極反對加以抑制摧殘。抑制將讓人生缺乏活氣，而摧殘易致人仇視環境，轉而恣行暴戾。我覺得他頗接近中國古代儒家思想了。②

在此同時，我又見到麥獨孤（McDougall）《社會心理學緒論》一書③，突出地強調本能，最足表見西方心理學界從看重意識改而看重本能之一大轉變。麥氏自序中首先指出心理學對於各門社會科學最關重要的，是其論及人類行為源泉的那一部分；然而心理學一向最晦澀且雜亂無所成就的恰亦在此。在一般社會科學家們，當其講倫理或講經濟或講政法或講教育等各門學問時，亦從來不注意有必要先求明確人類心理那些有關問題以爲其學說建好基礎，輒復各逞其臆想或假設的前提以從事。試即以倫理學界爲例，其通常流行的說法不外兩種。一種是見到人們的意識總在苦樂利害之取捨趨避，便將其理論和理想建設於其上；此即功利主義之一流。另一種不甘於此淺見的，則認爲人天生有道德的直覺，或良心，或某種高尚本能；此即神秘主義之一流。麥書指斥這兩種同爲不科學的無根之談，即其指斥於人者以求之，而此新派學問之所本蓋可見。

功利主義一流著眼在人心之意識一面，是與舊心理學如出一轍的。舊日心理學家之治學也，不外從個人以內省法冷靜地進行分析描寫其中知的方面入手。正爲如此，所以心理學就落歸意識之學，而其隱於意識背後實際上爲人們一切行爲活動之原動力的，就被忽略而晦澀不明。新派學者如麥氏，蓋受啓發於達爾文主義（人從動物演進而來），而大得力於比較心理學（動物心理學）之研究。其治學也，要在觀察一般人種種行動表現而體會其動機，探討其原動力。其發見支配人的行動者恆在衍自動物的種種本能，而意識殆不過居於工具地位，從而大大看重本能及其相應的感情衝動，自屬當然。對於前一種的設想，其何能不斥爲無根之談乎？當其無從爲神秘主義者之所云「直覺」、「良心」、「本能」求得其在動物演進中的來歷根源也，則宜其又斥後一種說法爲無根、爲不科學矣。

麥書有頗見精闢之論。如其指駁倫理學名家雪德威教授（Prof. H. Sidgwick）是其一例。倫理學上的功利派一向是說人們的行爲自然地都會擇善（利）而從。雪德威思想不屬功利派，卻同樣地認定人們行爲之合理是其自然之常，而著作一專文申論何以人們時或亦會有不合理的行爲（unreasonable action）。麥氏本其治學觀點尖銳地反詰說：人類行爲原起於本能衝動，而這些本能衝動固從動物（野獸）衍來，當其在生存競爭自然演進的年代中怎能料想要給未來的文明社會生活做好準備？所以事實正和雪德威所說的相反，人們行事合理非其自然之常，而不合理倒很自然的。當前有待學者研究解釋的問題，乃是：何以人們到了文明社會居然會有合於道德理想的行爲？中國古時荀子說「人之性惡，其善者僞也」；僞即人爲之義，非其自然。不意其理論根據今乃於麥書見之。

麥書強調本能有合於我當時之所見，顧其必以道德爲後天之矯揉造作則滋我疑惑。適又看到克魯泡特金名著《互助論》及其《無政府主義的道德觀》一小冊，乃大得欣慰。《互助論》從蟲、豸、鳥、獸以至原始人群搜集其同族類間生活上合群互助的種種事實，證明互助正是一種本能——可稱**社會本能**——在自然選擇中起著重要作用而逐漸得到發展來的。以往進化論者單講「物競天擇」一義，失於片面，至此乃得其補充修正。此顯有不同於神秘主義一流，而爲可信之科學論證。在其論道德的小冊中，更直言「吾人有道德感覺是一種天生的官能，一同於其嗅覺或觸覺」（The moral sense is a natural faculty in us, like the sense of smell or of touch.）。此不惟於中國古時性善論者之孟子爲同調，抑且其口吻亦復逼肖。

後來又看到歐美學者間之言社會本能者固已多有其人。西洋舊說，人類之所以成社會是由於自利心的算計要彼此交相利才行。講到倫理學上的利他心，總說爲從自利心經過理性④推廣而來。如此等等，無非一向只看人的有意識一面，而於本能和情感之爲有力因素缺乏認識。現在則認識到社會組成實基於本能而非基於智力（智力寧助長個人主義），學術界風氣不變。從一向主知主義（intellectualism）之偏尚，轉而爲主情主義，主意主義（emotionalism, voluntarism）之代興。其在心理學界新興各派（如弗洛伊德之倡精神分析等），雖著眼所在種種不一，爲說盡多不同，然其爲西洋人之眼光從一向看重意識轉而看重到其另一方面則似無不同。

如上所舉諸家之言（尚多未及列舉）足以見西洋學術思潮之變者，皆曾被我引入《東西文化及其哲學》一書，用來爲我對人類心理的新認識張目；同時亦即用以證成我當時對人類文化前途之一種論斷。此書出版於一九二一年，在人生態度上表見我於出世思想既經捨棄，而第三期儒家思想正在開端；同時亦即代表我對人類心理既捨棄其舊的認識，正進入次一階段，尚未達於最後。

所謂我對人類文化前途之一種論斷何指？此指書中論斷：人類社會發展在最近的未來，無疑地要從資本主義階段轉入社會主義階段；隨著社會經濟這一轉變的到來，近代訖今盛極一時向著全世界展開的西洋文化即歸沒落，而爲中國文化之復興，並發展到世界上去。

此看似關涉許多方面的一絕大問題之論斷，而歸本到人身上則所指要不過其精神面貌的一種變化，可以簡括言之如次：

> 處在資本主義下的社會人生是個人本位的；人們各自為謀而生活，則分別計較利害得失的狹小心理勢必佔上風，意識不免時時要抑制著本能衝動，其人與人之間的感情是很薄的（如《共產黨宣言》中之所指摘）。同時，作為階級統治的國家機器不能捨離刑賞以為治（此不異以對付犬馬者對人），處於威脅利誘之下的人們（革命的人們除外）心情缺乏高致，事屬難怪。——此即人類即將過去的精神面貌。
>
> 轉進於社會主義的社會人生是社會本位的；大家過著彼此協作共營的生活，對付自然界事物固必計較利害得失，卻不用之於人與人之間；在人與人之間正要以融和忘我的感情取代了分別計較之心（如所謂「人不獨親其親、子其子」）。同時，階級既泯，國家消亡，刑賞無所用而必定大興禮樂教化，從人們性情根本處入手，陶養涵育一片天機活潑而和樂恬謐的心理，彼此顧恤、融洽無間。——此則人類最近未來的新精神面貌。

不言而喻，前者正是近代以來肇始於歐美而流衍於各處的所謂西洋文化；但何以便說後者取代前者就是中國文化的復興呢？後者誠非中國古老社會所曾有過的事實，然卻一望而知其爲兩千多年間在儒書啓導下中國人魂夢間之所嚮往，並且亦多少影響到事實上，使得中國社會人生有所不同於他方（具如舊著《中國文化要義》之所闡述）。作爲一個中國人的我，預見到世界未來景象如此，就徑直目以爲中國文化之復興，要知道：後者原是人類文化發展的前途，不可能出現於早；卻竟然在中國古時出現了一點影子。——它只能是一點影子，不可能是具體事實。

《東西文化及其哲學》之所爲作，即在論證古東方文化如印度佛家、中國儒家，均是人類未來文化之一種早熟品；因爲不合時宜就耽誤（阻滯）了其應有的（社會）歷史發展，以致印度和中國在近代世界上都陷於失敗之境。但從世界史的發展而時勢變化，昨天不合時宜者今天則機運到來。其關鍵性的轉折點即在當前資本主義之崩落而社會主義興起。此一轉變來自社會經濟方面，卻歸根結果到人類心理上或云精神面貌上起變化。此一變化，在我當時（四五十年前）對人類心理的認識上，我只簡單地把它歸結到一個「意識與本能」的問題。

就其來自社會經濟方面而言，固非任何人有意識地在求轉變；其轉變也，實爲人們始料所不及。但此非有意識地轉變，卻恰好來自社會上人們的個人意識活動（各自爲謀）。

比及其轉變趨勢之所必至，被有識之士（馬克思、恩格斯等共產黨人）科學地預見到以後，乃始有意識地去推動其轉變。最近未來共產社會之建設成功，無疑地應屬人類自覺地創造其歷史時代。然而恰好此意識明強的偉大事業運動，卻必在其全力照顧到人們意識背後的本能及其相應的感情衝動——大興禮樂教化陶養涵育天機活潑而和樂恬謐的心理——乃得完成。

在中國古代，儒墨兩大學派是相反的。墨家是實利主義者，只從意識計算眼前利害得失出發，而於如何培養人的性情一面缺乏認識。[5]儒家則於人的性情有深切體認，既不忽視現實生活問題，卻更照顧到生命深處。[6]我當初正是從儒墨兩家思想的對勘上來認識儒家的；同時，亦即在其認識人類心理之深或淺上來分別東方（古代）與西方（近代）。這從下面我當時稱讚儒佛的話可以看出：

> 最微渺複雜難知的莫過於人的心理，沒有徹見人性的學問不能措置到好處。禮樂的製作恐怕是天下第一難事，只有孔子在這上邊用過一番心，是個先覺。世界上只有兩個先覺：佛是走逆著去解脫本能路的先覺，孔是走順著來調理本能路的先覺。（《東西文化及其哲學》第一九六頁）

東方古人早已看到的，今天西方人卻剛看出來而當作新鮮道理大加強調。所謂東方西方一深一淺者在此；所謂儒佛皆爲人類文化之早熟者在此；所謂世界最近未來中國文化必將復興者，無不在此。

第二節　理性與理智之關係⑦

上一節之所云云皆屬四十五年前事。爾時對於人類心理的認識自以爲有得，而實則其中含混不清之問題尚多。當《東西文化及其哲學》未成書時，滿懷興奮，不自覺察。書既出版，胸次若空，問題漸以呈露，頓悔其出書之輕率，曾一度停止印行。其後複印，則加一序文聲明書中雜取濫引時下心理學來講儒家實屬錯誤。一九二三——一九二四之一學年在北京大學開講儒家哲學，即在糾正原書之誤，但口授大意，未成書文。一九四九年出版之《中國文化要義》，其第七章約可代表新認識而不能詳。今在此一節敘出我對人心之最後認識，仍必從往時如何錯誤說起。

簡明地指出往時錯誤，即在如下之三者間含混不清：

一、動物式的本能（有如麥獨孤、弗洛伊德等思想中的）；

二、著見於某些動物和人類的社會本能（有如克魯泡特金及其他學者思想中的）；

三、人類的本能（有如孟子所云「不學而能，不慮而知」的）。其所以漫然不加分別，實為當時矯正自己過去之偏看意識一面而太過看重了其相對之另一面，亦即相信了克魯泡特金對人類心理的（本能、理智）兩分法，而不同意羅素的三分法。

羅素在其《社會改造原理》一書中，曾主張人生最好是做到本能、理智、靈性三者諧和均衡的那種生活。所謂靈性，據他解說是以無私的感情⑧為中心的，是社會上之所以有宗教和道德的來源。我當時頗嫌其在本能之外又抬出一個靈性來有神秘氣味，遠不如克魯泡特金以無私感情屬之本能，只以道德為近情合理之事，而不看作是特別的、高不可攀的，要妥當多多。⑨迨經積年用心觀察、思考和反躬體認之後，終乃省悟羅素是有所見的，未可厚非。

關於人心是從動物式本能解放出來的，與所謂互助合群的本能亦非一事，不容混同，在前幾章中既有所闡明，讀者不難回憶。既然本能、理智的兩分法失於簡單，不足以說明問題，於是我乃於理智之外增用理性一詞代表那從動物式本能解放出來的人心之情意方面。《中國文化要義》第七章即本此立言，讀者可取而參看。又上文（第六章第七節）所談無私的感情，亦具見大意。以下申論理性與理智之關係，除行文有必要外，將力避重複。然而在某些重要意義上卻又必將不厭重言以申之也。

何為在理智之外必增一理性？

渾括以言人類生命活動，則曰人心；剖之為二，則曰知與行；析之為三，則曰知、情、意。其間，感情波動以至衝動屬情，意志所向堅持不撓屬意，是則又就行而分別言之也。在動物本能中同樣涵具知、情、意三面，麥獨孤論之甚詳。然其特色則在即知即行，行重於知；而人類理智反之，趨於靜以觀物，其所重在知焉而已。理性之所爲提出，要在以代表人心之情意方面；理性與理智雙舉，夫豈可少乎？

或曰：人不亦有本能乎？設以人的情意方面歸屬於其本能，有何不可？應之曰：「從與生俱來而言，理智亦本能也」（見前第六章第三節）。然若不加分別，則此種後起之反乎本能的傾向，即無從顯示出來。必分別之，乃見吾人之生命活動實有其在性質上、在方式上彼此兩相異者在。今以反本能的傾向之大發展而本能之在人者既已零弱，其情意隸屬於本能者隨亦式微矣；夫豈可以人的一切情意表見不加分別舉而歸之本能耶？指點出此情意在其性質上、其方式上不屬本能者，即上文所云無私的感情是已（其特徵在感情中不失清明自覺）。而理性之所以爲理性者，要亦在此焉。

析論至此，對於所謂無私的感情其必有一番確切認識而後可。首先當辨其與所謂社會本能之異同。

所謂社會本能，蓋某些學者指互助合群的種種行動之著見於某些動物與原人者。小之徵見於雌雄牝牡之間，親與子之間，大則見於同族類之間。此其必由生物傳種問題而來，無可疑也。兩大問題，種族繁衍更重於個體生存；是故親之護惜其子，往往過於自愛其生命；抗禦外敵，分子不難捨己以爲其群。據云索照藍在其《道德本能之原始與生長》一書（Alex Southerland, *Origin and Growth of Moral Instinct*）具有詳細之例證與論述。[10] 若此不私其身之出於本能者，與我所謂無私的感情之在人者，究竟爲同爲異，其如何以明辨之乎？

前曾言之：生物生命托於機體以爲中心而聯通乎一切，既有其局守之一面（身），更有其通靈之一面（心）；生物進化即生命從局向通而步步發展，隨其生物之高下不等而其通的靈敏度（廣度、深度）亦大爲不等（見前第六章第五節）。本能地不自私其身之在動物與無私的感情發乎人心，罔非此通的一種表現，雖二者不相等而其爲一事之發展也，誰能否認之乎？——此言二者固有其相同之一面。

然而吾在前又嘗言之矣——

> 各項本能都是圍繞著兩大問題而預為配備的方法手段，一一皆是有所為的。因之，一切伴隨本能而與之相應的感情亦皆有所為而發（從乎其利害得失而發）。不論其為個體抑為種族，其偏於局守一也；則其情謂之私情可也。人類固不能免於此，卻殊不盡然。（見前第六章第七節）

無私者廓然大公蓋從其通而不局以言之也。若本能地不私其身以爲種族，則如今之所謂較大範圍的本位主義，仍有其所局守者在焉，豈得言無私乎？——此言二者同中有異，不可不辨。其異在本質（出於本能或不出於本能）非徒在等差之間也。

人類爲動物之一，原自有其本能，因而亦不免於私情之流行，卻殊不必然、不盡然。試即父母本能（parental instinct）爲例以明之。此在人類以理智反本能之發展大不似其他動物之完足有力，而必待社會制度與習慣之形成於後天以濟之。心理活動一般依傍於制度與習慣，其出於（父母）本能或出於理性，乃難語乎（父母）本能，尤難語乎理性，事實複雜萬狀蓋無一定之可言者。其或有溺愛不明，則落於本能之私者也；其或有冷漠寡恩，[11]則本能不足而理性復不顯也。一般言之，應離本能不遠，苟無悖理性（有悖理性即陷於本能），則只可云常情，無所謂私情也。惟若「好而知其惡，惡而知其美者」[12]乃信乎大公無私，是則人類理性之發用流行也；雖不多見，豈遂無其事乎？

再舉例以明之。常說的「正義感」，非即感情之無私者乎？吾書既借《論持久戰》指點人如何用兵作戰，如所云主動性、靈活性、計劃性者，以說明人心之妙用；顧於人心純潔偉大光明公正之德尚未之及焉。今當指出人心之德有其好例，即在該文對於戰爭必先分別其爲正義戰或非正義戰者可以見之。爲革命而戰是正義的，反革命非正義；侵略之戰非正義，反侵略是正義的。於此際也，無產階級不私其國、不私其族，而惟正義之是從，利害得失非所計也。利害得失在決心作戰之後爲作戰而計較之，是人心之妙用，非所論於其戰或否之從違也。利害得失在所不計，是之謂無私。

理智者人心之妙用；理性者人心之美德。後者爲體，前者爲用。雖體用不二，而爲了認識人心有必要分別指出之。

羅素三分法之所以有勝於兩分法，吾卒不能不服其確有所見者，即在其特別提出無私的感情於本能之外。其原文 spirit 一詞，中文以靈性譯之似未善。在羅素以此爲人世所以有宗教和道德的心理基礎，固未爲不當。但他以此與本能、理智三者平列並舉，對於人心原爲一整體來說則有未安耳。至於我所說理性與彼所說 spirit，二者不相等同，讀者其必察之。

自我言之，理智、理性各有其所認識之理。理智靜以觀物，其所得者可云「物理」，是夾雜一毫感情（主觀好惡）不得的。理性反之，要以無私的感情爲中心，即以不自欺其好惡而爲判斷焉；其所得者可云「情理」。例如正義感，即對於正義（某一具體事例）欣然接受擁護之情，而對於非正義者則嫌惡拒絕之也。離開此感情，求所謂正義其可得乎？然一切情理雖必於情感上見之，似動而非靜矣，卻不是衝動，是一種不失於清明自覺的感情。衝動屬於本能。人當爲正義而鬥爭時往往衝動起來，此即從身體上發出鬥爭本能了。

本能是工具，是爲人類生活所不可少的工具。正以其爲工具也，**必當從屬於理性而涵於理性之**中。本能突出而理性若失者，則近於禽獸矣

人在鬥爭中，往往互以「不講理」斥責對方；此實即以**無私**相要求，而醜詆對方之不

公。因爲理（不論其屬情理抑屬物理）都是公的，彼此共同承認的。人之懷私或不自覺，固出於本能；其自覺者（有意識的），亦根於本能。然假使不有無私的感情之在人心，其將何以彼此相安共處而成社會乎？

人與人之間，從乎身則分隔（我進食、你不飽），從乎心則雖分而不隔。孟子嘗舉「今人乍見孺子將入於井」必皆怵惕惻隱，以證人皆有不忍人之心，是其好例。⑬人類生命廓然與物同體，⑭其情無所不到。凡痛癢親切處就是自己，何必區區數尺之軀。惟人心之不隔也，是以痛癢好惡彼此相喻又相關切焉。且要爲其相喻乃相關切，亦惟其關切乃更以相喻。人類之所由以成其社會者端賴於此，有異乎動物社會之基於其本能。蓋人之各顧其私者或出於無意識或出於有意識，要各爲其身耳。⑮惟借此不隔之心超乎其身，乃有以救正其偏，而爲人們共同生活提供了基礎。

說人心之不隔，非第指其在人與人之間也，更言其無隔於宇宙大生命。讀者請回顧吾書前文（第六章第五節）之所云：

> （上略）生命發展至此，人類乃與現存一切物類根本不同。現存物類陷入本能生活中，整個生命淪為兩大問題之一種方法手段，一種機械工具，浸失其生命本性，與宇宙大生命不免有隔。而惟人類則上承生物進化以來之形勢而不拘泥於兩大問題，得

> 繼續發揚生命本性，至今奮進未已，巍然為宇宙大生命之頂峰。（中略）
>
> 在生物界千態萬變，數之不盡，而實一源所出。看上去若此一生命彼一生命者，其間可分而不可分。說宇宙大生命者，是說生命通乎宇宙而為一體也。（下略）

一切生物（人在其內）莫不各托於其機體（身）以爲生，然現存物類以其生活方法隨附於其機體落於現成固定之局也，其生命遂若被分隔禁閉於其中焉；所得而通氣息於廣大天地者幾希矣。人類則不然。機體之在人，信爲其所托庇以生活者，然譬猶重門洞開、窗牖盡闢之屋宇，空氣流通何所隔礙於天地之間耶？人雖不自悟其宏通四達，抑且每每耽延隅奧而不知出，然其通敞自在，未嘗封錮也。無私的感情時一發動，即此一體相通無所隔礙的偉大生命表現耳。豈有他哉！

無私的感情雖若秉賦自天，爲人所同具，然往往此人於此發之，而彼人卻竟不然；甚且同一人也，時而發動，時而不發動，沒有一定。此與動物本能在同一物種彼此沒有兩樣，代代相傳如刻板文章者，顯非同物。蓋本能是爲應付兩大問題而預先配備好的方法手段，臨到問題不得不然；而此恰是從本能解放出來的自由活動，曠然無所爲而爲。克魯泡特金、索照藍等諸家之誤，在其混同不分，尤在其誤作一種官能來看待道德的心，錯認無所爲者有其所爲。

麥獨孤的錯誤，表面不相同而其實則相同。表面不相同者：麥書力斥人心特有一種道德直覺（良心）之說爲神秘不科學，否認人性本善。其實則相同者：他主張必於人心進化的自然史中從其銜接動物本能而來者求之，乃爲有據。是即把人類道德的心理基礎認爲只能是在人類生活上有其一定用處的，亦即必有所爲的。——其意若曰「設若無所爲，它何從而來？豈非神秘？！」

殊不知道德之惟於人類見之者，正以爭取自由、爭取主動不斷地向上奮進之宇宙生命本性，今惟於人類乃有可見。說「無所爲而爲」者，在爭取自由、爭取主動之外別無所爲也。在一切現存物類——它們既陷於個體圖存、種族繁衍兩大問題上打轉轉的刻板生活而不得出——此生命本性早無可見，從而也就沒有什麼道德不道德可言。論者必求其所爲，必以爲於兩大問題上有其用處可指（如各官能或本能）乃合於科學而不神秘，以此言生物科學內事則可，非所語乎人心之偉大——今天宇宙大生命頂峰的人類生命活動。

人類之出現——亦即人心之出現——是在生物進化上有其來歷的，卻不是從銜接動物本能有所增益或擴大而來。恰恰相反，人類生命較之動物生命，在生活能力上倒像是極其無能的。此即從理智反本能之發展而大有所削弱和減除，從一事一事預作安排者轉向於不預作安排，而留出較大之空白餘地來[16]。正爲其所削減者是在兩大問題上種種枝節之用，而生命本體（本性）乃得以透露，不復爲所障蔽。前於第六章第四節曾說：

理智之發展也，初不過在生活方法上別闢蹊徑，因將更有以取得兩大問題之解決。然不期而竟以越出兩大問題之外焉。此殆生命本性爭取自由、爭取主動有不容已者歟。

讀者不難會悟人類行爲上之見有理性，正由生命本性所顯發。從生物進化史上看，原不過要走通理智這條路者，然積量變而爲質變，其結果竟於此開出了理性這一美德。人類之所貴於物類者在此焉。世俗但見人類理智之優越，輒認以爲人類特徵之所在。而不知理性爲體，理智爲用，體者本也，用者末也；固未若以理性爲人類特徵之得當。

克魯泡特金、索照藍、麥獨孤之論，矯正一般偏重意識（理智）之失，而眼光之所注不出本能，抑亦末也；惜乎其舉皆見不及此也！

①此書在國內似有幾種譯本，我所見者為余家菊譯本，一九二〇年出版。又其英文原著亦曾購得閱之。

②羅素後來寫有《論教育》（*On Education*）一書，在艾華編著《古希臘三大教育家》中附有摘譯，同可見出其重視本能衝動之思想。又此所云儒家自是爾時我思想中的儒家。

③麥氏此書有劉延陵譯本，上海商務印書館出版。

④此處之理性一詞相當於理智，而非後文我之所謂理性。

⑤墨子從其實利主義的觀點極不瞭解儒家的禮樂而加以反對，既見於墨子書中，亦備見於其他各書之評述墨子者，此不列舉。其見解不免淺近，但要知道其精神是偉大的。正為他是一個偉大的「非個人主義」者，所以其實利主義乃能成立。

⑥墨子之所留意者殆不出現實生活問題。《論語》中如「足食、足兵」，如「庶矣富之」「富矣教之」諸所指示，既見儒家同樣不忽於此，而如《樂記》、《學記》諸篇更見其於生命深處體認甚勤，照顧甚周，求之墨家絕不可得。

⑦此節文字撰寫於一九六四年。

⑧羅素原書於此系用 spirit 一詞，經譯者譯為「靈性」；又其原文 impersonal feeling，我今以「無私的感情」譯之。

⑨詳見《東西文化及其哲學》，第一八三—一八五頁。

⑩此據麥獨孤著《社會心理學緒論》，商務印書館版中譯本，第七五—七六頁。

⑪往時嘗見富貴之家耽於逸樂，不自劬育其子女，付之婢媼，或累日不一顧。又嘗聞一邊僻之區有「溺女」之禁，則以有窘於生計者無力哺育，產女輒或溺之也。凡此皆不可能於動物見之。

⑫此語出《禮記．大學》篇，其下文云：「諺有之曰『人莫知其子之惡，莫知其苗之碩』。」

⑬孟子原文云：「所以謂人皆有不忍人之心者，今人乍見孺子將入於井，皆有怵惕惻隱之心，非所以內交於孺子之父母也，非所以要譽於鄉黨朋友也，非惡其聲而然也。」

⑭此云「廓然與物同體」之「物」字賅括他人他物在內，非必是物也。

⑮此云「各為其身」之「身」非必止於一身，蓋兼括身之所有者一切而言之。

⑯此處「留出較大之空白餘地」之云，與第五章所云「從分工以言之，則各事其事於一隅，而讓中央空出來不事一事。從整合以言之，則居中控制一切乃又無非其事者。空出一義值得省思……」，又「在機體構造上愈為高度靈活作預備，其表見靈活也固然愈有可能達於高度；然其卒落於不夠靈活的分數，在事實上乃且愈多。此以其空出來的高下伸縮之差度愈大故也。」均宜參看互證。

第八章
自然與人、人與自然之間的關係

如上各章對於人心人生似已闡說不少，但還須於人心人生所由以形成如今者稍加回溯，乃得通透明切地瞭解之。茲先從（甲）自然方面言之，次更從（乙）社會方面言之（此見下一章）。

據說，馬克思並不認爲「人的本性」①一開始就是永遠規定好，現成的和不變的；它是發展的產物。此非即吾人今所欲言者乎？在馬克思各著作中，有關人類生命性能的其他言論足爲吾人參考印證之資者蓋不少，後此當隨文舉徵。又若恩格斯《勞動在從猿到人轉變過程中的作用》和《家庭、私有制和國家的起源》兩大著述，其所啓示於吾人者則尤多而且重要；凡此將備見於後文。

（甲）自然與人，人與自然之間的關係，可分從兩方面言之：人類的生存依賴於自然，不可一息或離，人涵育在自然中，渾一不分；此一方面也。其又有一面，則人之生也時時勞動而改造著自然，同時恰亦就發展了人類自己；凡現在之人類和現在之自然，要同爲其相關不離遞衍下來的歷史成果，猶然爲一事而非二。

如上所云前一方面關係曾在上文第六章第五節指出之，即謂：必要聯繫著生物有機體所資賴以生活的自然環境條件而擴大來看待一個有機體，必不容劃分開孤立地靜止地看它。人的個體生命寄於此身，而不以此身爲限。此身——人的有機體在空間上見爲有限者，要無非以週身皮膚爲界而分別若內若外耳。然皮膚在一方面言之，信有其對外防衛戒備之用；卻從另一面看，正亦是機體與外方交通聯繫之具，而非爲一種限止隔斷。須知此身與身外他物若有間隔處，非是空虛無物的。宇宙間固無任何處空虛無物者，不論「以太」瀰漫充布之說果否爲物理學定論，要之此見爲空虛者恰不空，且爲吾人實際生活密切資賴之所在，同乎其他見爲不空虛之飲食衣被，無二致也。宇宙萬有相聯相通，人生息於自然界中，渾乎其不可分。馬克思嘗謂：「**自然界是人的非有機的軀體**」[2]，其意義當即在此。

又須知，此前一方面關係若爲人類與其他生物、動物之所同者，而實不必然，不盡然。是在上文第五節中亦既言之：過去生物進化總是從局向通而發展前進的，故爾一方面一切生物說通都是通的，而另一方面論其通的靈敏度乃大爲不等。人類而外，現存生物各視其在進化程中所進之度可決定其通靈之度。現存生物既各止於其所進之度矣，其通靈之度即各有所限，於宇宙大生命之一體性都不免有隔。惟人類生命根本不同，只見其進，未見其止，其通靈之高度誰得限定之耶？是以惟獨人類斯有可能親切體認到宇宙一體性。

宇宙無其極限之可言，則通乎宇宙爲一體的人類生命其亦無所限也，明矣。惟其然也，一切皆吾人生命內事，更無所謂外者。據說，「馬克思本人從不用『利他主義』一詞」③；蓋關切心情發之自我，又何利他之云乎？嫌其妄有所外視，故不足取也。在生命固無所謂外矣，內亦不立。譬如細菌病毒爲患於人，雖在此身內臟血脈間，對於生命來說既是一遭遇須要對付之事，則其非內也豈不明白。人的生命不以身爲限，既無外，亦無內，讀者識之。

此前一方面關係，先於第六章各節既有所指出，可請參看前文；這裡有待闡說的，是後一方面關係。

後一方面關係即人與自然有若對立的關係。人原從自然界生物演進而來，在生活上一息也離不得廣大自然界，是固自然界之一物，同乎其他動物也。顧人們乃每每自外於自然，獨若翹然居於對立面者，是又何由而來耶？此無他，由於人的頭腦特見發達，卒有意識出現之故耳。意識無形而有用，其用在分別計較乎對象，同時復蘊有自覺於衷；人與自然之見爲分別對立者端在此。蓋事實上，人與自然息息相通，渾乎其不可分者在此身；人與自然儼若分別對立者，則由此心在其（意識）活動中之一種方便假設。此方便假設本於人心的計劃性的需要而來，前第六章中曾點出之。從乎此方便假設，人乃得於自然加工改造，自然面貌固爲之時時改變。即於其同時，人類自身恰亦不斷地得所改進，是則恩格斯

《勞動在從猿到人轉變過程中的作用》一書之所揭示者至爲明切。

「勞動創造了人本身」——恩格斯這一句名言，括舉了其原書所爲種種闡說之事理。這裡且用我們的話以及我們的見解所及，簡單扼要地敘明其理如次。

一、生物的機體決定生物的性能；人類心智之特見發達者，亦正是從其機體逐漸進化而來的。

二、人類機體構造超進之要點，第一在其頭腦，第二在其雙手，第三在其挺立而行走的全軀。

三、雙手之所由發達靈巧，要在其全軀能以挺立行走而手足分工；其雙手之多方操作以應付種種不同對象要求，則促進著其頭腦心思的開發明利。

四、以上這些指明幾十萬年來主要爲了生產勞動而得以從類人猿分離，別成其爲人類的演進歷程之一方面。

五、另一方面則是在人們共同生活與協力生產中發達了語言，實爲促進著大腦神經特殊發達的重要關鍵所在，且容下一章從（乙）社會方面申論時再論及之。

六、雙手多方操作以應付種種外在事物和口耳傳達語言於人們彼此間，這兩大方面活動時刻在促進著頭腦的發達。隨在頭腦開發時，雙手口耳轉而俱得相聯地各有所進化，如是往復偕進不已。這裡舉出雙手、口耳、頭腦來說，只不過爲了指點出其間關鍵起見，非是在演進中者止於此等處。從乎達爾文所稱為「生長相關律」那個法則，事實上一個有機整體的各部分之間，其形態、構造、機能莫不巧妙相關，彼此牽連配合；當其一有改進，渾全地同有所改進。

七、頭腦是收集情報而為如何行動作出抉擇的機關，其情報則來自視覺、聽覺等等那些感官。說到人之接觸自然界或自然界之映現乎人心，首先在此；說到頭腦的發達，與此為分不開之一事。因此，必於感覺的發達一為回溯：1.原始單細胞動物形體構造簡單之極，在其生活上感受外界刺激者同時亦即是施出反應者，初無分理機關。2.必進而多細胞動物乃有以表皮細胞職司感接刺激，另以皮內伏處細胞職司其反應動運之分工。是即有感官器官之開始。3.又進而為適應外界刺激有光有聲……種種之不同，乃漸分化出視覺、聽覺以至其他各不同感官。4.由於物種不同，生活各異，從蟲、魚、鳥、獸以至人類，其所表達的感覺亦遂千差萬別，不可方比。④

八、自然界在此千差萬別動物的和人的感覺中，亦遂千差萬別若非同物。其遠遠不同者，蓋莫如在人與其他動物之間，有如前第六章第四節所指出：人類生命以其特發達了理智而（面前）境界大闢，其他動物則各跟於其種族本能生活，世界自廣大自富麗，全然與它們無預。

九、自然界在人們感覺中亦復各不相同，乃至一個人前後亦隨時不同。此因感覺活動出自生命，而生命因彼此不同，又時時有所不同也。第以其相差不遠，故人不加察耳。

十、感覺之爲物，信如詹姆士所說是執行選擇的器官；⑤又信如巴甫洛夫之所稱爲分析器者：在有機體，它是生理活動的分工，而其於外界對象所起作用亦就在進行分析辨別。⑥從感覺到知覺，其於外界自然情況有所反映固不待言，卻非一如其實地反映了外在自然實況，而是有取有捨造成自己的情報。尤其是知覺，總是在有所強調，有所著重。

十一、於是，人的感覺因其解脫於動物本能而邁進於理智，既若秉持靜觀態度矣，而基本上仍然從乎機體生理活動立場在做情報工作，卻又是動而非靜。

十二、此似靜而非靜始終超不出其自身立場的感覺，便始終不能直接得知外在自然界實況，而只在做自己情報。佛家唯識學於此即曾指明：眼等五識生時，但由自識變生相見二分，所取能取固是一體，現量性境不執爲外；其執色等爲外在者，後由意識分別，妄計爲外耳。⑦

十三、但人與自然的交涉關係顯然不限於通常感覺所接而止。自然界實況以至人與自然界實際交涉，卒由人的生活實踐、生產實踐積累發展了種種知識技能而逐漸揭開其秘密。此其功蓋在理智冷靜的頭腦心思作用，即前文所說人心的計劃性者。

十四、此中特須點出的，是在感覺知覺生來的能力之外，本於心思計劃製造出許多儀器工具大大助長了感覺知覺之用乃至心思計算之用，有以探索、測驗、分析、論證乎自然之一切而得其規律，還以控馭自然，宰制自然，改造自然。

十五、總結下來，前說「就在改造自然的同時，恰亦發展了人類自己；凡現在之人類和現在之自然，要同爲其相關不離遞衍下來的歷史成果」者，如上已明。卻還有要補明的三句話：1.如上所說人類自己同在發展的話，是兼人的個體和人的社會而說。2.自然界一面被人改造著，一面亦正在緩緩微微自然蛻變中。3.人類的發展和自然的變化今後方且未已；這是宇宙大生命一直在行進中的一樁事而非二。

吾書開首第一章曾提及有題爲《人類尚在未了知之中》的一書，當時只見有爲其中譯本所撰序文，未及見其譯本。今知原著既別有中文兩譯本出版：一爲周太玄譯，改名《人的科學》；又一爲王世宜譯，改名《人之奧妙》[8]。原著以 Man, the unknown 名其書，明朗可喜，是我所取；但今從其內容看來，殊覺未善。試略致批評，藉以爲此一章的結束語。

原著標題 Man, the unknown，信乎一言道破現代學術最大缺失或病痛；然從另一方面來說，現代學術不論在自然科學在社會科學，其分門別部有關人的個體和社會的考察研究，所取得的種種知識夫豈少哉！即如原著所以被中譯本改名《人之奧妙》者，豈不就爲著者以醫學家而博學洽聞，於人類身心之精微奧妙多所闡說之故乎？所知非不多，而卒又自感若未能了知者，病在不得其要領，不得其全貌也。雖著者於各門知識之綜合會通特爲強調其必要，然其本人即缺乏於此。綜合各門科學而會通之，蓋哲學頭腦之事也。原著者的哲學頭腦不足，哲學素養不足，又蔽於資產階級知識界的眼光，未能從馬克思主義的哲學和社會科學得到啟發，其所知非不多而泥滯不活，落於支離蔓延，不能通透深入，自是當然了。

對於宇宙人生既無深入通透的瞭解，著者出言立論遂不免忽明忽昧，雜有不少錯誤觀念。雖其書特詳於自然科學有關人類身心的知識，卻於人與自然之間的關係不能爽朗地有其確見。例如原書有如下的話：

吾人的宇宙經過了物理學與天文學的大發現，呈現出雄偉奇妙的壯觀。（中略）吾人不過是龐大宇宙間一粒微塵上面極微的微粒。這個宇宙是完全沒有生命沒有意識。我們的宇宙是完全機械的。我們的宇宙亦不能不是機械的，因為它是物理學與天文學的技術由吾人所不知的基體創造出來的。這亦正像近代人所有的環境一樣，全是研究有惰性之物質的科學驚人的進展的表現。⑨

著者字裡行間既若不滿意時下科學家言，顧又無力以糾彈之，更無以自申其正面所見。在這裡特見謬誤者，是其全書末後的第八章竟倡言「人之改造」。人從自然發展而來，其前途亦只能繼續自然發展去。如其有所謂改造，亦是發展中的事，不在其外。你

（原著者）的智力見解，你的好惡要求，如今所有者就代表著過去自然發展，曾非代表一個翹然的你自己。人之恍若站在自然的對立面者，不過一假象。著者時時吐露其不滿意現代科學之被誤用於現代工業文明，以致造成種種社會問題，而不悟其問題一出於現代資本主義制度；要改造的是此一時之社會，不是人。而此一時之社會改造，原爲社會發展史所預見不遠之事，著者方有所蔽未得曉然耳。

---

①吾書於一九六〇年開始著筆，進行徐緩，至一九六六年夏寫出前七章之後，突因參考用書及儲備資料盡失，為之擱筆者五年於茲矣。今一九七〇年五月重理舊業，乃續寫此第八章。此時參考用書全從友人覓借，頗有往日所未及見者，凡有徵引，隨文註明。此語轉引自波蘭弗里茨漢著《馬克思所理解的「人的本質」》一文，該文見《人道主義人性論研究資料》（第二輯），商務印書館，一九六四年出版，第二一一頁。

②轉引自《人道主義人性論研究資料》（第二輯）第二九頁。

③此語出於弗里茨漢所寫「馬克思早期著作中的人的理想」一文，該文見《人道主義人性論研究資料》一書第一〇二頁。

④可參看臧玉淦編譯之《神經系的演化歷程》（北京科學出版社，一九五八年版）中第三章《感受器的比較觀》。

⑤人的頭腦意識作用原在進行選擇，而眼耳等感覺器官則屬於意識中的對外工具。又各在執行其選擇任務。詹姆士此言出自其《心理學簡編》第十一章，見於唐鉞譯《西方心理學名家文選》（商務印書館出版）第一六〇頁。

⑥《巴甫洛夫選集》（北京科學出版社，一九五五年出版）一書有關分析器學說一部分極值得參考，略摘數語如次：

我們把那些分解複雜的外在世界為個別要素為其任務的器官叫做分析器，如視覺分析器是由其外圍部分網膜，其次是

視神經，最後是視神經終點所在的腦細胞三者組成的。把所有這一切部分聯合成為一個機構，就總稱為分析器機構。（下略）

大腦半球是由視覺、聽覺、膚覺、嗅覺和味覺等等分析器所綜合組成的。（中略）對於有機體說，重要的亦不僅僅是分析外在世界，而且也必須要把有機體本身所進行的情形向腦部發出信號和加以分析。（中略）運動分析器就是內部分析器中最重要的一種。（下略）

狗在切除了大腦枕葉以後，未見其視力全失，而狗卻認不出其熟識的主人，此即以視覺分析機構有所損壞，不得其行精細辨別之故（此中有機能定位問題）。

⑦現量別於比量、非量而言，性境別於帶質境、獨影境而言。性境意云實境。識自相分為親所緣緣之外，更有疏所緣緣；自然實況即屬疏緣。不論親緣疏緣總不在外，外境非有，此唯識家之旨也。

⑧亞歷克西・卡雷爾（Alexis Carrel）此書，周譯本在抗日戰爭前由上海商務印書館出版，譯文草率；王譯本在抗日戰爭中由中國文化服務社印行，譯筆亦不佳。

⑨據王世宜譯本，重慶版，第一章，第一七頁。

第九章
人資於其社會生活而得發展成人如今日者

上文是從（甲）一方面說明人以自然之一物（類人猿）而卒得發展成人類如今日者，主要在其手足分工、雙手多方操作，促進了頭腦發達；但頭腦發達之由於（乙）社會一方面，其重要性殆有過於前者，而且愈來愈重要。此即指人們在共同生活與協力生產中發展了語言和文字之一事。語文的發展與意識的發展全然分不開，作爲人類特徵的大腦高級神經（生理一面）即於是特殊發達起來，自覺意識（心理一面）奇妙地開朗起來。前說「人之所以爲人，獨在此心」（見第一章），當知不同乎蜂蟻社會的構成在其身也，人的社會則建基於人心；同時社會活動又轉而不斷地促進了心思發達，如是往復不已，心智一面社會一面就相關地各在演進中。所有今天的局面，應知非自始就是這樣，而是多少萬年發展來的。

茲試作一些簡要說明如次：

一、在人的形成過程中起決定作用的是其社會。**社會是人（指個體）和自然界之間眞實的中介者**。即如上文所說「勞動創造了人本身」的話，生產勞動一開始就只能被設想爲集體勞動社會生產。所謂「人在改造自然的同時改造著自己」，那其間所有關係影響總不外起自群體（社會）而達於個體的人。（又從個體的人構成其社會，日新又日新。）

二、孤單的個人是不可想像的。人只有在社會中生活才有可能；社會是人作爲人的存在所必需的形式。人與人的相互依賴性是遠從生物進化開出脊椎動物一脈，向著反本能的理智一路前進，動物幼體的成熟期隨以不斷延長，到了人類非有十幾年近二十年不算成熟之所決定的。像其他動物幼體早早獨立自活者，在人卻久久離開其親長不得。因爲人的生活能力有待後天練習養成，生活知識、資具、方法、技術一切都靠後天從社會學取得來也。請參看第六章第四節前文，此不多說。

三、脊椎動物在反本能的理智一路上眞正走通的惟獨人類耳（見第六章各節）。即此先天決定的理智生活道路是人類的社會生命一面重於其個體生命一面的根本由來，是其臨到生活實際上不能不依重於彼此協助與社會交往的根本由來。

四、既已知道吾人後天（出生下來以後）的社會生活是爲其先天決定的理智生活之所決定，還要知道這後天的社會生活又轉過來正在時時促進著吾人理智的不斷開展，亦即其頭腦心思的發達。介通於理智與社會兩面之間而活動著，自身發展又推動兩面向前發展著的，首先是語言，其後又有文字（賅括數學、化學以至各種學術用的符號）。

五、吾人語言寄托乎聲音，聲音或發或受，資借於其有關各部器官發達完好的生理機能作用。在某些高等動物以至類人猿非無近似於語言的發與受之事者，顧爲其機體構造之所限，止於有極其簡單拙劣的表示和傳達（此表示和傳達出於其本能，缺乏自覺）。像今天人類之發語圓熟、聽語靈敏，能得以彼此情通意融者，蓋不知多少萬年來各部器官和大腦中樞漸次進化發達之成果也。語言初亦簡單樸拙耳；當其漸進於複雜精巧，是與其發語聽語各機構相互間時時起著密切促進作用的；此一因果循環往復，以至於今而未已。社會生活所需切的人們之間情通意融，就這樣漸漸供給了其可能條件。

六、然在人類生活上所以有語言開出來，實爲其情感發達遠非一切動物所有之故。例如犬馬之屬亦時有些微喜怒哀樂之情可見，但豈得若人之大哭大笑激昂慷慨乎？惟其情感發達有力，乃有其代表的聲音衝口而出。最初之語言，殆不外激迫叫喊，彼此召喚，高興歡呼，悲啼泣訴之類也。此特見發達之情感，則導因理智之得解放於動物本能。情感者人心之波動也；惟其能靜，斯其所以能動。

七、語言始於情感之動，而其完成則在意識思維上。應知基本重要的是在語言的涵義，是其運載著的知識和情趣。語言涵義也，知識情趣也，都是意識所有事。意識活動實就是未發出聲音的語言；語言即是以聲音表出的意識活動。人們各自的意識惟賴語言而得彼此交通；沒有這種交通，即無從構築起社會，並賴之以進行協力生產、共同生活。

八、但語言寄於聲音，而聲音旋滅，不能行遠，不能傳後；於是又代之以圖像、形式、符號爲主的文字，俾濟其窮而廣其用。社會交往由此在空間上在時間上均大爲開拓便利。社會關係因而更加密織，社會範圍因而日趨廣闊，尤其是經驗知識累積傳遞於後，社會文化連續發展，隨以繼長增高。

九、學術講習大約即盛行於文字載籍之後；此非數千年來以至今日之局乎？所謂「人資於其社會生活而得以發展成人如今日者」，「其」歷程如是如是。蓋文化之云，即指人類生活（衣食住行以至種種）脫離自然狀態而言；亦只有脫離自然狀態而依後天文化以生活，人乃始有別於動物；然非資於社會，其又何從成就得文化耶？

十、於是繼續自然發展史正在演進著人類社會發展史；在社會發展史上淺化之民以視文化較高階段的人，其機體和心理試精察之均未可比同。①

①未開化之民或淺化之民在機體生理上頭腦心理上皆見其不同於社會歷史久遠文化高深之民，如顏面軀幹四肢之表較多毛即其一例。他如頭顱、如指紋皆有可分別徵驗者。至於智慮情感更不相等；但論品德則不一定耳。前於第一章曾說過人心在社會發展史中隨有其發展，吾書將於後文一陳其所見。

第十章
身心之間的關係（上）

身心之間的關係如何？此在人類而外其他生物以至動物似都不成問題的。蓋從廣義以言心，心與生命同義，有身即有心（回看第四章），身心殆無可分也。然如生物進化史之所昭示，動物以其好動乃若有心可見，尤其是脊椎動物進至於高等動物，頭腦發達頗著見出有心意來。如前第五章之所敘說，頭腦發達的動物，其活動發自頭腦，在活動上儼若有知、有情、有意者。然在第六章第三節不又言之乎，雖在高等動物仍囿於種族遺傳的本能生活，其知情意一貫而下，即知即行，知行合一，不分不隔，頗似一通電流，機械即行旋轉者然；但在人類卻大不相同。人類生活既進入理智之一境，知行之間往往很有間隔；間隔渺遠者離知於行，爲知而知。其在感情方面既可以大哭大笑，亦復可以喜怒不形於外；其行事既可持之以恆，一貫不移其志，抑或動念隱微，終於嘿爾而息。身心之間非定一致。特別是人有自覺的內心生活，時時感覺自己矛盾衝突。許多宗教家且賤視此身，抑制其來自身體的要求，實行禁慾主義。是故動物的活動雖發自頭腦，頭腦卻完全爲其身而服務，曾不離乎身而有何活動可言，即難以離其身而言其心。身心之間的關係問題，在人類而外所不必置論者，獨於吾人卻必一爲論究在此焉。

於此，就要追問：此身心之出現分歧以至矛盾衝突者究從何而來乎？

夫所謂心者，不外乎是生命活動的表現耳。從生物進化史看去，總是心隨身而發展，身先而心後，有其身而後有其心。正爲生物界各有機體的組織構造千態萬變其不同，其生命活動的表現乃從而種種不同。頭腦發達的動物即是在其機體構造上有此一部分集中地翹然發達起來，形成全身活動的總樞紐，爲其種種活動所自發；渾括地說，心以身爲其物質基礎；重點突出地說，心的物質基礎又特寄乎頭腦。心與腦的關係密切所以被人強調者，正爲此也。今問身心由何出現分歧，自需要尋究身與腦、腦與心，其相互間的關係是如何如何而後乃得分曉。茲試爲條分縷析說之如次。

一、身腦原爲一體，腦不過是身的一部分，同爲生命活動所資借的物質條件。生命非有形之一物，渾然不可區劃；可區劃的是生物有機體。從生物進化而來的人身，正是偉大生命的創造物，頭腦的特見發達不過此創造中的一突出點，當然不會失其渾整統一。相反地，正爲了人身內外活動進於高度的渾整統一，乃有此人腦的創造。把腦和身區劃爲二來說，只爲說話一時方便。

二、何以說人腦的創造出現，正爲了人身內外活動的高度統一呢？須知生命本性不外是無止境地向上奮進，爭取其活動能力的擴大再擴大，靈活再靈活，自由再自由；而其道則在活動上分工而集權（回看第四章及第六章第四節）。只有不斷地分工而集權，活動力乃得不斷地擴大再擴大，靈活再靈活，自由再自由。此一原理不惟在生物界有機體的組織構造上隨處可見，尤其著見於人身，抑且見之於人類社會間。——人類社會正亦是循由此一原理而發展的；這裡且不談。這裡要說的，即是從分工而腦與身開始若有兩極分化的情勢。那就是：特見發達的大腦皮層主管著吾人整體性對外在自然環境和社會環境的聯繫活動，而與此身維持其機體內在一切生理（消化、呼吸、循環、排泄等等）機能日夜不停地活動，另由植物性神經系統經管其事者兩下分工。前者被稱爲高級神經活動，而後者——兼括此身某些對外簡單反射動作——則概稱爲低級（以其處於低級部位故）。前者說爲動物性過程，後者說爲植物性過程（以其爲植物生活之所同具故）；抑或說爲自主神經系統活動，一若可以獨立自主地活動於大腦中樞之外者，其實固仍受大腦的調節和影響（見第五章），非能外也。正惟人身內外活動有此高度統一，吾人乃得有靈活自由強大的活動力；然而這卻從全身神經系統有所分化而來。

原來不可分的腦和身，就由此而被分開來看、來說了。

三、如上說明了腦和身所以被分開說的事實由來，再進一層闡明心和身被分開說的事實由來如下：

心何爲離於身、離於腦而被特爲指說耶？人身（腦在內）是客觀世界一活物；說活物，謂其爲生命活動之所寄，而凡是物都存於客觀。然吾人之有心也，卻從其存乎內者而言之，即所謂主觀世界是已。客觀世界指吾人所知覺和思維的外在一切，即於此知覺思維的同時，基於意識自覺而主觀世界以成。客觀世界主觀世界無疑地兩面相關不離，然既不能混合爲一，又不能抹殺其一，勢必分別來講了。歷來學術界對於心身二者趨向著分別探討，那就是分爲心理學的研究和生理學的研究。除生理學家對於人身（客觀世界一活物）大致仍依從通常自然科學治學方法外，心理學家一向趨於用內省法（雖亦參以某些實驗）分析意識活動；所謂心理學，曾經一時幾乎就是意識之學，其故在此。

四、很明顯，心之分於身與腦之分於身，原只是一事而非二；不有大腦皮層之特見發達，高級神經低級神經之分工，何從有人心之高出於其身乎？心理學所討論的意識作用實以生理學上所謂高級神經活動爲其生理基礎。在這裡，生理學心理學之分劃，與其說是研究的對象不同，不如說是在治學方法不同上。或者說：因各自有其治學方法，於是研究對象乃不免有些不同。特如巴甫洛夫學派所講高級神經活動中爲人類獨有的第二信號系統者，豈非就是意識作用之表現乎？不過因其治學一出以客觀地觀察測驗即歸屬生理學耳。雖歸屬生理學，而其研究所得正爲治心理學者必須密切參考之資，不既爲學術界所公認乎？

五、人類生命活動能力之高強莫比，全恃乎其意識作用；蓋意識爲其行動之計劃性

（詳見第六章）所自出也。往者心理學家重在意識之分析研究，依重內省法以治學，而與自然科學家一般治學方法殊途者，要亦勢所當然矣。但此以冷靜思維構出計劃的意識，只居人類生命淺表，恆爲隱於其後的本能衝動所左右支配；既遠非人心之全，且其所爲內省法尤多缺憾。缺點之大者首在彼心理學家之爲內省，**不過以其對外的意識作用還而冥想追憶意識活動的蹤影**，實未足以言內省也。——眞正內省惟在當下自覺之深徹開朗，當於後文詳之。（自覺爲意識根本，然自覺蘊於內，非以對外，意識則是對外的，請看第六章第六節前文。）

舊心理學既失於淺薄，難有成就，於是心理學界派別紛紜歧出。稍晚出之行爲主義派，如美國華孫（Watson）所倡導者以自然科學家的治學方法爲依歸，不取內省法；其激進者如中國郭任遠直不顧人類之有內心生活這一極其重要事實。然人心之超卓乎身而運用之不斷地改造自然界，改造其社會，同時亦改造其主觀世界也，誰得而否認之，無視之耶？

六、內心生活種種不一，俗云「虛情假意」、「口是心非」者亦其例也。然其好例莫如在重大行事之前恆有其**衷心了了**之意圖以爲設訂計劃之本。恩格斯曾說過：一切動物都不能在自然界打下它們意志的印記，而惟人能之；這是人跟其他動物不同的最後一個重大區別（見第六章第二節引文），正謂此耳。意圖涵有知、有情、有意；執行計劃尤賴持以堅忍與自信之強；此固人人可得而體驗之者。內心生活最重要之事例乃在人生之**自勉向上**，好學，知恥，力行，不安於退墮。此即人之所不同乎動物獨有**道德責任**之可言者，《論持久戰》一文中指出人有自覺能動性（一云主觀能動性）而時時強調之者正在此焉。

內心生活者一己所獨知而他人則不及知，但可設身處地從旁加以揣想推度。語云「啞子吃黃連，苦在心裡說不出、道不出」；豈惟啞子吃苦如是哉？人們苟無相類同的經驗，彼此誰得而相喻？心理學所以可能者，人與人總不相遠，而經驗得自生活處境，生活處境相類近者彼此舉似便得會意印證，互有啓發也。

心理學之必判分於生理學，亦即謂心身二者不容不分別看待如是如是；腦既爲身之一部分，則心與腦之不容不分別看待也亦復在是。

七、心之分於身、分於腦也；原從生理上整體的神經系統有所分工開其端。分工的意義在上文第二既點出之，又前第五章「分工的涵義」、「神經系統發達的涵義」各段曾言之較詳，均宜參看，茲不複述。扼要而言：不斷地分工，不斷地整合，其在分工之一面即趨向各自**專業化**，運動**機械化**（有很大慣性不自覺地運動著），亦即**工具化**，恆處於**順從地位**；其在整合之一面則適以此輳合成主體愈得自由靈活，權力集中，卓然立於**領導地位**。身之爲身，心之爲心，即在此**兩極分化的性向不同**上。

試舉眼前小事爲例：一個人初練習騎自行車時，如何善用其手足肢體，時需心思揣度照顧，以求掌握平衡無失。及至一切動作熟練了，心思即享有自由而可移用於別方面去。所謂運動的機械化乃是其積久熟練的自然結果。在此既然習熟的基本運動爲基礎上，行車時就可更練出許多技巧花樣，愈來愈新奇（如雜技團的表演），層出不窮。層出不窮者，後出的花樣都是以前層爲基礎又升上一步，而步步升高的。如是，人之操用其車愈來愈靈活自由；此靈活自由實以某些基本運動的機械化爲階梯，依次換得來的。

人的個體對外活動能力增高得之於習慣有如上例，可藉以明身內細胞組織分工發展以成各部分機構各種活動之機械化，是人心得以自由靈活的由來。但不名之曰習慣，而名爲機能或本能耳。此理此例同樣見於人類社會生活中；社會生活的禮俗法制正和人身生理機能、心理本能、個人生活的習慣起著同一類作用，即是從慣常事務的固定化換取集體活動力的提高增強。

八、身心渾然一體相聯通；而察其性向則互異耳。譬如電解池內兩端有陰極陽極之分別，卻往復相通而不隔。在這裡，身爲陰極，心爲陽極。陰極陽極性向各有所偏，相反而不相離。——容當於下一章詳其說。

九、前曾說，「人心的基本特徵要在其能靜」（見第六章第二節），又說：「動物是要動的，原無取乎靜，然靜卻從動中發展而來；所謂冷靜不外是行動前的猶豫之延長」（見第六章第四節）……那些話正要在這裡參看以爲印證。由此便是「知行之間往往很有間隔，間隔渺遠者離知於行，爲知而知」（見第六章第三節），吾人理智與動物本能從而分途。

十、人心自是能靜的，其與靜相反者則感情衝動也。感情衝動屬身之事。著名心理學家詹姆士（James）曾說過：「沒有身體表現的人類感情根本沒有」；他且指出所有種種感情都是身體內起變化，每一變化都起自於刺激的反應。①這話甚是，但又非百分之百正確。衝動（impulse）無疑地是身內機械運動的發作，感情（feeling）則不盡然。一般粗重的感情當然聯結到衝動，同爲身之事；進於高尚深微的感情，離身愈來愈遠，其境界便很難說了。②

感情衝動屬身之事，不論其見諸行爲與否皆屬於行。古倫理學家力倡「知行合一」的王陽明，正是有見於人們每每知而不行——例如知道應該孝悌卻不行孝悌——特指點出「知而不行只是未知」；同時，他又以知是知非歸本好惡之情。那都是對的。蓋於此情理的認識原不同乎物理；認識物理依靠後天經驗，有待冷靜觀察，而情理卻本乎人心感應之自然，恰是不學不慮的良知，亦即我前文所說「無私的感情」（見第六章第七節）。不有孝悌心情動於衷，說什麼知孝知悌？反之，若一片孝悌心情，當下行事縱或未見，已自是孝悌了也。（應參看後文論道德一章）。

感情恆伴隨本能，與之相應俱來，但又不盡然，所以必要分別看待，試回看第六章第七節便曉得。但不論其是不是伴隨本能的感情，當其成爲意志而行動時，總是身之事了。說身，括指從大腦以下的器官、肢體、機能、本能以及後天習慣而說。人心發出的任何活動（生命的任何表現）離不開身體，這是肯定的。

十一、俗常有「精神」一詞；這一名詞究竟何所指？我們認爲這應是指離身體頗遠的人心活動而說；它代表著人心高度靈活自由的那種活動事實，除此不能有其他意義。

十二、人心的靈活自由與人心之能靜分不開。在巴甫洛夫學派從事高級神經活動的研究中，其所說大腦皮層愈來愈發達，抑製作用顯然愈來愈增加，及所謂「**主動性內抑制**」，在機體內起著各種調節平衡作用，對外應付環境起控制著一動必準確作用者正謂此耳。——此請回看第五章前文。

十三、應得指出如上第九所言吾人理智與動物之分途，第十所言吾人感情不盡伴隨本能而來，第十一所言精神一詞蓋指遠於身體而代表著靈活自由的人心活動，第十二巴甫洛夫學派說大腦愈發達愈以增進抑製作用及其所謂主動性內抑制，各點總根源只是一回事，即：在脊椎動物走上發達頭腦一條路奮進無已，卒致突破了一切生物盤旋在個體存活、種族繁衍兩大問題的那圈圈，而達到人類生命的特殊境地（回看第六章第五節）。此云特殊者非他，不過爭取靈活自由的宇宙生命本性而今獨賴人類來代表發揮，其他生物舉不足言也。在前說明靈活自由要得之於不斷分工集權者，應知分工集權恰不外生命爭取靈活自由的方法途徑，而其根本則在生命爭取靈活自由的那種本性。

同時請不要忘記第五章說過的兩句話：

人心要緣人身乃可得見，是必然的；但從人身上得有人心充分表見出來，卻只是可能而非必然。

人心不是現成可以坐享的（僅只人身是現成的）。

---

①據唐鉞譯《西方心理學家文選》（北京科學出版社，一九五九年版）第一六九——一七一頁。原書為 B. Rand 編著，其中詹姆士各段則取自其《大心理學》的節本。茲摘引譯文於後：

（上略）假如心跳不加快，呼吸不淺促，嘴唇不顫動，四肢不軟化，毛孔不森豎，內臟不激盪，還有什麼恐怖情緒存留？這是我們所不能設想的。假如要克服自己不好的情感傾向，那我們必須辛勤地（最初還要冷靜地）把我們要養成的相反情感傾向的外部動作步步表演出來。在精神訓育上沒有比這個再好的格言，凡有經驗的人都知道。

②同前書第一七二—一七三頁。詹姆士曾說到有些細緻心情可以純乎屬於大腦（意即非關全身），如道德上的滿意、感動、好奇、問題得解決時內心的鬆弛等等。又說有些心態歸屬知識，不屬於情緒一類。此蓋以西方人遠不若東方古人有深微的內心生活，所見不免模糊。雖模糊，卻亦非全無所見。

第十一章
身心之間的關係（中）

此章就前章第八所言身心一體相聯，往復相通，而身爲陰極，心爲陽極，性向各有所偏的那些話，重加申說。往者亡友衛西琴先生①於此特著見地，茲即介紹其學說大意於次。

一、先說此學根本觀念：很明顯，一切生物都是活的，都有力量能有所改變顯示於外。其中動物又顯然較其他生物的力量爲大。而力量更強大更高等又莫如人類。活人雖有此無比的大力量，但人死了，只一具屍體，即失去原有力量。死屍僅僅是物質。物質恆處於被動，雖缺乏力量，卻仍有其力量。總起來可以說，宇宙一切都是物質，都有力量，不過力量大小高下千差萬別不等而已。

二、就人來說，男女力量是不相等的，而且是極不相同。這種不同，乃是出在身心之間往復相通的根本流向上男女彼此互不相同。具體指出說：女子以身爲主，從身到心是其第一根本流，而從心到身居於第二；前者爲正，後者爲副。男子恰相反，心至乎此身，從心到身是其第一根本流，而從身到心居於第二；前者爲正，後者爲副。——以上是從其力量活動上（非從表面）認眞分析來看的。

三、上面的話須待稍加說明於後。

遠從生物進化上看，男女兩性身體原初是一個不分的；從現在生理構造上看，男子身體內有女性的部分，比如兩乳；女子身體內有男性的部分，比如陰核。在體形上看，男子身體是往外的，女子身體是往內的；在體力上，一般說男子強過女子。所有這些都不過是物質表面。單從物質表面看，看不出人怎麼優勝於動物。人類之所以優勝，要必從力量比較上乃得認識。此突出優勝的力量則在其特別發達的大腦所開闢出來的心思活動。譬如人類的那些偉大事功、卓越創造，固然無一非完成於身體活動，而這些表見於外的身體活動卻一一出自內裡深隱微妙的心思。首先是心思經由身體而有所識取於外，後更從心思運用著身體而有所施爲於外。就身心兩端而論，不妨說身主於受，屬陰極；心主於施，屬陽極。說施便有主動意味，但說受卻非就是被動。生物都是活的，人是活物中最活的；感受之在人莫謂竟是被動於外。應須知，施中隨有受在，受中原有施在。身心往復相通的話，既可粗略地看待，更宜精密察識之。

四、身心的位置關係正要這樣來理會：身外而心內，心深而身淺，心位於上端，身位於下端。覺受由外入內，施應從上達下，其間往復交流還有不少深淺等差可言，不總是一樣的，更非人人都一樣。這就爲兩端之間原有著可以伸縮的不小距離（就動物說，這距離幾乎等於零，其所以不如人者在此）。

五、正為身心間的距離遠近深淺決定著一個人的力量之大小，而女子身心間的距離天生來均不及男子那麼深遠，所以上面說男女力量是不相等的。若問：何以在女子這距離較為淺近？此不難知。女子擔負著創造人類幼體的天賦任務，當其身體長成熟有月經來之時，每月總有七天乃至十天不得舒服自在，及至結婚懷孕，其受累更深重。分娩後自乳其兒，每因心理影響（特如惱怒憂煎等）隨有變化見於乳汁中，可知其身心相關如何密切。蓋在女子，身體勢力是天然大過其心的，心恆受到身體勢力的牽掣影響，超脫不開。在她們一生，除開這中間一段——從月經開始到年老停經不能生育為止大約三十年或稍多的一段——只在其前或其後是女子而不十分那樣女性時候可較輕鬆些。

六、從尋常所見事實便可證明上面的話。請看婦女不是比男人容易哭容易笑嗎？婦女不是每每比男人膽小嗎？再試留心看，每遇群眾會上，男人一堆，婦女一堆，總聽到婦女堆中說話聲多音高；不是嗎？俗常說「婦女心窄」，正為其身體勢力大，身心間的距離近，禁當不住外來刺激。刺激（受）反應（施）之間迫速輕率，殊少深沉迴旋於內之致。如弗洛伊德等精神分析學家善治歇斯底里症（hysteria），而患者極大多數是婦女者其理正在此。②

七、不難看出，人從初降生到年齒漸長，身心關係隨時在開展變化中。大要言之：初時心隱於身，身心渾然不分；其後則一面由於大腦機體發育慢慢完足，又一面因在社會接觸增廣，經驗繁富，心思乃日見茁露活動，從嬰兒而童年，而少年，而青年，身心之間不同程度地浸浸疏離起來。後此進趨老成練達，乃更見從容沉穩。

這裡還須留心人的資性各有不同，上面所說發育開展可能有遲有早。再則，當兒童時期便可見出男女有所不同。譬如五六歲女孩往往表現能幹靈巧過於其同年男孩；但再過十年二十年之後，男子才思往往又非其同年女子所及。能幹靈巧是說其應付具體事物的能力，屬於身體力量，亦稱感覺力量；才思則於某些抽象學習能力上見之，屬於內心力量，亦稱精神力量。

末後還應該點明：人類生命既然爲自然界最偉大最高級的力量，而論力量男子又大過女子，那麼，宇宙間力量的最高峰就在成年男子的心——精神力量。

八、在前說過，力量就是能有所改變顯示於外的；從人類力量說，即是能有所創造表現。人類社會文化自古及今不斷地有所發明、發現而前進無已，正是靠著一時一代群眾的這種數不盡的創造而來。人生所貴就在有所創造。然而男子女子卻不一樣。女子所貴在創造——孕育——一個富有創造力的新人（小孩）。此事卻非男子所能爲。男子總是創造一些身外的事物：一件藝術品，一文學作品，一種科學發明，一哲學理論，一偉大事功，如是等等。說男子力量大過女子的話，就是說在這方面的創造力女不如男。因爲這種種創造雖須得精神力量和身體力量同樣發揮，卻要必以精神力量（心思）統率身體力量而成其功。男子力量不是以心爲正身爲副的嗎？其在以身體力量爲正而心爲副的女子來說，對於這種種創造比較差些乃是天然之事。試數一數幾千年中外過去歷史上偉大思想家或事功方面的偉大人物裡，有幾多個婦女呢？然而任何偉大思想家或其他各樣偉大人物卻無一不是女子所創造——所生育。就女子力量爲一切偉大創造力的根本源泉具有決定性而說，則女子力量固有其貴重過男子的力量一面；不是嗎？

九、不徒從表面形體來分別男女，而更從根本力量上認識男女天生的互不相同之後，則在其後天教育上和職業工作上男女不當強同，便是十分明白的事理。教育應是讓生性不同的力量各自得到培養成長，工作則應是讓不同的力量各得發揮以盡其天職。然而世俗見不及此，男女教育、男女工作職業率多強求其同。此因近世力反先時封建陋俗歧視女性之所爲，不免多所矯枉，實不符合科學客觀眞理。③

十、說身體力量不等於說身體。認眞地說，深切地說，身體力量是身體創造力，即**創造身體**之力，即男子的或女子的生殖力量。說精神力量，非第因其力量發之自心，而實爲有別於身體力量而說的，即說它是創造除人類幼體外一切大小事物的那種創造力。此種創造力男女皆有之，但在男子更優勝於女子。

十一、男子的精神力量不論如何之大，要非其身體力量同樣大，他將不是一個能做大事的人。譬如膽氣壯盛，勇於作爲，躍躍欲試，若能涵蓋一切的那種氣勢，即屬身體力量④。

精神力量、身體力量充沛能做大事的人，我們就謂之大人物。每個男子當其年屆發情時期（青年時期）都接近於大人物，特富於創造力。

十二、如前說，男子力量以發之自心者爲其第一根本流，女子以本乎其身者爲第一根本流，在年幼時是不甚明顯的。但當其發育成長各屆發情期時，男子力量的第二流（身體力量）活動起來，其心比任何時候更往外活動；女子力量的第二流（內心力量）活動起來，其感覺比任何時候更往裡活動，可以譬喻說：此時男子的感覺第一次回家（覺醒起來），此時女子的心思第一次出門（萌動起來）。這男子回家的感覺力量，女子出門的內心力量，在情慾發動時容易被認得出，乃由此時男女力量都有兩流對比可見的緣故。這就好比當人正出門或正回家的時候，訪問他們是容易遇見的機會那樣，殊有助於吾人學理之講明。

十三、人的力量大小高下各不相等，一個人亦且時時有所不同。稱之曰偉大力量，兼涵高等之義；蓋言其精神力量、身體力量同優俱勝者。但在力量高等的，卻不必同時爲力量大的；此以優於心思者，其身體力量或不足相副。心身力量雖相關係，但不定優則同優，勝則俱勝，其間申絀變化不可計數。要而言之，力量爲高等，爲低下，一視乎心思優劣而定。此如力量高者恆表見：從容，細緻，周密，精確，文雅，溫和，蘊藉，輕妙，靈活，優美，……如是種種。反之，若迫促，粗糙，粗野，粗疏，粗暴，冷漠，板硬，尖刻，笨重，鈍拙，……則爲力量低等之表見。力量低等與缺乏力量每相聯。

十四、人的力量最能改變環境，創造新事物，愈有力量愈不怕困難；反之，畏難退縮即見出其力量衰微。凡圖眼前一時省力的做事法，或爲少麻煩竟爾免除其事者，或惟務襲取模仿他人者，或惟貪圖享用現成財物者，大都可以如是觀之。觀看一個人如是，觀看一社會、一民族更加如是。（力量衰微率由於其社會上婚姻不對和教育不對而來。）

十五、如前說，人生貴有所創造。但究其實，何者爲創造，何者不足言創造，只是相對比較的，非可截然劃分者。以畫家作畫爲例，拙巧優劣之間只有數不盡的等差，並無一定溝界。其拙劣之品，浪費紙墨，直可謂之破壞。此猶其事之小焉者。試留心閱歷人世間事，原非蓄意破壞而卒落於破壞者豈可勝數？尋求其故，則咎在人的力量低下而已。是故讓人的力量趨進於高等，實爲廣興創造之本。前云：力量爲高等，爲低下，一視乎心思優劣而定；然則人心之重可貴也昭昭矣。

十六、世間至可寶貴者莫如人，人之可貴在此心。然心之顯其用卻一息不得離乎此身。人心之能有任何創造者，必先從感覺不斷地接取乎事物，累積吸收爲創造所需的資料，而整理之，溶化之。整理溶化——經驗總結——更是創造。其卒有創造成果在此焉。

當最後成其創造之功也，正不知經過多少次從外達內，由上而下，既施且受，受而又施，種種往復活動矣。是心詎曾一息得離乎身哉！

十七、但心身相聯通固有距離，此便伏有著險關危機：心有可能偏遠乎身而多枉動，身有可能偏遠乎心而多盲動，亟須當心注意。茲試分別指點之。

原夫經驗總結就是所謂學問，恆寄托於語言文字所撰成之名詞概念上，又著錄於書冊以資傳播。此蓋以身通心、心通身的成果更去發展人們的創造活動，推進著社會文化的。卻有人誤以多讀書爲學問，此即心思偏遠乎身而多枉動之一種事例，有悖乎身通心、心通身的原理原則，其結果就不可能以解決他所遇到的什麼問題，實有所創造。似此假學問世上多得很，自誤誤人，亟須戒避。

又如流行於世的許多名詞概念（或觀念）不一定都出於經驗總結，代表著實際事物（事理），只是從乎某些情感要求而臆想虛構出來，用以應付生活中問題的，像在人類社會文化幼稚、經驗知識不足的社會那許多宗教迷信，不正亦是心偏遠乎身種種枉動的產物嗎？

身偏遠乎心而失之於盲動者，主要亦有兩種。一種是未假思索，發乎一時衝動的莽撞行事、粗魯動作。更廣泛的說，則凡缺乏自覺的言動皆可屬於此。另一種是行事缺乏（自覺）主動精神，徒爾慣性地沿襲傳統文化的規範禮儀，掩蔽其力量衰微低下之實質者。此在古時曾有高尚優美文化的中國社會，最容易看見。⑤

---

①衛西琴（Westharp）原為德國人，後改隸美國籍，以傾慕中國古代文明，用中國文字更名曰衛中，字西琴。其學蓋自音樂而入於人類心理研究，更尚談教育問題。詳見愚所作「衛西琴先生傳略」一文，此不多及。衛先生著作甚富，大抵為其在外國文言學校時以中國話口授於人筆錄而成，意義多半晦澀難於通曉。此一半固由其理致幽深，更一半則用詞造句，自成一種偏僻習慣，不合於通常中國語文。茲所介紹者只我領會所得其二三而已。

②嘗聞濟南齊魯大學醫學院友人閒談，他們在醫學院任職或實習的男女同學很多是二十多歲快要結婚的。誰若遇有不幸失戀的事；當其臨床治病時，因為心神縈繞不寧，一般說均不能很好地盡心業務工作。但在男子仍能工作下去，在女子竟然不能工作了。工作就會出差錯，發生事故。

③前於第八章曾批評 Man, the Unknown 一書之未善，然其書中卻不少可取資料，如其力陳男女兩性之不同即一例也。茲就王世宜譯本《身體與生理之活動》一章略摘如次：

性腺能加緊生理上心理上與精神的活動。（中略）睾丸與卵巢具有極其重要的機能。它們產生陽細胞或陰細胞。同時它們分泌一種物質到血液中，使細胞組織體液與意識或呈陽的特性或呈陰的特性，並且予一切機能以它們的密度——緊張性。（中略）卵巢的壽命較短，而睾丸到老年還能活動，所以老年婦女遠不同於老年的男人。

男女的差別起於細胞組織本身的結構，以及女人全部有機體飽涵卵巢所分泌的一種特殊的化學元素。（中略）事實上，男女之間有極深遠的差別。女子體中每一細胞都印有女性的記號。她的器官也是如此，她的神經系尤其是如此。（中略）我不能不就其本然加以接受。

母體在全部懷孕期間時刻受胎兒的影響。母親的生理和心理狀態總不免因胎兒而起變化。（中略）我們不應以訓練男孩的智力體力的功課來訓練女孩。亦不應以鼓勵男孩的志趣來鼓勵女孩。教育家對於男女兩性特具的身體器官、心理特性以及他們天然的機能應該大加注意。

④身體的力量即創造身體的力量，對於一個人的智勇均有密切關係。《人之奧妙》一書富於科學知見，其中有如下的話：要理智充分發揮它的威力，同時需得兩種情形，一是發展完善的生殖腺，二是性慾暫時受到節制。（見王世宜譯本第一四八頁）。這與衛先生學說完全符合。

⑤關於衛西琴先生學說之介紹暫止於此。至其有關男女兩性婚姻、兩性教育的許多見解主張，實為一極重要部分，既不易通曉又與吾書此章題目不切合，即略去不談。

第十二章

身心之間的關係（下）

人的自覺能動性——人所區別於物的特點——是怎麼來的？那仍不外來自一切生物之所以生活的共同源泉而已。作爲一切生物所共同的生命本原，在各不同種別的生物皆有所顯示或透露，而其透露最大者要莫如人心。簡捷地一句話：人心正是宇宙生命本原的**最大透露**而已。

生命本原是共同的，從而一切含生之物，就自然是都息息相通的。譬如音樂感人，世所共知；音樂亦且能感動得動物，甚至感動得植物。曾見北京《參考消息》刊出外國通訊社的報道，有時音樂演奏可使乳牛產乳量增多；乃至對於植物生長，音樂亦且有其效用而不虛，非其明徵乎？

我們爲了說明人心，往往就說到生命，卻總不免渾淪言之，現在有必要略加剖析言之如次。

一、生命非具體之一物，只在生物體質所特有的那種現象或性能上見出來。什麼現象或性能？如恩格斯曾說：「生命是蛋白體的存在方式；這種存在方式，實質上就是這些蛋白體化學成分的不斷地自我更新」。又說：「我們所知道的最低級生物，只不過是蛋白質的簡單顆粒，可是它已經呈現了生命一切本質的現象」①。

二、恩格斯所說「化學成分的不斷地自我更新」即昭示了生命最簡單扼要一點，下文復加以申說，且從而指出有生命與無生命如何不同——

「一切生物所共通的生命現象首先在於蛋白體從自己周圍攝取適當的物質予以消化，而體內較老部分則趨於分解，並被排泄。其他無生命的物體也在自然過程的行進中變化著、分解著並結合著；可是在這之後它們已不復成爲原先那樣東西了。岩石經過風化，已不復成爲岩石，金屬經過氧化就變成了銹。似此，在無生命物體成爲其破壞原因的，在蛋白體中卻成爲生命的基本條件。當蛋白體中構成部分的這種不斷轉變，即吸取營養和排泄的不斷交替一旦停止進行之時，蛋白體亦即從此停止其生存而趨於分解，亦就是歸於死亡。所以生命即蛋白體的存在方式，首先在於蛋白體每一瞬間同時是自己又是別的東西；而這情形之發生不像無生物那樣是從外面造成的某種過程之結果。反之，生命通過吸取營養和排泄來進行的新陳代謝，是其擔當者（蛋白體）所自來就有的自我完成過程。」

「從蛋白體的主要機能——通過吸收營養和排泄來進行的新陳代謝中，從蛋白體所特有的造型性，產生出所有其他的最單純的生命特徵：1.感受性——這在蛋白體和其營養物的互相作用中已經包含著了；2.收縮性——這在吞取食物時就以極低程度表見出來了；3.

成長能力——這在最低級的程度內包含了分裂性的繁殖；4.內在運動——若沒有這種運動，攝取和消化食物都是不可能的。」[2]

三、很顯然，所謂生命遠非只於如上所說那樣而止，恩格斯所以緊接著說：

「我們關於生命的定義自然是非常不夠的，因爲它還遠沒有包括所有生命的現象，而只是限於其中最一般最單純的現象。（中略）爲了要對於什麼是生命，獲得眞正詳盡的理解，我們必須探究生命表現的所有形式，從最低級到最高級。」[3]

他說的最高級，意指人類意識活動（涵括自覺能動性、計劃性）那樣形式吧。

四、很難給生命下定義或界說。科學在生物界中的分門別類，是出於人之所爲，應合人的需要；其實此門彼門，此類彼類之間正有許多過渡型，既非此非彼而又亦此亦彼。植物動物之間且難劃界，其他種種何莫不然。所以恩格斯曾指明「僵硬的凝固不變的界線是同發展的學說不相容的」；又說「一切定義都只有微小的價値」。理解生命、認識生命，既要從生物去理解和認識，而生物乃千差萬別，高下茫茫然懸遠之極；你將怎麼把握它呢？

五、何況由於學術界的進步與深入，前既有尿素的合成，近且有胰島素的合成，宇宙無機界與有機界，無生物與生物，尚且沒有不可逾越的界限；那麼，求生命定義於生物界內大不易，就是生物界內外的區別亦復難言之矣。

六、然而我們不難由此看出，宇宙只是渾然一事耳。莊子說：「天地與我並生，萬物與我爲一」；又說：「道通爲一」，其殆謂此乎？萬象差別不善觀其通，固然不可；翻轉來，泯沒其差別又何嘗可以行？這就是要唯物辯證主義的宇宙觀。宇宙從無機而有機，而生物，而動物，而人類……總在發展變化著；發展變化是起於內在矛盾的，其間由量變而達質變——亦稱突變或云飛躍——便顯見出由低升高的許多階段區別來。階段大小不等，而涵小於大；區別則從量到質，通而不同。宇宙發展愈到後來，其發展愈以昭著，愈以迅速，前後懸絕不可同語。既見有高低階段，又且有流派分支。此在生物有機體出現後，物種歧出，最爲顯著。人類社會發展史自古至今既有其階段可分，而各方各族的文化復多歧路焉。凡此者，皆以各自內在矛盾爲主，而其環境遭際又互有不同也。

七、生命本原非他，即宇宙內在矛盾耳；生命現象非他，即宇宙內在矛盾之爭持也。生物爲生命之所寄，乃從而生生不已，新新不住。生物個體有死亡，乃至集體（某種某族）有滅絕，此不過略同於其機體內那種新陳代謝又一種新陳代謝耳。生物演進，花樣翻新，物種層出不窮，要均來自生命向上奮進之勢。然不免歧誤紛出於其間，乃各落於所進之度而止（見第五章）；人類而外一切生物今所見者皆是也。惟獨循從發頭、發腦、發皮質之一系曾不稍懈地直前而進的人類（見第六章第五節前文），至今猶在發揮著宇宙生命本性，自人的體質以至社會文化日新未已，豈不可見。

八、說新陳代謝不可泥於如上所說那些粗跡而止，更須深入幽渺以察之。前於第四章論主動性略開其端。此如論——

戰爭勝負是有許多因素的，然總不外客觀存在的舊因素和加上主觀努力的新因素。舊因素種種非一，雙方各有其有利條件及不利條件，綜合計算下來，彼此對比，可能有一方佔有優勢而另一方處於劣勢。新因素即指主觀之努力，亦即爭取主動之爭取，亦即各方主帥於其所擁有的條件如何運用。此在事後較論之，其間彼此舉措可能各自有善巧有不善巧，亦種種之非一。然歸結下來，勝負之所由分，往往不在前者——舊因素，而在後者——新因素。此即所以說「事在人為」也。

人在思想上每有所開悟，都是一次翻新，人在志趣上每有所感發，都是一次向上。人生事業不論大小，有所成就無不資於此者。若追問其事之所由成就，一切可說得出的都不過是外緣條件，而不是活用這些條件的能動主體——生命本身。生命是自動，是能動，是主動，更無使之動者，憑空而來，前無所受。這裡不容加問，無可再說。問也，說也，都是錯誤。

事在人爲者，人的主觀能動性爲之也。人的因素最重要，一切改變舊局，創造新局，要惟在此特具有主觀能動性的人類也。舊局是一點一點轉變的，新局是一點一點創出的。

新的一出現便成舊的，立刻都歸屬外緣條件去。只有吾人生命當下之一動是新的，其他都不是。一個當下，又一個當下，刹那不住，新新不已者，非獨人類生命爲然，其他生物莫不然。第以其他生物誤入歧途，往復旋轉，總在相似相續中，無創新之可著見；著見創新，抑且不斷地創新者乃獨在人類焉。要須從此著見之創新而深入幽渺以察見吾人生命上新新不已地當下之一動。

九、吾人生命當下之一動又一動，連續地活動下去，有類近於其他生物者，有迥然不同於其他任何物類者：1.從此身自發性而來的一動，連續地如是活動去，殆與其他生物無大異也。2.獨若從人心自覺而發的一動，繼續發動不已焉——略如前云思想開悟翻新、志趣感發向上之例——則迥非其他物類之所有矣。

今且暫置前者不談，專談後者。後者正是人事著見創新所自出。

十、凡眼前世界現成所有者，對於吾人生命都屬外緣條件亦即舊因素，可以有利於創新，亦可以爲不利，卻是人總離開它不得。人只能就在其中改舊創新。新之創也，無不因於舊之改而來，歷史是割斷不了的。此非止言外在事物，即吾人一念之微就其內容前後關係來看，詎不如是耶？唸唸相續而轉，其新者獨在其念之乍轉耳。此存乎生命幽渺之一動出自宇宙內在矛盾之爭持，不屬世間之所現有，而是乍然加入現世間來的，故曰新，故曰憑空而來，前無所受。凡生命當下之一動蓋莫不如是；非靜心自省，難於體察。然大局轉變獨在此者，自覺異乎自發之惰性順延於前之勢也。

吾人意識對外活動皆應乎生活需用而起，無時不在計較利害得失之中；但其同時內蘊之自覺，只在炯炯覺照，初無所爲（古人云：寂而照，照而寂）。吾人有時率從自覺直心而行，不顧利害得失者，心主宰乎身；此時雖對外卻從不作計較也。此不落局限性的心，無所限隔於宇宙大生命的心，俗不有「天良」之稱乎，那恰是不錯的。它是宇宙大生命廓然向上奮進之一表現，我說人心是生命本原的最大透露者正謂此。

十一、若要問：爲人心特徵的這個自覺性究如何從一般自發性突變而來？先請回看第六章第四節就人類理智從其反本能的傾向如何發展而說的一段話——

人類果何從而得突破兩大問題（個體生存、種族繁衍）之局限乎？此即以理智之反本能，而兩大問題固寄托於種種本能之上也。本能活動無不伴有其相應之感情衝動以俱來。例如鬥爭與憤怒相俱，逃避與驚恐相俱，慈柔之情從屬於父母的本能，而兩性的本能則與其固有一種感情衝動分不開。如是可以類推。然而一切感情衝動皆足為理智之礙。理智恆必在感情衝動屏除之下——換言之即必心氣寧靜——乃得盡其用。於是一分理智發展即屏去一分感情衝動而入於一分寧靜；同時對於兩大問題亦即從而解脱得一分之自由。繼續發展下去，由量變達於質變，人類生命卒乃根本發生變化，從而突破了兩大問題之局限。理智之發展也，初不過在生活方法上別闢蹊徑，固將更有以取得兩大問題之解決。然不期而竟以越出兩大問題之外焉。此殆生命本性爭取靈活爭取自由，有不容己者歟！

由心靜而自覺以生，自覺與心靜是分不開的；必有自覺於衷，斯可謂之心靜；惟此心之能靜也，斯有自覺於衷焉（見第六章第六節）。

十二、心理學上的本能原從生理學上的機構機能而來，人類之從動物式本能得其解放者，要在其機體構造和機能之發展變化。此一發展變化可上溯遠古生物進化皆始自分工與整合著見有神經系，以至脊椎動物之發頭、發腦、發皮質，如第五章之所敘說，應請回看，茲不複述。特請注意其間迭次提及「**空出來**」的話而理會之！

從分工以言之，則各事其事於一隅，而中央**空出來**不事一事。從整合以言之，則居中控制一切，乃又無非其事者。空出一義值得省思，遇事有迴旋餘地，有延宕時間，全在此也。又分工則讓其權於中央，而後整合可因時因地以制其宜。權者權衡，亦即斟酌選擇，可彼可此，不預作決定之謂；是即靈活之所從出也。

不靈活不足以為人心，因為原是預備它靈活的。然而事實上體現靈活蓋非易。可以說：在機體構造上愈為高度靈活作預備，其表見靈活也固然有可能愈達於高度：然其卒落於不夠靈活的可能分數在事實上乃且愈多。此以其空出來高下伸縮之差度愈大故也。因此，從人身上所表見出來的，往往難乎其言人心。（以上均見第五章）

人類之出現——亦即人心之出現——在生物進化上自是有其來歷的，卻不是銜接著動物本能更有所增益或擴大而來，相反地，在生活能力上人類較之動物倒像是極其無能的。此即從理智反本能之發展而大有所削弱和剝除，一事一事預做安排者轉向於不預作安排而留出空白餘地來。（此見第七章第二節）

空者空隙。有了空隙，則非現世間所有的那一動，方好加入到世間來，而新新不已。必有空隙方好自由活動。生物進化無非奮進於爭取自由靈活，其每有所進正不妨看作是空隙又有所擴大。至於人類出現，特見其活動可以自由者，即在其一直奮進不懈，爭取得迄今最大空隙也。（當然這是爲便於說明而作此借喻。）

此其事理不難明白：神經中樞從大腦內和大腦而下的種種分工愈加深刻細密，其所分出來的便愈以讓其主動於上級中樞，愈從自發活動退轉爲有所待而後動。有待者，有待於權衡選擇也。是即行動猶豫以至延長而人心能靜的由來，亦即其本能削弱而理智開啓的由來。於此同時，自發活動便躍進於自覺能動了。

十三、一句話道破：人身——人腦只是給人心（生命）開豁出路道來，容得它更方便地發揮透露其生命本性耳。論其措置是消極性的，而所收效果則將是積極的，偉大無比的。柏格森哲學於此確有所見，如其書中所云：...the materiality of this machine does not represent a sum of means employed, but a sum of obstacles avoided: it is a negation rather than a positive reality.（見《創化論》英譯本，頁九九）是已。又曾以開溝挖渠爲喻，謂非積土築堤以成之，但由掘地闢除障礙，遂即豁通耳；④可謂罕譬而喻。

十四、柏格森亦嘗指明「生命之升進初非以原質之合集與增益，卻由於其分化與疏解」（Life does not proceed by the association and addition of elements, but by dissociation and division. 見英譯本，頁九四）正爲生物機體內不斷分工與整合，生物乃得以進化而升高其活動能力。分工，是一分爲二；整合，是合二而一；有分必有合，所重在分。

王世宜譯《人之奧妙》一書中有些話適宜引錄於此，用資參考：

> 機器是配合各別零件而成，零件本來彼此互不相干的，當其配合在一起時候，就由雜多的情形一變而成為統一體。此即是說，機器原來是複雜的，嗣後才變成簡單。人體恰恰相反，它原來是簡單的，嗣後卻變成複雜。它是由一個單細胞發展而來。這一單細胞分而為二，新成的二細胞又各分為二，如此分而又分，一直無限地繼續分下去。在此結構上滋長擴大程序中，胚胎在機能上仍保留前此卵所具的簡單性。細胞雖

分成無數細胞群的分子，它們似仍記得原先所具的統一性。它們天生知道在全有機體內各自應負的職能。（下略）（見該書一〇八—一〇九頁）

腦質內所含細胞超過一百二十萬萬的數目，各細胞都有小纖維加以聯繫，而每一小纖維又都有若干分枝。有了這些纖維，細胞的聯繫總在數萬萬次以上。似此規模宏大的小個體與看不見的纖維群，其複雜情形有非我們所可想像，然而它們動作運用起來，本質上恍若一體。（見該書九七頁）

（機體）器官當然是用細胞構成，好像一所房子是磚頭蓋成的一樣。但它卻從一個細胞生長出來，恍若一所房子是由一塊磚頭髮生出來的——一塊神妙的磚頭能夠自己製出其他磚頭來。（中略）它們是一個細胞所化生出來，而且這個細胞顯然對於這一大建築將來所取形式早有先見之明。（見一一〇頁）

十五、這裡有幾個可疑的問題須得分疏。

一個疑問：胰島素之合成，是否便是生命可由人造的開端？據說胰島素這個「有生物活力的結晶蛋白質」的全合成，「雖距離合成有生命的物質還有相當長一段路程……」好像亦就是可能的了。且徑直推論人工將合成細胞，要打破「一切細胞來自細胞」之舊說⑤。我們未曾從事此項科學實驗工作，自無從說出實驗上的意見，但不妨從哲學上提一點意見。前引恩格斯「化學成分自我更新」的話，那自我更新的「自我」非常要緊。生命之爲生命，要在有其自我；其活動也，內在矛盾爭持實爲之主，非從外來。竊疑自我是否可由外合成？合成的蛋白結晶體是當眞能自我更新，抑或貌似？此一層也。說合成一蛋白體，說合成一細胞，其爲合二而一之說乎？然只有一分爲二是正確的，例如細胞都從一分爲二而增殖起來，當其增殖而隨有所合，明明在後。自然生命靡非始於分化孳息，而人工之造物恆必從構合入手，此世所共見。今日從構合入手取得生命，吾竊疑其貌似在此。藉或爲貌似爲當眞之莫辨，亦姑不去辨，應須知前云「通而不同」之理。這只能爲生命非生命間相通添一證明耳；然生命低級高級固不可等同也。豈可從此生命最低級存在方式直線地推論及於高級同其可能乎？此又一層也。抑又須知：任何低級生物一一早各止於其所進之度，不復前進了；代表宇宙生命本性奮進未已者，今惟人類耳。人類生命所以最獨特在此。縱然人工合成什麼生命出來，那亦斷說不上將會有一天人工製造人類生命。

十六、然而現在竟有「機器人」的幻想。自從近年（一九四八年後）科學界「控制論」、「信息論」興起以來，[6]摹擬人類大腦神經機能，從電子計算機發展到能以進行邏輯（思維）操作的種種機器，例如機器能下棋，能任文字翻譯工作等等。「機器人」的想法即由此發生；這果眞是可能的嗎？這是又一疑問。吾書正在談論身心（腦）關係，便要表示我們的意見，同時亦借此闡明我們研究的問題。

這一幻想是根於把人看同機器而來。他們把現代自動控制的機器和動物有機體先都看作是自動機，說前者爲人造自動機，後者爲天然自動機，從而說人是特殊種類的自動機。假若這不過是一種方便性的類比，以求得一時技術妙用而行其摹擬，原無不可。但若有人徑直涉論及動物生命乃至人類生命，而忽視（機器與生命）其間本質之絕然不同，則大錯特錯。人造機器必有其用途，即有其服務的主旨或目標在。但生命奮進卻非有何目標之可言；宇宙渾全惟一亦豈更有其所服務者？這是兩下根本不同處。更進而分析言之：1.從動物機體構造看去，是有些像機器的，那就是其構造要皆以動物個體生存和種族繁衍爲其服務目標。但這不過是生命前進所不可少的過程在動物機體上的表見，不應與生命混爲一談。2.就生命最高級存在的方式如人類生活來看，宇宙生命奮進之勢方繼續前進未已，即足見那個體生存種族繁衍只是生命前進所不可少的過程，非是生命的目標。——生命奮進莫知其所屆，初無目標可言。

把人說成是特種機器者，未詳其所云特殊之點究何指。如吾書所論述，人的特殊點即在人類活動不復局限於個體存活、種族繁衍兩大問題上。爲控制論者想要摹擬人的大腦機能，我以爲既有其勝利成功之一面，又有其終無望成功之一面。蓋設計製造機器必有預定用途；用途縱許多樣，總是有限的。在限定的用途上，其效用敏速而準確可以遠勝人腦。——人腦較之遲鈍且難免有時出錯誤。但在另一面，人腦活動之所向渺無限際，不可測度，則摹擬不來了。

十七、此義不妨重言以申之。自哺乳類以上各高等動物的大腦皮質爲其軀體知覺運動一切生活的總樞紐同於吾人，卻有根本相異者：動物腦只爲其軀體服務，亦即爲其個體存活、種族繁衍服務，更無其他，而人類殊不然。在生活上人有兩種可能：1.他有時可能同於動物，即頭腦之用不越乎其身體的要求；2.但他又極可能非腦爲身用，而是相反地身爲腦用。古語譏人「心爲形役」；這裡說的身爲腦用，若從反乎心爲形役去理會之，便自曉然。此即指人腦活動之所向渺無限際，不可測度，而身隨從以活動是已。

高等動物之腦與人腦，語其功能大有分判：前者封固於其身，後者卻大敞大開超越乎身矣。動物之腦自是亦在活動，然譬猶湖泊之水洄漾有其涯際，而人腦則如長江大河向東湧流無阻焉。

個體圖存、種族繁衍兩大要求發之自身，動物生活時時在自發中，談不到有自覺。人有自覺是從自發升進而來的飛躍。這一飛躍就跳出了一切生物所旋轉不已的生活圈圈，也好似圍堤突破了一大缺口。是故**人身有限而人心曠乎其無限焉**。

以上所說要不外點明動物總是沿行其種族遺傳的本能生活之路，而人類卻大大削弱了本能，走上理智生活之路。所謂理智生活者，即著重乎自覺內蘊的意識作用，亦即心思作用，從後天得來知識習慣代替動物式本能而生活。動物式本能代代相傳，盤旋不進，而知識習慣卻時時在發展前進中，此即取喻爲長江大河不同乎湖泊之水的由來。

行文至此，人心之不同乎其腦，心之不同乎身，昭昭矣。心非有形體之一物，心與生命同義，曾莫知其所限際；而腦也，身也，則形體有限，爲生命或心所資藉以顯其用者。腦原從身發達出來，爲其一重點部分。是身大於腦，而心廣於身；乃世人徒見夫心腦關係密切，便以爲心即是腦，腦即是心者，豈不謬哉！

十八、從事於高等動物和人類高級神經活動研究的巴甫洛夫學派，只從外面觀測和論證，是生理學，非心理學，像「自覺」、「心靜」這些話是他們所不談的；然其所云主動性內抑制者則正指此。前於第五章曾引用過如下的話：

> 大腦皮質愈來愈發達，抑制的作用顯然亦愈來愈增加，而本能（自發）作用則愈來愈減弱。因此，在行為中有計劃的活動愈來愈多地代替了本能反應。
>
> 簡單的觀察已使我們得以確認：抑制過程的減弱是老年人精神狀態的重要特徵。巴甫洛夫曾指出老年人主動性內抑制的衰損及各種神經過程靈活性的減低。（以上並見蘇聯高等醫學院校教學用書《精神病學》）

茲更引錄其學派可資參考互證的一些話於此：

> 巴甫洛夫說過：「兒童與成人的不同點，就在於缺少一種周密的經常伴隨著我們的行動、伴隨著每種運動、語言以及思想的抑製作用」。（《巴甫洛夫選集》，一九四九年版，第四六二頁）抑製作用是由第二信號系統實現的，它是該系統對皮質下活動及第一信號系統的控制者。因而第二信號系統除了是抽象思維的生理基礎外，同時還實現著人類長期經驗所造成的複雜細緻的抑製作用。（見《關於巴甫洛夫及巴甫洛夫學說》，中國人民大學教研室一九五二年出版，第九六頁）

應知此後天鍛煉養成的抑製作用固以大腦皮質的發達升進爲其根本。

巴甫洛夫學派是承認在人面前的客觀世界之外，人是有其主觀世界的，即承認心理學自有其領域。[7]人的主觀世界何自而來？正爲人有自覺故耳。人非止看到面前的景色，同時還自己覺知看到了什麼景色；人非止聽到外來的聲音，同時還自己覺知聽到了什麼聲音。在看到聽到的同時，自己動了什麼感情（例如愉快或恐懼），亦復胸中了了不忘。所以主觀世界之被承認，正就是承認自覺了。

自覺與心靜在生理學家巴甫洛夫從其謹嚴的科學態度一向不談，卻並不否認之。他所講的人類所特有而爲動物所沒有的第二信號系統實伏有心靜與自覺在內；離開自覺與心靜便沒有此第二信號系統的出現與存在。

十九、人類所特有的第二信號系統，即指人類的語言文字同具體事物一樣有效，或且起著更加有效的刺激反射作用者，究從何而來呢？作爲生理科學家巴甫洛夫只講有此信號的信號事實存在，不說明其所從來，在吾書第六章和第九章卻曾有所闡說。第九章以「人資於其社會生活而得發展成人如今日者」爲題正講到語言與意識的發展——涵括著生理方面大腦機構機能的發展在內——互爲推進而分不開。語言交通於彼此間，自覺意識萌茁活動於各自頭腦中，經過幾十萬年近百萬年乃有如今天的人類出現。語言之後更有文字以行於久（時）遠（空），皆所以代表經驗的事物的觀念、概念，即知識。知識成就於意識對外活動，而實以內蘊之自覺爲其根本。此則見於第六章各節，如：

求（好）真而惡僞（誤），存於人心活動之隨時自覺中，是為吾人知識學問得以確立之本。（見第六章第六節）不有經驗，何有知識？不有記憶，何有經驗？不有自覺，何有記憶？

凡是吾人之所謂知者，主要在知事物與吾人之關係意義如何，事物與事物彼此間的關係意義如何；而一切關係意義都是有待前後左右貫通（聯想）以識取的，是抽象的（共相），而非止集中當下之具體一點上。其主要記憶正伏於此貫通識取之前而為其必要條件者，則非動物之所有也。（中略）動物於語聲字形非不能有所辨識，但不

能理解其涵義。（中略）理解力為人類所獨擅。（見第六章第八節）

切請注意：記憶、經驗、知識之內都貫串著理解力；理解力即意識所有的概括能力，而要源本於自覺。

二十、自發躍進於自覺，理智大啓，本能削弱，說是得之於機體構造上身心分工，身漸以服從於心，心乃輝耀突出，自是可以如是說的。然而如前所述「發頭、發腦、發皮質」（見第五章）者，豈不以生命之爭取自由靈活不斷地奮進而得有此三發乎？生命奮進則本於宇宙內在矛盾之爭持而來，正又不妨說：因生命爭取自由靈活之愈進也，心愈以開，身乃愈以降耳。更歸實來說，心身升降互爲因果，如秤（天平）兩頭，低昂時等，原不容作先後分別也。⑧

---

①見《反杜林論》，人民出版社，一九五六年版，第八十三、八十四頁。

②引自《反杜林論》（人民文學出版社，一九五六年版）。又頃見科學出版社譯出A. N. 奧林巴著《地球上生命的起源》一書，有足資參考之處，摘取於此：生活物體（生物的有機體）的不同處就在它的新陳代謝的一定方向性和它內部組織的高度合乎目的性。在原生質中發生的千百萬化學反應，組成了完整的新陳代謝。這些化學反應不僅在時間上彼此嚴格協調，亦不僅和諧地結合成統一的不斷的自我更新序列，而且整個這序列都朝向一個目的——就是整個活的體系

以整體的與周圍環境條件有規律協調的不斷的自我保存和自我再生。生物內部結構的「合乎目的性」非只是高等生物所具有，它貫串著整個生物界自上而下，直到生命的最原始形式。

③亦見《反杜林論》（人民文學出版社，一九五六年版，第八十三—八十四頁）。

④柏格森於宇宙生命無疑地有所窺見，或謂其得力佛學，卻未必然。佛家主於現量，而柏氏所稱直覺，在佛家寧為非量，不是現量。柏氏即生命流行以為宇宙本體，此無常有漏的生滅法，不是佛家所說的無為法。柏氏所見蓋於印度某些外道為近耳。此處引用的英譯文句，張東蓀有其中譯文，附後：「有機體之形體非其所用材料之綜合，乃其所避之障礙之綜合；實為消極而非積極。」

⑤見「胰島素人工合成的科學意義」一文，見北京科學出版社出版的《自然辯證法研究通訊》，一九六六年第一期。此引用其原來文句。

⑥有關控制論、信息論的介紹和討論可參看北京科學出版社的《自然辯證法研究通訊》一九六三年第一、第二期及一九六四年第二期各有關論文。

⑦如美國華遜一派行為主義心理學（特如中國的郭任遠）拒絕內省法，只承認客觀一方面，拒絕任何從主觀的說話，那就抹殺了心理學。巴甫洛夫不如此。巴甫洛夫還極譏笑動物心理學家的治學方法，亦是很對的。動物無自覺，何從有什麼動物心理學？雖然亦可推想動物在發怒、在驚慌，如是等等。但以此為學殊遠於科學是沒有前途的。以上可參看北京科學出版社翻譯出版的《巴甫洛夫選集》中「研究動物高級神經活動的生理學與心理學」一文及其他有關論文。

⑧有些關乎大腦神經的科學知識，值得留意參究的，特附記於此：動物因饑致死，其體量必減，其細胞亦必有變形。然其腦髓初無損害之跡象可尋。是可知在生命上整個動物機體必以神經系統為主，其他官骸概為從屬，雖至最後之時其他官骸猶必供養神經系統焉。

人進飲食所以蓄積能量於機體以供給其活動之所消耗。於是便有新陳代謝的變化。從衡量其所吸收氧的數量和產碳酸氣的數量，基本上可以測知其代謝變化之劇大或輕微。最奇怪的是頭腦理智活動大異乎體力勞動似若無所消耗者。如其有之，它所消耗的能量亦極微，微到非現代技術所能探察得出。然而腦中思考一念之轉，卻竟可發出宇宙最強大的力量使世界改觀。一切人事或自然界驚天動地的大改變，莫非頭腦思維之力也。

第十三章
東西學術分途

此章仍衍續前文闡明自覺，但以引入東西學術問題，遂爾題目別標。

自覺能動性是人類生命的特徵，其所區別於物類者在此。然而人們卻非能時時皆在發揮表見此特徵者。前曾說，人心要緣人身乃可得見，是必然的；但從人身上得有人心充分表見出來，卻只是可能而非必然。事實上，恰是從人身表見出來的，往往難乎其言人心（均見第五章前文）。此即謂人的意識活動時，內蘊之自覺往往貧乏昏昧，審其所以昏昧則爲受蔽於身（本能兼習慣）也。前章第九曾說從此身自發性而來的活動與其他動物殆無大異者亦即指此。蓋順延乎人身惰性的活動，不是虛度光陰，便是造作罪惡，而一切創新之事靡不得力在內心自覺之明。

上文爲了使人便於認出生命新新不已之義，暫避開其順延乎惰性者，而先就其富有自覺性者說給人。實則人心自覺之隱昧或顯明往往是說不定的，即可能忽明忽昧。而且自覺之強弱深淺既程度不等，又非劃然可以區分的，所以就更難言了。至於人的個性不同，難以一概而論，又不待言。

然而在種種難說之下，仍有兩點可說者：

一、就人類個體生命說，從初降生下來到長大成人，其內心自覺開發程度是隨身體發育和社會交往逐漸升進的，不妨說：身先心後，心隨身來。①

二、就人類社會生命說，社會發展史上同樣地見出在漫長自發性發展之後乃始轉入社會有其自覺；基於社會自覺性而有意識規劃地創造其共產主義社會的歷史前途。質言之，此亦有類乎身先而心後。

猶之乎生物進化史上所見的那樣，隨生物機體構造之發展有進，而生命活動力逐以升高，末後乃從物類自發性躍進於人類自覺性，自覺在人的個體生命和社會生命亦都（如上所說）是到後來呈現展開的。

這亦即是說：不論在生物進化途程上，或在人的個體一生中，或在社會發展進程中，此人心自覺性之出現活動皆見其爲一種開始成熟之象。

人類一切長處均從人心內蘊之自覺而來，從乎自覺就有一切，沒有自覺（自覺貧乏無力）就沒有一切（沒有一切創造）。人類從自覺以發揮去，其前途光明，無窮偉大。此其發揮蓋有兩大方向之不同：一則向外，又一則向內。

言向外者，謂從生命單位——人身——以向外也。從內蘊自覺的人心向外發揮運用，便是意識作用於物——生命向外所對者莫非物也——其活動總是有對性的活動。有對性者謂其總在物我對待中，輾轉不出乎利用與反抗——即利用中有反抗在，即反抗中有利用在——是已。由此而發揮去，累積經驗，蔚成知識，掌握了知識遂漸次以宰制乎一切事物，原爲自然界之一物的人類到後來竟若爲大自然界的主宰，此其前途大勢於今不既瞻之在望乎？全世界人類文明的發生、發展言其概略從古以來就是這般一條道路。但路向明確，前進猛利，成績顯赫，爲其最佳代表者端在近代以來的西洋學術界。以其向外用力也，從而其成功亦即特著於自然科學和人對物——自然界——的控制利用上。

言其概略，固如上說，按其實際，則有不盡然。人心不每每有自反之時乎？自反即向內矣。向內以求自覺之明強，此其隨時有助人類文明之發展者蓋非小小；今且暫置不談。茲特指出其從此向內一路大力發揮去，蔚然以成的種種學術，古東方人實開其先。略舉如次：

一、當人心轉而向內以發揮其自覺性也，或以身內氣血運行（這裡屬植物性神經系統本來自覺隱昧的）爲自覺對象，求其深造於運用自如者，此即中國道家功夫，而印度某些宗教所傳功夫亦同此一類。雖其始未超有對，卻亦有可能逐漸轉化深入乎無對。

二、無對者，謂超離乎利用與反抗而歸於渾全之宇宙一體也。前不云乎「當人類生命從動物式本能解放出來，便豁然開朗通向宇宙大生命的渾全無對去」（見第六章第七節），正以人類生命自始便打開了通向宇宙生命的大門；不過一般說來，人生總在背向大門時爲多耳。其嘿識乎自覺而兢兢業業正面向著大門而生活，由有對通向無對，直從當下自覺以開拓去者，則中國儒家孔門之學也。

三、儒家始終站在人生立場上，而印度佛家則否定人生，超越乎人生立場，皈依乎無對，轉從無對來引導（有對中的）一切眾生。

凡此請參看拙著《東方學術概觀》，此不及詳。

這裡爲闡說自覺而涉及東方學術問題，不宜漫談學術，卻須切就學術與人類生命和生活的關係來講幾點，而後此所云東方學術與人的自覺性乃同時得其說明。

一、學術是社會的產物，因爲人類意識原就是人類社會的產物，而一切學術固產生於內蘊自覺之意識作用也。

二、學術是人類生活中所倚以解決問題的。說問題，亦即困難或障礙之謂。有眞問題，有假問題。眞問題是人生生活上遇到的困難，障礙；其由意識不明利而誤會生出問題，便是假問題。只有能解決眞問題的學術，乃爲具有學術價值的眞學術；破除假問題的學說附在其中。

三、解決了困難障礙，即取得了自由。不斷地爭取自由，正是人類所以代表宇宙生命本性者。學術進步，不外是此奮進不已的生命本性通過人類社會交往而發揮表見出的前進。

四、學術莫不應於問題需切而來，有什麼問題，產生什麼學術。當社會發展前進到了不同階段，那時人生問題從而有所不同，便自有其不同學術出現。

五、如我夙昔所說，人生蓋有性質不相同的三大問題：1.人對物的問題；2.人對人的問題；3.人對自身生命的問題。問題淺深次第昭然可睹。隨著社會發展史的階段升進而人生問題順序引入轉深，實有其自然之勢的；不過個人的思想活動則非必依此順序。②

六、如上所舉道家、儒家、佛家卻非止是個人的思想活動，有如古西洋各家哲學的那樣。此三家者各爲一種生活實踐功夫（不徒在口耳之間相傳說），即都是眞學術在解決各不相同的人生眞問題。如我夙昔所說：儒家之學適應於人生第二問題；佛家之學適應於人生第三問題；道家之學則應乎人生第一問題臨末轉變之時所需切者。

疑問出來了！既然學術是社會的產物，社會尚未發展到較高階段，引入較深的人生問題，何以竟然有三家之學出現？我無可回答。我只認識得如上陳說的事實存在，而於各舊著中一向稱之爲文化早熟而已。

早熟便有其特殊徵驗種種可見：第一，早熟學術便自難以推廣普及於其社會一般人，而只流行於一部分人或一階層間。第二，這一學術亦自更難延續長久和發展前進。③第三，整個社會勢必大受其影響，社會生產力淹滯不前，在社會發展史上入於變態。——請看後來中國和印度不是就落到這樣結果嗎？第四，既然早熟便與其時知識文化那些幼稚、迷信、鄙陋成分相混雜，後世難以囫圇承受。

人類初不以東西而有什麼分殊，學術又何分乎東西？東方學術這名詞原是不能成立的。不過在世界文明史上一古一今一東一西恰有彼此對照的事態出現，乃姑爲此稱號方便於論說耳。譬如中國傳統醫藥學術與後來從西方輸入之醫學各自成其體系，久矣通俗存在著中醫西醫之稱；然今後學術發展終將得其會通，合併歸一是可以預料的。此三家之學在較遠乃至頗遠頗遠之未來文化中，固亦將次第通行於世界上，最後失去東方某家某家之稱也。世有通人，必不詫異於吾言。

如我今資藉於達爾文、馬克思以來的學術，對人心與人生得有所窺見，有所說明者，蓋亦由東方古學有以啓發之。不有古東方人轉其向外之心而向內以發揮其自覺性也，不有其所創造的三家之學傳衍於後也，我又何從而會悟到此乎？我從少年便於人生不勝其懷疑煩悶，幸有機會粗聞古今東西之學，既解決了我自己的人生問題，輒筆其所理會者出以問世，竊不自量將爲溝通東西一開其端。距今五十多年前的《東西文化及其哲學》一書，即蓄此志，顧粗疏錯謬遠不足稱其志，今行年八十，勤勤爲此，其可稍補前愆乎？

我這裡所說人心內蘊之自覺，其在中國古人即所謂「良知」又或云「獨知」者是已。良知一詞先見於《孟子》書中，孟子嘗以「不學而能，不慮而知」指示給人。後來明儒王陽明（守仁）大力闡揚「致良知」之說，世所習聞。獨知一詞則涵於《大學》、《中庸》

兩書所諄諄切切的愼獨學說中。其曰獨知者，內心默然炯然，不與物對，他人不及知而自家瞞昧不得也。陽明詠良知詩云「無聲無臭獨知時，此是乾坤萬有基」。乾坤萬有基者，意謂宇宙本體。宇宙本體渾一無對。人身是有對性的，妙在其剔透玲瓏的頭腦通向乎無對，而寂默無爲的自覺便像是其透出的光線。一即一切，一切即一，宇宙本體即此便是。人心之用尋常可見，而體不可見；其體蓋即宇宙本體耳。人身雖有限，人心實無限際。昔人有悟及此者多矣。邵康節詩云「身在天地後，心在天地先」。湛甘泉有云「心也者包乎天地之外，而貫乎天地萬物之中者也」，豈不是一語道出了宇宙大生命！「身在心中」明儒多有言之者，不必一一舉數。[4]

愼獨之「獨」，正指向宇宙生命之無對；愼獨之「愼」，正謂宇宙生命不容有懈。儒家之學只是一個愼獨。孟子不云乎，「學問之道無他，求其放心而已矣」！宋儒大程子說，「聖賢千言萬語，只是教人將已放之心約之使反覆入身來，自能尋向上去，下學而上達」，既是證成孟子之言，且更申明此學無窮盡。心從乎身，便向外去而恆有其對待之物；反覆入身來便歸到生命上而體現了一體之仁——「仁者與物無對」（古語）。應知凡所說向內，意謂其從向外者轉回來而已，非更有其所向也。一有所向，便又是外去了。果然約之使反覆入身（生命）來，下學自能慢慢上達，而深入乎不測（無窮盡）。

下學而上達者何謂耶？宇宙生命在生物進化之末創造了此身，即寄托此身以發揮其生命本性，尚不能如前所云「心爲主宰之義」，恆時主宰乎此身也；是大有待於繼續爭取。在過去漫長的生物史，生命一向局限於形氣（機體、本能）之中，如今雖爭取得所透露，一息有懈即又爲形氣掩覆，鮮能自主。下學云者，其殆謂此身在自然界和社會息息生活中，常不失於自覺，能勉於無支離、無違異耶？果如是也，日就月將，形氣之爲礙浸浸消融，而於宇宙生命本原之通透則升進不已焉，其是之謂上達耶？

正以其爲學之上達生命本原，若無隔閡於宇宙之廣大悠久也，古先儒書乃每每言「天」，或「天地」；亦時有「天命」，「天道」等言詞。例如：

天何言哉！四時行焉，百物生焉，天何言哉！（見《論語》）

致中和，天地位焉，萬物育焉！（見《中庸》）

《孟子》書中講盡心，便有「知天」「事天」之說，《中庸》在說「天命之謂性」之後，便有盡性「可以贊天地之化育」，「可以與天地參」之說。[5]學問功夫顯然很深，未造其境，不必妄談；但其所指目者豈不彷彿亦可窺想矣乎？

上達只在下學之中，離開下學沒有上達。孔子當時恆在下學處指教人，從不說向高深幽渺而待其人自己慢慢悟入。對門人至多點出一句「吾道一以貫之」而止，而且苟非其人，非其時，就全然不說。門人遂有「子罕言利與命與仁」和「夫子之言性與天道不可得聞」的記載。但孔子本人生活殆造於「天人合一」之境，息息默默通於天命流行之體（自云「五十而知天命」），遇有橫逆之來或疾病在身，恆有其自知自信者在，如曰「天之未喪斯文也，匡人其如予何！」如答子路請禱，則曰「丘之禱也久矣！」蓋終日乾乾惕厲，不隔於天地，何時其非禱耶？後此中土只見周孔教化流行而一般宗教更莫得而盛者，或有其淵源遠在周孔之前，而孔子以來的儒家之學如此，要爲其影響最大的關鍵焉。

東西學術分途的話暫止於此。卻須聲明一句：向外致力、向內致力只是東西古今學術界大端風氣有分殊，而人畢竟是活的，更莫得限定之。嘗見柏格森書中有如下的話：It does not exactly lies within man rather, man lies within it, as in an atmosphere of intellectuality which his consciousness breathes. 此處引用之一句英文不妨譯之如次：與其謂心靈蘊於人身，毋寧說心靈直如瀰漫之大氣層而人身處於其中，人的意識活動喻猶氣息之呼吸也。此非即身在心中之說乎？柏氏哲學原本生物學而來，宜其有見及此。然康德思路固大不相同，而柏氏乃引述其言，蓋西洋聰明特達之士或古或今，其窺見宇宙奧秘者亦不少也；第難免虛見不實，淺測不深耳。

說身在心中，亦即說心先於身了。說至此，亟須綜合前後說話申明其間涵義分別：

一、前曾屢說「身先而心後」的話，那是就人的自覺意識以言心，心是逐漸發展成熟出現的。

二、這裡卻又說心在身之先者，蓋爲人心恰是宇宙生命本原的最大透露，就其本原處以言心也。

三、若就有生物機體（身）便有生命現象（心），生物機體進化，生命活力同時增進而說之，卻正是兩面無先無後，如秤（天平）兩頭，低昂時等。

---

①關於身心先後問題，如其讀者感覺我有些自相抵牾，看後文自明。

②人生有三問題，而應付問題之態度亦有三：此說發之於《東西文化及其哲學》一書，其後《中國民族自救運動之最後覺悟》、《中國文化要義》、《東方學術概觀》各書繼續闡明，宜取而參看。大抵以後作為周妥，有勝於其前者。

③東方三家之學出現在古中國、古印度實為世界人類未來文化之早熟品。一般說來，學術文化總是愈來愈發展，愈進於高深，亦愈普及的。而在早熟者則相反，往往愈傳久愈失其真，乃至失傳於後。蓋因其不合時宜，勢有難以延續發展前進者也。此在佛家最明顯，佛經中且曾明白言之，即所謂「正法時，像法時，末法時」之說是。據云：正法時五百年，謂佛雖去世，猶有如法修行證得正果者；象法時一千年，像者像似衰替，隨而無證正果者，但有像似之佛法行於世而已；末法時一萬年，末者微末，僅有其教而無修行無證果者。今印度本土佛教幾絕，其傳佈世界各方者率多假借名號偽謬不可究詰，是其驗矣。中國儒家孔顏一脈失傳中斷，乃有漢唐經學為其像似延續，事同一例。此不詳說。

④邵為宋儒，湛為明儒，其所言特簡而能明，故舉出之。《宋元學案》、《明儒學案》兩部書匯取了宋明儒者各家之言，請參看便得。

⑤《孟子．盡心》章原文云：「盡其心者，知其性也；知其性則知天矣。存其心，養其性，所以事天也。」《中庸》原文云：「惟天下至誠，為能盡其性，能盡其性，則能盡人之性，能盡人之性，則能盡物之性；能盡物之性則可以贊天地之化育；可以贊天地之化育，則可以與天地參矣。」

第十四章

人的性情、氣質、習慣，社會的禮俗、制度（上）

爲了講明人心與人生，有必要分從性情、氣質、習慣、禮俗、制度，這幾方面來談一談。人類生命既由其個體和群體之兩面所合成，在個體便有前二者，而離開後二者群體生活亦便無可能。習慣則居於個體群體之間爲其中介。對於這五者加以分析，有所明瞭，則人生也，人心也，便都不難瞭然於胸。

茲先說性情。說情，我指人的情感意志，而情感意志（包括行動在內）所恆有的傾向或趨勢，我便謂之性。前在第二章曾就人性與階級性問題有所討論，又第九章「人資於其社會生活而得發展成人如今日者」，均請回顧參看。一言以括之：人類像今天這樣，非是其生來如此，一成不變的。當其沒有從類人猿分出來另成一系，那太遠且不說；即從其另成人類一系的近百萬年而言之，人的體質、心智皆時時在發展變化；體質，心智變化，其性情同時在變化。非惟隨時代而不同，亦且因地方而有異。一般說人性者，每曰「天性」，一若「天生來如此」的，實屬所見不廣；不可便以爲與生俱來者即屬先天，出生之後所習染者乃爲後天也。此即是說：所謂後天不限於出生之後，人的性情（這是與其體質、心智不相離的）一切罔非得之於後天。

說人的一切罔非得自後天，其中卻亦大有分別：

第一，是其得之由物到人的演進中者。此指人的身心雖遠在太古蒙昧野蠻之時，直到好像文明頗高的今天，如此不同時代卻彼此從同的，亦指地球上東西南北任何地方出生而生活的人類之所從同的。正爲有此一致從同之處乃同說爲人類焉。其共同點何在？那就是人的自覺能動性。從人身開出來自覺能動性，而表現爲人心，開始能爲生產和生活製造粗陋工具，推計其時約當百萬年前後。此性格可稱之曰：人類基本性格。

第二，是其得之於各不同時代或各不同地方以及不同時又兼不同地的人群生活之所感染陶鑄的那種性格。此即指說今天地球上各種各族的人生來其體質、心智和性情（種族遺傳）便多少有所不同的那方面，對前者而言，可稱之爲人類第二性格。

第三，是在第一和第二的基礎上而有的後天感染陶鑄，較爲膚淺較易改變的那一些。在前第二性格上亦有改變之可能；至若第一基本性格雖時有隱顯，但不可能改變。此即是說只能發展向前，更無後退到動物的可能了。①

人的一切罔非得自後天，雖與生俱來，不學而能者，且不可目以爲先天，然則竟無所謂先天耶？是亦不然。先天即宇宙生命本原或宇宙本體。

說到此處，不妨分開宇宙生命變化流行之體與其清靜無爲不生不滅之體的兩面；兩面非一非異，二而一，一而二。但儒家之學主於前者，佛家之學則以後者爲至。② 我們從兩家遺教領會得此意，只是虛見，非實證，多說多誤，自不宜多說。然而後文在論道德和宗教時，還將涉及，請參看。

中國學者遠自孟荀以來，好爲性善性惡之論辯，其爲說多不勝數，而可取者蓋少。此一問題不有近頃科學知識暨思想方法爲資助，只出以忖度臆想，未有不陷於迷離惝恍莫可爲準者。吾書進行至此，大意可見，不須要更多的說話，只表出結論如下：

人性之云，意謂人情趨向。趨向如何非必然如何，而是較多或較大地可能如何。事實上，人之有惡也，莫非起於自爲局限，有所隔閡不通。通者言其情同一體，局者謂其情分內外。肯定了**惡起於局**，**善本乎通**，而人類所代表的宇宙生命本性恰是一直向著靈通而發展前進，昭昭其可睹，則人性善之說復何疑乎？（參看後文論道德一章）

在第二章前文又曾說人之性清明。此正謂人從動物式本能解放出來，性向非同其他動物恆落一偏，而有如素絲白紙易於染色，卻又不是那樣消極被動，而是其生命富有活變性和極大可塑性以積極適應其生活環境。一個人生下來非從社會生活中經過學習陶鑄便不得成人而生活，且於生活既得其適應後遇到環境必要時，重又能改造變化者，全賴此焉。

人之性善，人之性清明，其前提皆在人心的自覺能動，請讀者加意理會！

關於情感意志的話，前此各章說過很多。例如論喜怒哀樂之情，在高等動物雖亦有可見，但既淺弱無力量，更且本質上有不同於人者，下列各章節均曾論及：

第六章第四節（說到本能活動無不伴有其相應的感情衝動以俱來，而理智恆必在感情衝動屏除之下乃得盡其用）。

第六章第七節（說到無私的感情是人和動物兩下本質不同所在）。

第七章第二節（說到理性、理智的分別以闡明無私的感情）。

第十章第㈩條（說到情感意志與身的密切關係）。

這裡爲避免重複，敢請讀者回顧各節前文是幸！

簡括地說句話：喜怒哀樂之情不外是生命本原從生物機體闢創得幾許活動自由所流露的徵兆。在生物進化途程中，高等動物原同人類一路向著理智生活前進，未嘗不爭取得一點靈活自由，遂有其一點情感可見。人的機體構造（身、腦）既愈進於精巧、細密、繁複，可喻如空隙（自由活動的餘地）愈以開闢，生命乃愈得所發露。前曾說機體之在人信爲其所托庇以生活者，卻譬猶重門洞開，窗牖盡闢之屋宇，空氣大爲流通（見第七章第二節），情感之波動激揚其猶空穴之來風歟。

東方三家之學既皆主於反躬自省，其於吾人生命之奧秘遂各有見到處，非世俗所及知。然如我夙昔所說，它們要在使生命成爲智慧的生命而非智慧爲役於生命[3]，初不以知識爲尚，故語焉不詳。其剖析以詳言之者獨佛家唯識宗耳。在唯識書中，情感意志方面的種種概屬於「心所有法」，簡稱「心所」。心所共列出五十一數，分別附於眼等八識（眼、耳、鼻、舌、身、意爲前六轉識，而以內在相互依存之第七末那識和第八阿賴耶識爲根本），或彼或此，俱時而現行。其於人的情致意態探幽索隱，殆備舉無遺，足資今後治心理學者之參考，這裡不說。④

從情感就可談到衝動（impulse）。假若以情感從屬於心，那衝動便從屬於身。假若以知與行來分別，情感尚在從知到行的較前階段，衝動既入於其較後階段。衝動實爲吾人行動所不可少的支持力；行動起來，勇於赴前，有時奮不顧身，不計得喪者在此焉。⑤

人的意志來自其意識之明白果決；明白果決則存在內蘊之自覺上。一般說來，衝動概有很大盲目性，是違失自覺的。但二者亦非定不相容。意志清明泰定之行事仍然依身體以行，就仍然有一種衝動在；不過此甚希有，非其生質之美又加修養功深者不能耳。

說了衝動便要說到氣質。衝動就是人的性情中屬於氣質的那部分。或問：既然氣質屬在性情之中，爲何在性情一詞外，另提氣質一詞呢？性情表露在一時一時，氣質卻較牢固少變，而是使得其性情前後表露多相類似者。⑥

人是生物界中爭取得最大活動自由者，所謂自由活動就是其活動非所預定者。然而非預定的活動卻必建起於一些預先安排好的成分條件之上，即先有些預定者——例如身體的存活——爲其基礎。再就身體存活而說，一時一時存活之事——例如一時一時的飲食睡眠——仍富有臨時伸縮活變性，而身體內經常的生理運行、新陳代謝，卻又爲其預定不易的前提了。又如身體所以可自由任意活動者，正爲構成身體的骨架、筋絡、組織細胞卻相當固定有其不易之常規在。又如人們雖可自由地寫文章，但其所依憑的詞彙、文字、文法卻是預先固定通行的。凡此均可見非預定的自由活動恆必資借一些預定成分條件之上。

就心理學來講，有必要提出氣質一詞，指明一個人性情的表露一時一時或彼或此，雖非所預定者，但總是從其生來稟賦即此所云氣質者顯發出來。如像俗常說的某人「脾氣不好」，那便是氣質問題了。

茲就氣質一事再作如下的分層說明：

一、人類雖從動物式本能解放出來，但人仍自有其本能，只不像動物本能那樣機械性頑強、牢固、緊迫、直率耳。因爲種種本能原是應於個體圖存、種族繁衍兩大問題，而預行安排的方法手段，植根於機體構造，與生俱來；人爲動物之一，又何能有例外？不過人類生活方法既從動物依靠遺傳本能者轉而依靠後天的創造與學習；爲給後天學習陶鑄留地步，其預作安排者乃至爲零弱而有限。這些與生俱來零弱有限的本能卻仍具有相當機械性、慣性，在心理活動上起著作用，勢力非小。正是爲此之故，西方便有不少心理學家好談本能，重視本能（好談衝動者如羅素亦在內），而我茲云氣質者，其基本成分亦即在此。例如有人好發怒鬥爭，有人則否；又如男女情慾或強或不強，人各不等，其彼此不同者即彼此氣質之不同也。而論其事，均屬本能衝動之事。

二、一個人的氣質與其體質密切相關，如形影之相隨不離。說體質是指具體的事物，例如見於外的體形、面貌和體內種種器官組織、血液、內分泌等等可以檢驗者均屬之。而氣質之云，則為心理學上一抽象名詞，止於有其意義可以領會而已。從一個人的言動之間可以察知其氣質之如何；甚且不待言動表現而檢察其體質有時亦可判知其氣質。氣質且時時受體質的影響而變，如有病變在身，立即影響於氣質者是。古書有云「少之時血氣未定，戒之在色；及其壯也，血氣方剛，戒之在斗；及其老也，血氣既衰，戒之在得」。那正是指出了體質有改變而氣質從之的一好例。

三、人們的體質各不相同，從而其氣質亦就不同，從而性情表現多有不同，尋常說每一個人總有其個性者，即基於此而來。此在醫家易得有所認識。蓋業醫者以人為研究對象，不同乎工業上所對付的不過是些無機物、有機物，不同乎農業上所對付的不過是水土和植物，所有這些（無機物以至植物）都不難求得其一般規律去對付之，沒有差錯。而對傷病人從其體質到精神卻要具體分析才行，不能只從一般格套來應付一切。《人之奧妙》一書（作者本是醫生）第七章專以「個人」為標題，亟論莫把共相中的「人」和現實具體的個人混同起來，前者是從科學歸納所得的抽象認識，不免把人都一般化了，臨到具體個人身上未必盡合。蓋具體的個人時見其有個性突出也。試言其淺近者，譬如人的細胞組織、血液成分便皆有個性所見，在醫療手術上彼此互相隨便通融借用不得。⑦此種科學知識值得談心理者之參考。在氣質上誠然不是人人個性都很強，只是每個人總不免有些個性，不容忽視。所謂個性即氣質不同之謂；不同者即各有其所偏。人人不免各有所偏，但其偏度大小強弱不等。

四、偉大的天才人物與一般庸俗的人的比較，大約是一面其氣質偏度顯得強大，而另一面其氣質又清明過人，兩面好像趨於相反之兩極。前云人性清明是對動物而說的，動物太受蔽於其身體本能，其透露出的宇宙生命本原殊有限。偉大天才之所以清明過人，正因他比較通常人更障蔽少而透露大也。但他氣質仍然有其所偏者在，其偏度隨著其高度的透露遂顯得強大。一般人受蔽的程度相差不多，其偏嚮往往一般化，亦就不強了。

五、人心是靈活的，自然無偏頗；氣質卻相當凝固而有偏。東方三家之學不相同也，卻均在主動地對氣質下矯正功夫，提高其生命的自覺性，以進於生活上的自主、自如。宋儒不云乎，「學至氣質變化方是有功」。避免氣質用事，要爲三家相通處。⑧

附帶說一句：氣質在人各不相同，事實昭然可見；但究問其不同之所從來，則甚難知。氣質隨從於體質，體質首先得之父母乃至祖上遺傳，固可爲一種解釋，卻未能盡歸之於此，往往同胞親兄弟而其秉賦乃絕異也。佛家說有前生、今生、來生之三世，凡人表見於今生者，輒有衍自其前生者在，理或然歟？若謂人死歸土，便完了，是爲斷見。人生相似相續，非斷非常，自是眞理。⑨

我這裡所用習慣一詞，極爲渾括廣泛，試爲說明如次。

首先應須知道：人類只有脫離自然狀態而生活的時候，亦即開始有文化時，方好稱爲人類。然開始有文化者何謂乎？何謂在生活上脫離自然狀態乎？一句話回答：生活方法（漁獵、農牧、工礦等），生活用具（衣服、刀、斧、舟、車等），生活規制（婚制、政制、學制等），種種有關生活的事物，一切莫得種族遺傳的本能而依靠之，卻必依靠後天去創造、發明、發現是已。換言之，人要從創造、發明、發現來解決其生活上一切困難問題，那便是所謂文化或文明了。而問題呢，原不外乎身體如何存活和男女兩性如何相配繁衍子孫那兩大基本問題。蓋當人類初現，其生活上的問題固與其他動物無以異也，只不過見出人在身體存活上較比動物嬌嫩脆弱，在心情慾求上又較爲複雜深微而已。正爲如此，人的問題便較動物多些，而突出重要者則是其問題乃愈來愈多。即是說：其問題愈從文化文明上得些解決，身體便愈以嬌嫩脆弱，心情愈以複雜深微，從而問題亦就層出不窮，變化多端。問題發展無止境，凡所以解決問題的那些文化文明事物便自會愈益發達豐富，日見新奇，兩面循環交相推進，此非今天人類文明世界所由出現者乎？然而其前途進展方且無盡無休也。

從今天人類之無所不能，回看其降生下的原初一無所能，則人們的生活能力幾乎全得之於後天學習和接受社會的陶鑄，豈不事實昭然。我說的習慣正是把個人的學習和社會的陶鑄統括在這裡一起來說它。

學習始於幼兒模仿成人，所以習慣之事既是個人的，又是社會的。沒有模仿因襲無以成習慣，但社會上一種習慣固創始於個人，乃風行於群眾間。雖云創始，卻無不有其所資借的基礎，即無不是在因襲中有所更改，摻入新成分者。其所因襲莫忘是先存在社會的。這樣，所謂習慣便是從社會到個人，從個人到社會循環不已的事。

任何創始——創造、發明、發現——都出自心思靈活作用，但任何習慣都必待身體實踐而後得以落實鞏固。習慣之爲物，追源溯始，實成於心身循環往復之間。然則習慣者非他，我蓋指人生一切問題所由解決的那些創造、發明、發見之得以在個人和社會上的落實鞏固。其中如生活用具如何操持或首先要在個人身手間落實鞏固；至若生活規制如何循守的落實鞏固，又特重在社會眾人彼此間了。凡此之類不難推想理會，不多舉說。

當習慣未成時，即不夠落實鞏固時，每要隨時用心揣量而行，效率甚低；及至熟練後，不須勞神照顧，便自敏捷而顯著成績。此不必一一舉出事例，讀者自能領會得之。

古語云「習與性成」，習慣在人的生活行止上的勢力極其強大，不亞於氣質。前說氣質不離體質，同樣地，習慣亦是附麗在身體上的。二者的分別：氣質是生來的，習慣則是在降生後慢慢養成。雖二者均非不可能改變（或不自覺地在改變，或自己主動地改造），但其**強大的慣性恆掩蔽著人的自覺性**，人輒一時間失去自主，往往貽事後之悔恨。可以說所有身心之間的矛盾衝突，罔非來自氣質和習慣的問題。正爲它是生命進取自由上所不可少的前提條件，所以當你不能很好地運用它，你便轉而爲它所左右支配了。

如前所說，氣質總是有所偏的，人的習慣同樣地恆有所偏。習慣在生活上很有用，正爲其很有用，才養成習慣；但其偏處亦就會隨之愈來愈偏。平常或不大感覺什麼問題，遇到局勢改變（事情總在發展，改變豈可免），其偏弊遂爾著露，且容後文論及之。

---

①階級性應屬此第三層內，但又非很容易改變的，原因有二，當社會階級現實存在時，息息生活於其中，此其難改者一。要改轉到無產階級這面來，便須公而忘私；此身為有私之本，心不離身，身是很難忘的，此其二。然而從乎基本性格自覺明強的人又有何難耶？

②佛家關於此心直通宇宙本體非有二的說話甚多，茲略附存備覽。
龍樹菩薩「心贊」云：諸佛出生處，墮地獄未滅，成佛原未增，應敬禮此心。
禪宗大德有云：即心是佛，佛即是心。又有云：有人識得心，大地無寸土。
《大乘起信論》有一心二門之說：一者心真如門，二者心生滅門；二門不相離，二門皆總攝一切法（宇宙一切事物）。
《楞嚴經》有云：爾時阿難及諸大眾蒙佛如來微妙開示，身心蕩然得無掛礙。是諸大眾各個自知心遍十方，見十方空如觀手中所持葉物。一切世間諸所有物，皆即菩提妙明元心。心精遍圓，含裹十方。反觀父母所生之身，猶彼十方虛空之中吹一微塵，若存若亡。如湛巨海流一浮漚，起滅無從。了然自知獲本妙心，常住不滅。

《楞嚴經》在此前，有七處徵心之文，嫌其太長，不錄。

《起信》、《楞嚴經》兩書向來皆疑其非真傳自印度，而是出於中國人撰著，我讀之有同感，但吾意仍可取以代表佛家。

③此語見舊著《中國民族自救運動之最後覺悟》，論「我們政治上第二個不通的路」一文。智慧一詞賅舉理性理智而言之。智慧為役於生命，蓋指西洋人創造了近代科學及其工業文明。東方古人則智慧不向外用而反歸到生命上來，化除生命的盲目性，創造提高了自家生命。

④五十一心所類別有六：遍行五，別境五，根本煩惱六，隨煩惱二十，善十一，不定四。當八識現行時，各有其相應之心所隨以俱現。若勉強從知、情、意三者來分別，八識皆屬知之事，其相應之心所則情意之屬也。對於心所又從苦、樂、善、不善等而分別之。對於八識期於轉識成智，於心所則期於其斷除。斷除非易，因有「見所斷」「修所斷」之分別。然在菩薩又有留惑潤生之義。出世之學深邃如此，誠非世俗所預聞知，這裡不須說得。

⑤英國哲學家百船·羅素著《社會改造原理》一書，值得參考。此書特指出衝動是人類行為的重要源泉，指出資本主義社會鼓勵人的佔有衝動，流弊甚多，改造到社會主義將發揚人的創造衝動，大有利於人群。

⑥自古儒家既多有關於人性的討論，臨到宋儒遂提出有「氣質」一詞，從而「理」「氣」對舉，卻又非劃然兩事，俾在問題上便於分疏，自屬學術思想之一進步。例如說「論性不論氣，不備；論氣不論性，不明」（程伊川語）。「氣質之性只是此性墮在氣質之中，故隨氣質而自為一性」（朱晦庵語）。我這裡所說的氣質亦與昔人所說約略相當，但讀者仍宜就吾前後文尋繹其所謂，固不容相混為一。

⑦《人之奧妙》一書第七章論人之有個性，極值得參考。據云一人的細胞組織具有它隸屬的個體所特具的性質，罕見有兩人完全相同，能夠互相交換他們的細胞組織。例如取自傷病人自身的皮膚移植於傷處聯結起來，便漸漸增大，繼續生長，而取自他人的皮膚，卻漸漸鬆弛縮小下來，不久便死了。

⑧三家同一主動地對氣質下矯正功夫，同以人心自覺為其入手處，還更有以提高其自覺；所不同者：道家功夫用在此身，儒家功夫用在此心，佛家直徹底解放生命，還於不生不滅，無復氣質之存。

⑨佛家唯識宗於此有異熟識、異熟因、異熟果之說，恕不暇述。

第十五章

人的性情、氣質、習慣，社會的禮俗、制度（下）

說到生活規制，那便是說到禮俗制度這一方面。我這裡說的禮俗制度亦復涵括廣泛。初民社會許許多多的禁忌，文明社會一時一時的風尚，均算在其內。當然最重要的如兩性婚配製度、土地制度和種種生活資料所有制更在其內。如此說來，在馬列主義之所謂社會經濟基礎者亦且在所涵括，其所謂社會上層建築自又不待言。

但如上層建築中的宗教、道德、政治、法律等事項，此章泛論一切禮俗制度自亦在所論及，尚有必要去作專題討論，另見於後文。

茲就一切禮俗制度的形成及其所以存在發展者，試為論列如次。

一、宇宙生命雖分寄於生物個體，卻又莫不有其群體即所謂社會者；此不獨動物為然，植物亦且有同然。見於動物的生活規制，如被某些學者稱之為社會本能者，克魯泡特金《互助論》一書羅列而言之甚多。但世所共知動物社會生活最可見者，莫如蜂蟻一類。蜂蟻社會的組織結構秩序厘然不紊，完全規定於其機體、構造和遺傳本能，而人類不然。人類除男女兩性及親子關係猶存有不少本能意味而外，社會的組織結構及一切生活秩序鹹受成於後天禮俗制度，因時因地千態萬變其不同焉。惟其如此也，我們可以說其規制來自身體本能者殊少且弱，幾乎不算數，而大抵出在心理習慣之間。

二、說禮俗制度大抵出在人們的心理習慣之間，遠非意味著一種唯心主義觀點。人類社會是在不斷發展中，其發展作始於社會生產的發展，此種唯物史觀原在所承認，卻必須指出社會生產的發展原離不開人類心理活動，而且它亦是在發展變化前進的。

歷史唯物主義者（如斯大林）在說明上層建築從屬於其社會經濟基礎時，指出雖則社會生產力發展（其中重在生產工具之進步）推動著生產關係的發展，從而有上層建築的形成和改進，卻非能直接地起決定作用，要必以生產資料所有制爲其中介；同時亦認知上層建築對於經濟基礎有其反作用。這些理論，我們均在所承認。但人類處在大自然界中，初時社會生產力低劣，自然的壓力很大，頗受制於自然，後來生產力逐漸升高乃轉而制勝自然。人類歷史正是慢慢地從被動轉入主動之過程，亦即從必然王國到自由王國的變化過程。社會發展史在今後不是即將由自發性的發展階段轉入人們的自覺時代嗎？所以不可誤以爲上層建築和經濟基礎兩面相互間的關係及彼此所起作用，竟是始終如一，永遠不變的。

三、當前事實表明，北美、西歐、日本等國社會生產力縱然高度發達，與其資本主義的生產關係非不矛盾尖銳，正演著極其嚴重的社會問題，卻由於強大的國家機器維護保守其生產資料私有制，就使得社會革命渺遠難期。由此可見在當前——在古代或不必然——社會生產力盡發達卻非定然直接地推動上層建築的變更；其變更是要待通過作爲中介的生產資料所有制的變更乃得實現的，而此所有制卻被上層建築有力地維護著。

更爲有力的表明，是蘇聯十月革命後四十年間生產力飛躍升進，迎頭趕上歐美，表現出革命的上層建築怎樣解放了和大力推進著社會生產力向前發展。

同樣更爲有力的表明，是中國革命後二十餘年來生產力的突飛猛進，其速度非又超過蘇聯革命後的速度乎？凡此後來居上的許多事實均見出不要拘泥上層建築從屬於社會經濟基礎的舊眼光，而應當曉得人類歷史愈到後來人的主觀能動力愈大之理。

再補充說一層：前說在北美、西歐、日本等國內，其社會生產力與生產關係間的矛盾非不尖銳激烈，而社會革命卻渺遠難期者，在強大的國家機器操於資產階級之手，牢牢維護著生產資料私有制，只不過道出其一面理由：理由固不止此。例如：他們廣大工人階級只有爲眼前切身利益作鬥爭的意識和行動，殊乏革命的自覺等，都是其革命渺遠難期的重大理由。但像這樣在群眾間一般流行的思想意識固與國家政權性質同屬上層建築，其所表明仍只爲一事也。

四、然須知以上所說非爲最後論定，只在顯示上層建築的反作用愈來愈強大有力而已。當前那許多國家資產階級統治所以一時未得突破，帝國主義命運所以尚未終結者，可能是從世界範圍來看，社會經濟太落後的地方仍然太多，猶在供其肆行侵略剝削之故。似乎要待社會生產力更普遍地發展起來，反帝力量更強大起來，而後無產階級世界革命的機運才到來吧！若是，則說生產力推動著生產關係變更前進，終不失爲眞理也。①

五、昔人不有「存在即合理」之說乎？資本主義弊害百端，爲世詬病久矣！然而環視世界，它迄今猶廣大存在通行著，是必有其理由。吾人研究禮俗制度的形成、存在、發展、變化問題，不妨就此入手來探討之。

任何禮俗制度之形成，必應於人生需要而來，沒有需要不會發生，盡有其需要而無其可能，仍然不會發生和存在下去。概略地說來，所云理由者，要當循此兩面——需要與可能——以求之。

六、說人生需要，首先是身體存活的（衣、食、住、行等）那些物質資料的需要。這些需要有待社會生產力來供給，所以社會發展史首先就是社會生產發展史，社會生產力的發展推動著社會一切文物制度的發展變化，其理在此。身體需要形著爲種種之慾望，而慾望在人從來不會滿足，同時人口不會不繁殖，這種來從宇宙大生命而發乎個人人身彙集以成的偉大自然勢力，就是社會發展史所稱爲「自發性發展」的根本。論一切禮俗制度所由形成，此實爲其原始動力。

不過這種深遠偉大的自然原動力，雖足以涵蓋一切，卻不足用以說明禮俗制度古往今來的一切複雜變化。

七、這種自然動力最初表見在人身，爲遠古初民群體自然有其規制之本。事實固非如近世《民約論》（一譯《社會契約說》）者所想像的，由人們有意識地相約以組成其社會國家也。信乎自有人類便有意識，但意識初不明利；意識明利尚大有待於後此歷史發展。以此之故，百多年來人類學者考察各地僻遠未開化人種，從而推見初民社會生活規制，既見其有相類似乃至相同之一面，卻又一面甚多參差不同，難可一概而論者。例如往時摩爾根在美洲之所考見，頗爲恩格斯《家族、私有制和國家的起源》一書所稱許者，後起之批評學派（Critical School）列舉各方事例大持異議焉②。

蓋切近身體的原始情趣要求，雖在異地異族彼此固不相遠，而客觀上其可能所從出之途路又是有限的，當然其規制即不免有雷同，卻不可遽認以爲社會發展規律必如是。其參差不同者，人類生活規制本非本能遺傳而出於後天創造，創造豈得一模一樣耶？

禮俗制度的創造、形成、沿革、變化，要莫非人類生命的活動表現，既見出人類的聰明，亦復時時流露愚蠢於其間。茲試爲分析言之於後。

八、人類的聰明可分從理智、理性兩方面來說。

前於第六章所講人心的計劃性，那即是理智。粗略地說，禮俗制度的創造形成，其中少不得有知識、有計慮，即屬理智一面。但理智偏乎靜，其支配著知識，運用著計慮的動力乃在人的感情、意志、要求方面。理性表見於感情、意志、要求之上，但人們的感情、意志、要求殊非恆衷於理性者。相反地，其非理性所許者乃所恆見不鮮焉。恩格斯在其《反杜林論》中曾就法國革命前的啓蒙思想盛起，指出說「宗教、自然觀、社會、國家制度，一切都要站到理性的審判台前來，受到最無情的批判」，非其顯明事例乎？（按在此處是理性、理智渾括一起不分的）。

是蓋理性之在人雖所固有，而其昭顯於人群社會間乃大有待於歷史發展。即在先進的西歐，猶且延遲至十八世紀乃始出現如史家所稱的「理性時代」也。「民約論」一派見解和說詞良非有其歷史事實之可據，然在當時豈不是極有力地闢造近世民主的禮俗制度一偉大思潮乎？

九、毫無疑問，在近世資產階級民主的禮俗制度之創造形成上，人的理智和理性起了極大作用。但從理智、理性二者卻不能說明現在此制度何以遲遲延延不見其改善或被革除代替。大力維護其存在的，顯然有在理性、理智之外者。要知道人類生命的活動表現，原不是都必根於理智、理性而來也。

追進一層言之，合乎理性的禮俗制度又何曾簡單地只從人們的理性而得建立？理智、理性見於頭腦心思間，借助語言文字而傳達相喻，信乎其能說服人，卻無強迫人從服之力。特如政治上、法律上的民主制度歷史事實上豈非幾經革命鬥爭乃得建立乎？那麼，資產階級民主的制度在今天若不爲理智、理性所許而卒不易革除代替者亦即不難明白了。

十、這裡亟須分別一下，禮俗與制度二者略有不同。孟德斯鳩《法意》上說：「蓋法律者有其立之而民守之者也；禮俗者無其立之而民成之者也。禮俗起於同風，法律本於定制。」可以說，禮俗風尚屬於社會之事，而法律制度卻是國家的。前者不似後者有一種超居社會之上的強迫制裁力量，便是其不同處。但因國家在人類歷史上爲後起之物，將來且會要消除，而不論在其前在其後人類卻一貫地生活總須有其規制，社會總須有其秩序，我們即不妨渾括地用禮俗制度來稱謂它，於必要時再分開講。

十一、不妨暫先作一小結於此：凡禮俗制度所以得成其效用者，大要是基於三種力量之上。

1.是理智之力——即謂人們各從自身利害得失的計慮上而同意接受遵從；爲行文簡便，下文簡化爲一「利」字以代表之。

2.是理性之力——即謂人們因其公平合理，雖不盡合自身利益，卻允洽輿情而樂於支持擁護；爲行文簡便，下文簡化爲一「理」字以代表之。

3.是強霸之力——即謂人們大半在被強制之下，不得不忍受服從；爲行文簡便，下文簡化爲一「力」字以代表之。

無規制無秩序，社會生活是不可能進行的，規制秩序的建立殆無不兼有以上三種力量在。

分別言之，大要社會禮俗存乎「理」字上，其中自亦有「利」字在，卻仍然不是沒有「力」的因素。社會雖無軍警、法庭、監獄等設施，然其排斥違俗之個人，每有甚大威勢壓力可憚可畏或甚於刑罰。國家的法律制度固恃有一「力」字在，然而實際上依賴於「理」「利」二者維繫其間正不在小。社會主義國家雖在「理」字上發揮頗高，然其無產階級專政非有借於「力」字乎？奴隸主的國家統治其奴隸之在於「力」字固不待言；然從奴隸來說，當其忍耐服役之時不猶有「利」的因素乎？

十二、生活規制、社會秩序是否亦有單純依靠於理性、理智以建立的？今雖未之見，卻可能有之，那就是未來的共產社會。那時將是有社會而無國家，有禮俗而無法制。其所以可能，首先因爲各人從身體來的利害得失降低，彼此間的矛盾衝突減少，而同時發乎人心的自覺自律又達於高度也。猶之乎人的個體生命當降生之初蠢蠢然幾不見有心。及其長大成人也心之爲用乃大顯特顯；人之群體生命當最初蒙昧時期蚩蚩其無知也，及其後升進於文明時期而理智、理性燦然顯現，則異日共產社會人心（自覺自律）之發皇昭朗，蓋亦有可逆睹者。

十三、說至此，有易滋誤會的一個問題須得辨明。自生物學者有進化論之倡明，馬克思主義者又有社會發展史五階段之次第劃分，於是在社會科學上每有人以爲人類歷史總是在一條路線上發展順序前進的。於生活方法則謂採集漁獵進於畜牧，更進爲農耕；於生活用具則謂由石器而青銅器而後鐵器；於生活規制則謂婚配始於群婚，氏族先於家族，母權先於父權，如是等類一若有其內在定律。耳食者信以爲眞，動輒說：「歷史車輪」如何如何。其實生物演進，物種歧出，雖有高下之第，曾無必進之階；社會發展略示階段，其間有未定爲準者。若曉然於下列四點，庶幾可得其要領。

第一，人類文明一切莫非出於後天創造，創造原不會一模一樣；但從基本需要上說，異地異族不必有異，如其客觀可能條件又差不多的話，則走向相同之路的分數必高。此非有內在定律，只是彼此雷同而已。

第二，個人聰明各有不同，群體何獨不然？加之無絕對相同的環境條件，則一時路向差異以出。而況人固不免於疏忽錯失以至愚蠢，時常走彎路，豈能期其必皆直線前進？

第三，合以上兩點來說，即承認事情發展是有其於勢爲順之順序的，但固非有拘束力於其間。猶之人的思想有的合於邏輯，有的不合於邏輯，其不合邏輯者且相當多。（不必致其詫訝，更不宜認爲必無其事。）

第四，人在創造之中有學習，在學習之中有創造；各方文化交流，彼此傳習，是全人類文明發展進步的最大因素。事實上既不少此相互啓發傳習的機會，則對於各單位的進程次第何能多所泥執？

總結一句話：人類文化若從其整體來看，或言其歷史的總趨勢，那自是在不斷地有所前進中，但非所論於個別單位、個別時期。

十四、於此，又遇有值得提出討論的一個問題。有人說，生活用具何者爲進步的，何者爲落後，從乎吾人既定之實用觀點便不難加以評定。例如鐵斧優於石斧，汽車勝於牛車，任何一套器械耗費省而效率高的，即屬比較進步的器械。這一切都是很明白的。但人生目的何在，難於論定，即無以爲評定社會生活規制（禮俗制度）之準則。試介紹其說云：

社會生活的最終理想何在，最前列的諸大哲學家就不一致。在最近百年中，西方的思想與行動已從一極端蕩到另一極端，從曼徹斯特派的個人主義轉變到國家社會主義；（中略）民主政治已經成了現代社會的口號，卻也引起天才論者和反動生物學者們的憤慨抨擊；又如無限的婦女解放運動似為個人主義趨向之鵠的，但以個人慾望而悖於人類前途志向，將不為實行優生學目的者和保存傳統家庭理想者之所許。（中略）似此聚訟紛紜，只能各憑主觀定其高下，而在科學上則惟有認為不可較量（incommensurable）。③

人生觀以各自好尚和信仰爲中心，常常表現各有各的人生觀，頗難強同。但果眞就莫衷一是嗎？不然，不然！請回看第一章前文：

> 吾書既將從人生（人類生活）以言人心，復將從人心以談論乎人生（人生問題）。前者應屬心理學之研究，後者則世所云人生哲學或倫理學或道德論之類。其言人心也，則指示出人心有如此如此者，其從而論人生也，即其事實之如此以明夫理想上人生所當勉勵實踐者亦即在此焉。人心，人生，非二也；**理想要必歸合乎事實**。

你懂得了人心是怎樣一回事，你便懂得人生道路該當怎樣走。凡在人生觀上莫知所準，「從吾所好」（古語）者，正爲其於人心——亦即人之所以爲人——尚無認識故耳。

十五、從乎生物演進而有人類出現，原非有目的有計劃之事，則人生良非有其目的可言者，但人類非無前途歸趨之可瞭望。其遠者且容後文論及宗教時再談，這裡爲討論禮俗制度問題，只需就人類社會發展前途所歸來講已足。

馬克思主義是所謂科學的社會主義，其有別於空想的社會主義者，蓋爲其所主張不徒從主觀理想要求而來，更且指示出客觀事實發展前途趨歸在此，具有道德與科學的一致性，理性與理智的合一性，所以完全正確。從乎此種社會發展觀點我們即可準以評價一切禮俗制度。

十六、但一般談社會發展者，大抵著眼在社會生產力從低向高發展，推動著社會一切文物制度相應地向前發展升高。我以爲此所見者偏乎一面，未爲周全。人類歷史上社會單位是從其最初很小的群體，慢慢向著規模擴大而發展前進的。當其成部落，每求部落之聯合；部落進而爲國家，每求國家之聯合。過去之國際聯盟，今日之聯合國，皆在謀求國際間的和平共處以至種種合作，即是以國家爲其小單位的一大組織。他日共產主義實現，國家消亡，將見有世界大同、天下一家的局面。那便是合全人類而爲一渾整大社會了。此種從小向大之社會發展與其從低向高之發展，固很有關聯，譬如原始狹小人群與其蒙昧未開化相聯，他日共產主義實現則與世界大同相聯；但兩面究非一事。在發展史上所見，有時高者或不必大，大者或不必高，其間相關係非定成正比例。所以然者，文化發達升高主要在智力強銳有以征服自然，利用自然，而社會單位之展拓恢宏卻繫於民風和厚有以同化融合乎鄰邦外族。前者如近代歐美人是其好例，後者則自古以來中土漢族著其成績。舊著《中國文化要義》曾指出：人口數量土地面積我們與歐洲皆相埒，而在歐人卒必裂爲若干單位者，在我卻混成一大漢族而不可分。更從經濟發達來看，歐洲不同國度間其經濟生活往往彼此關係密切，交織相依，但在我們內地農村一向猶多淹留於自然經濟狀態，各求自給自足。又在彼水陸空交通發達，等於地面爲之緊縮，而我們卻猶然地面遼闊，山川修阻。是則形勢上在彼可以不分裂，在我可以不統一者，事實結果乃相反焉。是何爲而然？蓋中國傳統文化雖未能以理智制勝於物，獨能以理性互通於人；他們儘管身近而心不近，我們雖則身遠而心不遠。此非社會發展一則從低向高，一則從小向大，顯然各有所偏，不相同乎？④

十七、社會發展從低向高及其從小向大是兩種可資考驗和評價的尺度標準，尚有第三標準，那就是個人與群體之間關係如何問題。社會或云群體爲一方，社會的組成員或云個人爲又一方，在此兩方關係上有一個應該孰居重要的問題：以群體爲重乎，抑以個人爲重乎？這實在是社會生活規制上的極大問題。例如上文引錄的那段話中所說，「近百年來西方的思想與行動，已從一極端蕩到另一極端」；又說到對民主政治的疑問；又說到婦女解放運動及其疑問；那全不外是這麼一個問題。社會發展史上近代資本社會的出現，不是從爭取人權自由、反對中古封建制度而來嗎？現代社會主義不是又掉轉來反對個人主義而重視社會集體嗎？

自有人類以來便有群體與個人這兩方面，便存在著這一問題，歷史時時都在這問題上演變，數說不盡，原非始自近代，不過映現在人們意識上而興爭聚訟則非甚遠之事耳。問其間輕重如何爲得宜，事實上是隨時隨地而異其宜的，必不容待定言之。第從道理上講，卻亦有可言者。

甲、人之所以可貴在其頭腦心思作用（兼括理智與理性），必盡其頭腦心思之用乃不負其所以爲人。如其在群體中的個人恆處於消極被動地位，不得盡其心思之用而只役用其體力，那顯然不對，深可嗟惜。但似此情形不是歷史上所恆見的嗎？歷史上特從階級分化後總是只見一小部分（一層級）人在發揮著心思作用，多數人得不到機會，經過社會發展進步乃逐漸擴展其機會於較多之人，而至今猶缺憾極大，將必待進入共產社會而後人人方才各得盡其頭腦心思之用而不虛。——此從個人說。

乙、再從群體一方面來說，社會發展要在其社會所由組成的各個成員都很活潑積極主動地參加其社會生活，夫然後其社會乃為內容充實，組織健全。人類今後將從近代個人本位的社會轉入社會本位固可無疑，但轉入社會本位後並不意味著個人將被看輕。人的個性及其社會性在未來新社會中將同得其發展和發揚。這是社會發展的實質問題，不同乎前兩標準只形見乎外者。

總起來說，評量社會發展的尺度標準蓋有如上三者。三者信乎互有關聯，卻非一事，此必須曉得。

十八、人類社會發展史是大自然界生物發展史的繼續；我們就從這一貫下來繼續不斷的發展上，認識出活動不已的宇宙大生命。宇宙大生命的活動不外基於宇宙內在矛盾爭持而來。其爭持也，似在力反乎閉塞隔閡不通而向著開通暢達靈活自由而前進。生物演進終於出現了人類者在此，人類社會發展前途將必進達共產主義世界大同無不在此。明乎此，社會生活規制只有符順於此方向的才算對（好），否則，不對（不好）。不對者一時所難免或不可免，是其負面，不是正面。一切禮俗制度都應準此予以評價。不是沒有標準，而是有其明確不易之標準；不是有許多標準而是只有此惟一的標準。

十九、這惟一標準統括著上面所說三個標準。上說三個標準要必從此理會其精神意趣以爲應用，即是說：必須依從社會發展觀點來看問題，不能脫離（忘掉）社會發展觀點而有所執著呆板地加以肯定或否定。

例如古代奴隸社會制度，若單從上文所云第三標準來衡量，顯然不對，深可嗟惜。然而此種制度較之遠在其前還沒階級分化的社會卻是一大進步。階級分化實從社會分工而來，既爲社會生產力有所發展之徵，又爲其向前發展創造了必要條件。恩格斯《反杜林論》於此言之，極其明暢，他指出：

> 只有奴隸制才使農業和工業之間的更大規模的分工成為可能，從而為古代文明的繁榮即為希臘文化創造了條件。沒有奴隸制就沒有希臘國家，就沒有希臘的藝術和科學。沒有奴隸制就沒有羅馬帝國。沒有希臘文化和羅馬帝國所奠定的基礎，也就沒有現代的歐洲。我們永遠不應該忘記我們的全部經濟、政治和智慧的發展是以奴隸制為人所公認又為人所必需這種狀況為前提的。在這個意義上，我們有理由說：沒有古代的奴隸制就沒有現代的社會主義。（《反杜林論》，一九七〇年版，一七八頁）

第三標準來自吾人理性要求，偏乎主觀；而一視乎社會生產力高低的第一標準則從不可抗的偉大自然動力和理智計算而來，偏乎客觀。若執著於前者而忽視了後者，且不明白二者之間的關係，便脫離社會發展觀點，不爲通達有識。

因此我們可以說：沒有任何一種社會制度可以肯定是好的，或絕對否定之的，而只有當其有進於前，有合於其歷史新陳代謝方向者方才肯定是好的。每見有人夢想一種最好的制度到處都可適用，那眞乃糊塗思想！

二十、第二標準蓋以吾人好惡之情相喻相通爲其本；此與第三標準有類同之處，不能求之過早。理性雖爲人所固有，而在人群社會間顯發其作用卻恆有待於歷史發展進步。中國漢族事例吾夙認爲它理性早啓、文化早熟者以此。

這裡爲了稍加說明，須得重申身先心後、心隨身來的話。人類生命從其得解放於動物式本能，心乃超乎身，而理性於是乎現。人與人之間從乎身則彼此分隔著乃至有排他傾向，從乎心則好惡之情可以相喻相通，乃至彼此親合無間。人們所賴以互助協作共同生活結成其若小若大之群體者不端在此心乎？然而心情之相喻相通，起初只能見於狹小族群之內，行於親近習熟之人。遠古之時，「外人」與「敵人」曾爲同義語，此正是身體籠罩乎心，分隔之勢強也。古日耳曼人有言「凡能以血贏獲者不欲以汗而賺取」；近世歐人猶且海盜行爲與商業可得而兼。對待外人同於外物，惟恃強力以相見，殊非情理之所施。情理之所施，只能一步一步擴大其範圍。大約講理之風先見於一國之內；在國與國之間則有強權無公理，事例昭昭。然而今日看來，範圍擴大之時期殆不在遠。今日交通發達，異域遠邦經濟關係密切交織，文化生活接觸頻繁，在彼此相與之間其勢迫得要漸漸出現情理取代強力之局。言其勢所由必變者，特在原子能之戰爭利用與和平利用兩面的相抵相迫。當其和平利用於增高社會生產力，生活物資供應豐盛有餘；過去物貴是以人賤，及茲物賤而人命乃彌覺可貴之際，若用之於戰爭爲大規模地彼此屠殺，自取人類毀滅，當不其然。在彼此都勉求其所以相安共處者，強力即被情理所取代矣。強力爲身之事，情理爲心之事。人心作用之顯發流行遠後於其身的作用，社會發展固要在漫長自發階段之後乃始轉進於自覺也。

二十一、說到制度，大約戰爭亦可算一種制度。何以言之？從古以來，人類歷史舞台總在不停地演武劇，在不同族群之間、在不同部落之間、在不同國家之間、在國內不同階級之間……一句話：在種種不同集團之間的戰爭至於今而未已。彼此間的爭議往往以決鬥定是非，此不獨見於過去社會習俗，即今世界列國之間不猶且公然行之有效乎？⑤戰爭久已成爲在國際間解決問題的辦法，或不言而喻的制度矣。再如國家非一種通行的制度乎？從古以來國家恆建立於階級統治，而階級恆必有藉於武力乃得行其統治，以至於今未改。「戰爭是流血的政治，政治是不流血的戰爭。」試加尋思，強霸之力在人類社會生活規制上所起作用，蓋無在而不可見。吾人對此應作何評價乎？

往者聖雄甘地反抗英國殖民統治，爭取印度獨立，有所謂「不合作運動」；作爲其中心思想的「非暴力主義」實代表著人類至高精神。⑥通常彼統治階級以暴力來，我革命階級以暴力往（武裝革命），那完全是必要的，肯定是對的。但恥於用暴則更偉大、更崇高、更純潔，此惟在古印度文化陶冶下的甘地能倡導之，印度群眾能勉行之，既不會出現於中國，更不會發生於西洋，或其他任何地方。鄙棄一切暴力，屏除一切暴力，人類將來可能有這一天，固不能用來衡量從古到今的禮俗制度。

二十二、暴力——強霸之力出於身而施之於身，慾望實導其先，怒氣衝起於後，此鬥爭本能爲人類同於動物所未能免。當其掩覆著理性、理智而行動，即屬愚蠢可憫。人類原不是只有聰明，絕不愚蠢的呀！請回顧此章前文的一些話：

身體的需要形著為種種慾望，而慾望在人從來不會滿足，同時人口不會不繁殖。這種來從宇宙大生命而發乎個個人身彙集以成的偉大自然勢力，就是社會發展史所稱為「自發性發展」的根本。論一切禮俗制度所由形成，此實為其原始動力。

禮俗制度的創造、形成、沿革、變化，要莫非人類生命的活動表現，既見出人類的聰明，亦復時時流露愚蠢於其間。

人的聰明（理智、理性）是有待於漸次開發顯現的，當其開發不夠，就流露出愚蠢。愚蠢原本伏於偉大自然勢力中，不從外來。申言之，人心的勢力信乎將必漸次制勝乎其身，但是有其一定歷程的。

二十三、衡量從古到今的禮俗制度，必須莫忘社會是在發展中那個大前提，時刻留意三個標準有其關聯性，而準據乎統括三個標準的那惟一標準來說話。那麼，你將給予古今禮俗制度各以其歷史上適當的位置，肯定多於否定。大抵一種禮俗制度的興起暢行皆基於其時代需要與環境可能而來，有利於有秩序地進行其社會生產和生活；雖則今天看它不免愚拙幼稚乃至橫暴殘忍，卻總是當地當時人們的創造表現，有行乎其不得不行者在；殆莊子所云「意者其有機緘而不得已邪？」

反之，假如你像恩格斯《反杜林論》中杜林那樣，對於古奴隸制度以及其他類似現象，全不瞭解其制度怎樣發生，爲何存在，歷史上起何作用，大發其無用的高度的義憤，將不爲你聰明正直之徵，卻只見得你於客觀事理不夠通達了。

再翻轉來說，假如你是歷史事件中的當事人，或今天事件中的當事人，面臨著某種制度感覺不能忍受下去而指斥而反抗……這或者出於自發性（發乎偉大自然勢力），或者出於自覺性（個人理性的茁露），都是值得同情讚揚以及贊助的。即或在歷史上你非直接感受壓制的當事人而是處於能壓制人的一方面，卻毅然批判和反對當時的社會制度併力求其改善，有如西歐空想社會主義者聖西門等三個大人物那樣，其批判和反對不是都值得欽佩的嗎？——總之，在衡量一種禮俗制度的是非好壞價值時，要看其人站在什麼地位說話而應有所不同。

二十四、強霸之力這一成因，若爲種種禮俗制度所以恆受譏彈反對的由來，它在社會發展上將隨著歷史而漸次減退，以致最後可能退出於歷史；這是不錯的。但它本身非絕對可惡之事，如上已明。從社會經濟不能不有剝削被剝削來說，亦即從社會秩序不能不有統治被統治來說，它之被決定於社會生產力尚不夠發達是主要的，而不是相反：它在主要地阻礙著社會進步、文化進步。雖則有時看上去似是社會進步受阻於強力，而其實不在它，乃是由於惰性之力。

二十五、前文曾舉出凡禮俗制度所得以有效存在的三種力量：理智之力，理性之力，強霸之力；那是爲暫先作一小結提出來說的，實則論其力量固不止此。雖云不止此數，其他卻不妨統括之曰惰性之力。世間禮俗制度在其發生或建立之後，惟借惰力以存在者恆見不鮮。舉其特別昭著之例，有如印度、日本等處的賤民制度，北美南非各地的種族歧視風俗，在社會盡有自覺地要求其革除的運動歷時很久很久，或在國家以法令條文三番五次地明示其廢除之後，竟然餘勢猶存，極不容漠視。⑦其他不如是昭著的事例更多不勝數。

二十六、生命本性是要自由活動的，但同時卻有其勢若相反而恆相聯不離的惰性。所謂惰性與活動勢若相反而恆相聯者，它既表見爲活動之餘勢而活動實即原起於反惰性也。上文曾說了，非預定的（自由）活動卻必建起於一些預先安排好的成分條件之上，即必先有些預定者爲基礎；例如在個體生命之有其與生俱來的本能氣質，有其降生後養成的習慣能力皆是也。一個人的氣質與習慣爲其一生活動所不可少的憑借，離了它，任何一息的活動亦不可能。但個人後天習慣無不是從社會生活中養成的，這就關聯到社會生活規制問題上。如前所說，生活規制必從身體實踐養成習慣，乃得落實鞏固。所以群體生活中的禮俗制度正和個體生活中的氣質、習慣是同一樣的東西，自始便有些惰性（指其預先規定下來）而愈到後來惰性愈重。有它，原是爲便利於進行生活的，而不利即伏於其中。因此，一切禮俗制度莫非利弊互見，略分早、中、晚三期來說，早期利多弊少，中期利弊各半，晚期弊多利少。大抵推行盡利之後，總要轉入末路，難於維持。正爲任何規制（死的）不足以適應社會的發展變化（活的），不能維持，猶想維持，惰性畢現，只應斥爲愚蠢而已。

二十七、聰明出於頭腦，愚蠢卻與身體大有關係。這裡說身體，蓋指氣質與習慣。禮俗制度之在群體生命同於氣質習慣之在個體生命，原爲吾人所資以進行生活的方法、手段、工具（或云必要條件）。說它惰性愈趨愈重者即指其愈來愈僵硬化，末後幾於失去任何意義，既不能起有利作用，就轉落於不利而爲病。然問題固不在它，——它原非是自己表見作用的。問題在人心有失其自覺靈活，未能爲之主也。所謂愚蠢者豈有他哉，即此靈明有失，惰性露頭是已，非二事也。

雖然強暴多有爲惰性之表見者，但惰性既非恆必借於強力而見，更且強霸之力從智勇所出者豈在少乎？（例如武裝革命及一切正義之戰。）是故惰性愚蠢決定非二，而強霸之力之爲愚蠢或否，要當視乎其來從惰性或否而定。凡此必須明辨莫混。

---

①一九五八年恩格斯從英國致馬克思信中說有如下的話：英國無產階級實際上日益資產階級化了，因而這一所有民族中最資產階級化的民族，看來想把事情最終導致這樣地步，即除了資產階級還要有資產階級化的貴族和資產階級化的無產階級。

當時英國無產階級所以資產階級化者，實為當時英國是一剝削全世界的民族之故。今日西歐、北美、日本等國家都在對廣大第三世界進行著剝削，固宜其無產階級難免於資產階級化而起來革命之渺遠難期也。

②代表此批評學派的有呂叔湘譯羅維（R. H. Lowie）著《初民社會》，一九三五年在商務印書館出版。羅著上距摩爾根《古代社會》之作約五十年。故其自序文中有云：自一八七七年以來人類學者不獨已經彙集了無數具體資料，且已發展了好些新方法和新見解，使摩爾根的書成為無可挽回的古董。（中略）今日還要向那裡去求有關初民社會知識簡直等於向達爾文以前的生物學那裡去學生物學。其反對最力之點即在不承認摩爾根以其有限之見聞資料輒斷言社會發展有某種順序規律。

③此見於羅維著《初民社會》一書之呂叔湘譯本第五二六—五二八頁。但節省取其詞意以省篇幅。

④請參看舊著《中國文化要義》一書及近著《中國——理性之國》一書之第十二、第十八、第十九、第二十三、第二十四各章。

⑤一九七二年春末吾行文至此，正是從巴基斯坦分裂出來新成立的孟加拉國得到國際上廣泛承認之時。東巴要求獨立起因蓋遠，其事之成，固因蘇聯支持印度發動戰後第三次印巴戰爭。故爾文中為言如此。

⑥甘地倡導的「不合作運動」。又云「不抵抗運動」是對於強霸的英國一種徹底不妥協精神，一種大無畏精神，每受到暴力摧殘愈見堅卓剛大，當在得到廣大印度人民群眾響應起來時，英國卒不得不讓印度獨立焉。往者二三百年多次武裝暴動所未能奏效者，乃以此收其功；此實為自有人類歷史以來惟一無二的奇跡。

⑦一九七二年四月曾有「日本部落解放同盟」代表團來北京參觀訪問，當時《人民日報》第六版曾有資料說明。從明治維新「身份解放令」以來法律上不再有歧視，但八十餘年至今社會仍存在歧視——在就業、通婚、受教育等方面有所歧視。印度的賤民制度更舉世聞名，遠從兩千五百年前佛教即予破除，近則甘地領導其破除運動，竟然餘勢至今猶存。全世界各地大約無處不有此陋俗，中國亦嘗有之，梁任公《中國文化史》中曾述及。

第十六章
宗教與人生

宗教之爲物，饑不可以爲食，渴不可以爲飲，夏不祛暑，冬不御寒，對於此身生活問題不見有任何用場。然它從遠古發生在人群社會間，勢位崇高，雖經歷近代資產階級革命前夕之批判思潮，現代無產階級革命中的反對運動，竟爾根深蒂固，既不見消亡，且時復肆其活動，是何故耶？是即人生非若動物之囿止於身體存活而已，更有其超乎身體、主宰乎身體的精神一面，必精神安穩乃得遂順地生活下去之故耳。宗教雖於身體不解飢渴，但它卻爲精神時多時少解些飢渴。①

宗教無疑地是人類在其文明史上所有的一偉大作品，猶之乎人類生活中恆有國家和政治之出現那樣。它們（宗教、國家）既出於人的聰明，亦來自人的愚蠢；既各有其有利於人、造福於人的一面，亦各有其有害於人、爲禍於人的一面（隨時隨地不同）。不論其爲利爲害、爲禍爲福，總之皆人之所自爲，不從外來。一味致其讚頌，或一味加以詬罵，皆不免類似夢中人說些夢話，不爲明達。宗教之出現既早於國家，而如我所測，消亡將遠在其後。宗教殆且與人類命運同其終始（此語似若驚人，但不容終）。吾書若非於此一大事有以剖說明白，則人心與人生是怎樣一回事，便終不得明白。然此非簡短數言可了。此章有待論述者既多，將分爲數節言之如後。

第一節　世界文明三大系

這裡宗教一詞概括廣泛，自遠古初民許多巫術禁咒，各種崇拜迷信（拜生教〔Animism〕、拜物教〔Fetishism〕）及其發生較後而傳佈於今世界各地的各偉大宗教，一統說在內。此其間高下懸殊、等差甚多，所不待言，卻性質上自有其一貫線索的（詳後）。設若從事調查研究，則世所共知在往古印度社會最爲大觀，至今其舊風遺跡猶可資學者採訪考證。宗教之至者必數佛教，正爲在印度無比發達繁盛的宗教群中乃得有之。印度文明素被列爲世界文明三大系之一。三大系之云，蓋從大地上早期發生的人類文明向外輻射擴展之三大中心而言。人類有所發明創造先後早晚不齊，爲事所恆有；其居先者輒從而傳播擴展於四周外，蓋亦自然之勢。卻有不少一度居先而未能持續發展之文明，如所見於史籍者，則今不足舉數。若其在空間上擴展既遠，在時間上綿延且久，卓然成爲世界文明三大輻射中心者，則惟在西方之希臘、羅馬，東方之印度與中國焉。

所謂文明輻射中心者，試以中國爲例：中國文字不素爲其左右鄰近各族所傳習採用乎？迄今朝鮮、日本、越南各國之地名、人名猶依用漢字從可徵已。中國學術載籍同爲彼邦所傳習講求；以此之故，往往吾國失傳之書轉得藉以收回。中國醫術傳於日本者，號之曰漢醫，其在朝鮮則對西醫而名之爲東醫。乃至有關立國之法制典章亦率多取則於我。楊鴻烈著《中國法律在東亞諸國之影響》一書指出日本法律受中國法律影響者凡一千六百年之久。且言「距今百餘年前東亞大地之文化殆無不以中國爲策源地，法律特其一端耳」。又如物質文明雖近代西洋所擅長，然其十六世紀以前正多資賴中國之火藥、造紙、印刷等技術之西傳，其十八世紀法國啓蒙思想家又實受啓發於中國。而北美之立國又非啓導自西歐此一新思潮乎？

古印度文明之傳播於其域外者，不必多舉其事，只就佛教廣遠地流傳世界各方（主要向南、向北、向東傳播）之一端可以概見。

再就古希臘、羅馬文明來說，我們不能不承認人類現代文明實從歐美發端後乃擴展到全世界的；而此歐美文明固明明導源於希臘羅馬也。所不可不補明一點的：古希臘、羅馬文明初則遭日耳曼族之摧殘，繼爲基督教徒所抑壓，幾於澌滅者，而卒有文藝復興之機運，在宗教改革、政教分離之後，遂得發皇鼎盛以成就出近代歐美文明。其所由成就也，世稱二希（兩個H）——希臘、希伯來；蓋如鳥兩翼，如車兩輪，非單獨希臘一元耳（容後論及）。

有此輻射中心出現於世，未足異也；最爲奇妙者，乃在此出現輻射之三方在應付人生問題上竟自各有其特殊精神，或云有其人生活動的不同方向（態度）彼此略不相襲，斯則可注意者。

如上所云此文明輻射中心之三方各本於其人生活動的致力方向不同而有其不同成就之說，愚發之五十多年前舊著《東西文化及其哲學》一書，其後《中國民族自救運動之最後覺悟》、《中國文化要義》各書重有申論，皆可以參看。但今茲爲便於指點認識，在行文上將不循舊轍。

今將先指明人類文明內實有其爲主爲從之兩不同部分。試看今日世界上不即有資本主義國家與社會主義國家之兩大類型乎？如所周知，西歐、北美諸國及日本屬前一類型，後一類型則首數中國。此其間主要分別在於社會制度和社會人生的一切是非取捨價值判斷上，或總括之曰：精神面貌不同。至如俗所稱物質文明的那些生活資料、生產資料和有關自然界的科學知識、技術種種卻不妨彼此從同；而且這些社會主義國家每每要向先進資本主義國家追蹤學習（這裡追蹤學習證實其彼此不妨從同，更無它意義）。一經對照不難明白，其彼此不妨從同者正不外是人生生活上居於從屬地位的那些方法、手段、工具等等，爲文化上從屬部分。

人類文化上明顯地有此主從兩部分固然不錯；然卻有時在同一事物上表見兩種作用，

未可單單歸入那一部分去。上文從兩大類型國家彼此的社會制度不同（主要在產業私有與產業公有之不同）來說話，應知此社會制度在一面看固爲其社會上種種是非取捨價值判斷所由表著者，而在另一方面看此制度同時恰亦是其生活上的一種方法、手段。②

此即是說：人群生活上大多數事物是可以分別其爲主要爲從屬的，卻有時同一事物在人群生活上兼具主從兩意義。於是就要問：對於事物之爲主爲從將如何分別它呢？此其分別就看一事物本身具有目的性呢，抑或不過爲達成目的而有之一項方法、手段。說「目的」有至高、至上，乃至絕對不易之意味，或至少意味著最主要吧。凡說方法、手段、工具、途徑等等，那就看爲達成目的而怎樣方便怎樣利用，沒有一定的了。此其爲從屬，不居重要可知。但有時方法、手段被重視起來，變得好似目的一樣，亦世所恆有。

凡作爲一項方法、手段者，其價值如何就是從其費力多少、效率高下之間加以比較、商量來決定，而上文所言爲一社會人生表見其精神面貌不同的那種是非取捨、價值判斷則不是這樣。那是極其嚴肅鄭重不苟的。前者可隨其所宜，靈活運用；後者則爲原則，在所必遵。

申言以明之，此所說嚴肅鄭重的是非取捨，乃指道德上那種是非取捨而說。不過，道德觀念在遠古野蠻人尚缺乏，那時他們似只有宗教迷信敬畏之心情。後世的道德其物，原從宗教分離發展而來，有待人類頭腦大進於開明。不論是道德，是宗教，總皆人類社會生活中極其緊要成分。地不論東西，時不論今古，設若一社會人心竟爾喪失其嚴肅鄭重不苟的是非取捨，其結果未有不陷於混亂滅亡者。

道德和宗教良非一事，其分判將於後文言之。而彼此相聯通幾若不可離者，蓋以其表見在是非取捨上同此尊嚴絕對意味，而在人類生命深處實屬同一根源之故。

但歷史迄今爲止，俗常所謂宗教，所謂道德至多隱約地通於人類生命深處，而實則形成於人類生命淺層，渾涵於禮俗、風尚、法制儀文之間，難以語乎宗教之眞、道德之眞。以其植根不深，故爾隨時隨地轉變更易，卻亦自有其權威，爲其時其地的社會生活所賴以維持進行之具。

此俗常所說的宗教、俗常所說的道德，在馬克思主義中即其所謂上層建築者。上層建築是築起在社會經濟基礎之上，爲其時其地服務的。人類社會發展史主要不外是社會生產發展史；由於社會生產力的發展前進，而此上層建築亦就在不斷發展變化中。此其爲說，發前人所未發，確有見地，而宗教、道德在人們心目中的尊嚴意味卻不免黯然有失。

從西歐文藝復興、宗教改革以來，近四百多年間的西方文明勢力向外擴張特見強烈，竟有征服全世界之大觀；同時以社會生產力之發展來說明一切歷史發展的唯物史觀，在衡論古今，以至測論今後世界局面上，頗若處處說得通而可信；於是世界文明三大系原各有其不同貢獻者，遂被掩蓋而不彰。此即對於人類文明只從縱的時間發展上來看，而將橫的空間上東方兩大系文明業績皆納入其中，一若沒有什麼特殊貢獻之可言。原夫印度的特殊貢獻在宗教，中國的特殊貢獻在道德，其爲人生所需切固不若衣食住行之直接地迫在眼前，又具體而可見，是其落於忽視、漠視中的一個由來。再一個由來，則是二者在理論上概屬社會上層建築之列，一般地固將隨著社會經濟基礎而來，殊不料想竟有此早熟而冒出之事。如其說尚有第三個由來：則宗教之爲物，難索解人，一般視同人類歷史過去事物，不在今後文明中有其位置。而於道德則自謂解人者又太多，一般認它爲任何社會生活所恆有，要不過隨社會所需切者以形成出現而已。總之，無見於古佛家之學、古儒家之學，莫得窺見宗教和道德之底蘊故也。

第二節　有關宗教問題的疏釋

是宗教，不是宗教，其分別何在？如我從事實歸納所得理解，宗教不拘大小、高下、深淺，要必具備兩條件如次：

甲，宗教在人的理智方面恆有其反智傾向，即傾向神秘超絕，總要在超知識、反知識之處建立其根據；

乙，宗教在人的情感意志方面恆起著慰安勖勉作用，俾人們感情動搖、意志頹喪者，重自振作生活下去。如所云安心立命者是。

凡於此兩條件缺一不備者，便不爲宗教。上文所說宗教高下懸殊，等差甚多，而性質上自有其一貫線索者，即指此。

若問此貫乎一切宗教的線索者，究從何來？此蓋從人類生命既超離禽獸類型，其心乃不必爲身而用，出世傾向即隱伏於此，不可免地有時發露，且在螺旋式的發展中，卒必貫徹而來也。昔年舊著有云：

> 宗教者出世之謂也。方人類文化之萌而宗教萌焉。方宗教之萌而出世之傾向萌焉。（見《東西文化及其哲學》第一一三頁）
>
> 宗教的真根據是在出世。出世間者，世間之所依托，世間有限也，而托於無限；世間有對（相對）也，而托於無對（絕對）；世間生滅也，而托於不生滅。（見《中國文化要義》第一〇六頁）

世間宗教複雜萬狀，其中實有一貫不易者在，此爲一方面。另一面，從其出世傾向表見的高下等差來說，則約可區分三大等級：

初級者——此總括通常所云多神教，其所崇信而仰賴的對象，或爲族姓祖先，或爲鄉邦神祇，或爲一山一水之神乃至具有神靈之任何一事一物，總若超居現前知識和推理界域之外，而能爲福爲禍於人，一經奉祀禮拜、致其祈禱之後，便覺有希望可恃，乃至夢寐亦得安穩焉。此其人生活是在現實世界固所不待言，而精神上所依賴以生活者，卻超出現實世界，是即萌露有出世傾向矣。費爾巴赫的一句名言「依賴感乃是宗教的根源」，正謂此耳。

高級者——大有進於前，其所崇信而仰賴者在主宰全世界之惟一大神，如所云「上帝」、「天主」、「眞主」者，基督教新舊各派，伊斯蘭教各派即爲此級之標準型。人類生命的卓越偉大精神和慧悟能力往往於此表現發揮，殊非前此多神教之所及。試分析言之：

一、生物生命原不限於其個體，人類生命尤見廓然恢通，其情乃無所不到。於是而有「上帝如父，人人如兄弟之相親」，平等、博愛之教。其教恆能傳播普於世界各方者在此。

二、仁必有勇，更加以相信死後升天永生，自不難捨身命以赴義。其教義信一神反多神，悍然與舊社會爲敵，既慘遭殺戮迫害，其勢乃如火益熾。基督教因以大興，莫之能御者在此。

三、在宗教本義自是信神超自然而臨於自然。但慧悟之士不難從宇宙萬有惟一大神轉入泛神思想，涵宗教於哲學，恰亦通達無悖。其所以人無賢愚每每一皆信從者在此。

四、人生意味最忌淺薄；反之，宗教上的貞潔禁慾主義和慷慨自我犧牲精神（例如清苦循世的修道院和不避艱險去蠻荒傳教），正代表著人類生命力之高強，頗能吸引志趣不凡之人。此一級昭著的出世傾向，遠超一般多神教之上者在此。

最高級——惟從佛教中可以見之。佛教原不簡單（例如有大乘、小乘、人天乘），既傳播遠近各方，歷時二、三千年之久，其隨時隨地轉變複雜更不可闡述。然有識者固不難得其眞，是誠惟一圓滿之出世法也。下節將試爲指明之。

前章講到社會禮俗制度時，宗教既在其中，對宗教爲一般的考察論斷大致均可適用。卻另有下列三大問題：

一、宗教與迷信鬼神問題，

二、宗教與科學，

三、宗教與道德，

尚待特加分疏申論於後。

一、關於宗教與鬼神種種迷信問題主要存在初級宗教中，高級宗教同亦有之，在最高級則涉及不多。（詳後）

人類爲何需要宗教？宗教又何爲迷信鬼神幾若相關不離？此可分從數點說明如次。

（甲）我們可以說，當人類有文明創造之初便有宗教，甚且可以說人類有宗教乃有其文明創造。何以言之？社會（群居）生活是先天決定於人類生命本質的，必在群居中乃有文明創造，而賴以維繫團聚此人群者，總少不得某些對象的崇信禮拜。申說其理約有數端：

1.遠古初期人群無疑是血緣族姓之群，固可能從身體本能方面理解其成因，但既經發達了頭腦心思的人類必要更在心理上（精神上）得其凝合維繫之道才行。群內統一的崇信禮拜便應運而自然發生建立起來。只在建立起群內統一的崇信禮拜時，群的生活乃得以穩固順利進行下去。蓋爲人們言語行事何者爲可，何者不可，在群內少不得有些規矩準則。此規矩準則恆必歸之神秘乃具威嚴而人莫敢犯。此即宗教之爲用於早期人群，甚且長時延續到後來者。

2.初生嬰兒於母乳知吮吸追求、於灼痛知退避而外，其他無所知，然卻知道恐懼。試用雙手托之掌上，猛然向下撒手，兒身若將失手墜落者，彼即頓現驚恐。初民蒙昧無知，而其心靈脆弱，對於外界威脅到此身特別敏感，正亦猶是。特別是於威猛的自然現象（雷、電、洪水、地震、疫癘等），時來時去，莫知其所以然，輒幻想其有神靈作主；而驚駭畏懼之餘，祈禱從之，遂爲各方各族之所同然。人類早期某些宗教迷信，大抵即應合此種感情脆弱不安的需要，而形成於此時知識幼稚無能之上。

3.生死、禍福，事最莫測難知，而事之最牽動擾亂人的感情意志者恰恰亦即在此。費爾巴赫有絕妙的話說「若世上沒有死這回事，那亦就沒有宗教了」；又說「惟有人的墳墓才是神的發祥地。」此所以鬼神觀念與夫祈禱禳祓的行爲乃爲一般宗教所不可少。我們正不妨據此以爲判別何者是宗教，何者非宗教的標準所在。宗教實即借此以起到其在人群中的作用，建立其大無比的影響勢力。

4.人生所不同於動物者，獨在其懷念過去，企想未來，總在抱著前途希望中過活。時而因希望的滿足而快慰，時而因希望的接近而鼓舞，更多的是因希望之不斷而忍耐勉勵。失望與絕望於他是太難堪。然而所需求者不得滿足乃是常事，得滿足者卻很少。這樣狹小迫促、一覽而盡的世界誰能受得？於是人們自然就要超越現前知識界限，打破理智冷酷，闢出一超絕神秘的世界，使其希望要求範圍更拓廣，內容更豐富，意味更深長，尤其是結果更渺茫不定，一般的宗教迷信就從這裡產生。人們生活更靠希望來維持，而它（宗教）便是能維持希望的。——此情況既見之甚早甚早，亦將延續及於久遠之後世。

5.費爾巴赫曾說「惟弱者乃需要宗教，惟愚者乃接受宗教」；此其言自是有所見。同一人也，當其意氣壯盛時所絕不置信者一旦突遭變故嗒然沮喪，困惑無措，他便即信受了。一切迷信之得勢，大都捨棄智力而任憑感情之所致。反之其鄙薄迷信者，每每不過意氣自雄而已，未必悉出智慮之明。在個人如是，在社會亦復如是。近代以來，宗教在歐美社會人生所爲失勢者，正以征服自然、利用自然之技能猛進，人乃從前此感受大自然威脅壓迫下翻轉過來，意態高強，氣勢豪雄，一若無所需於宗教者。可知宗教所以與迷信密切相聯之根本緣由在此。

（乙）以上說明人們情感意志零弱，是其落歸迷信鬼神而走向宗教一途的由來。世上初級宗教——多神教類，多建立於此。乃至高級宗教——惟一大神教幾乎亦莫能外。但這裡有三層必須申說明白。

第一層——有出於人類主觀幻想虛構的鬼神，亦有非盡由主觀虛構者，不可一概而論。鬼神仍然是有的，但事屬難知。將來學術大進可能所知漸多、漸深於今日。今日於所未及深知者，固宜付之闕疑。闕疑之意不足，斯難免迷信成分在內。

應當承認我們對於人類生命的認識遠遠不足——認識得還很少、很粗淺。信乎「Man, the unknown」，「人」尚在未了知中。一個人決不是死了就完事的。「相似相續，非斷非常」是人生實況。不曉得他息息變化不停，只在相似相續中生活，而前後之非一也，便落於「常見」。以爲此相續變化曾不稍停者，竟可以一朝戛然中絕，便落於「斷見」。人從結胎到身死，只不過其生命一段落的起訖。生命即非於此起始，亦非於此告終。人生活動不能無借於此身，然此身死，生命不遽絕也，特其活動難見耳。吾書一向說心與生命同義，而指明心大於身。世之落於斷見者，其有見於身，無見於心乎？鬼神之所以非盡由主觀虛構者，要即在此。

一般說來，人大約是死於此即生於彼；其介在死後生前者，或暫或久，在佛書謂之「中陰身」。小乘各派論典於此，爲說互有出入，不盡同。其在中土則俗所謂鬼者、所謂神者(如非幻覺虛構),當即謂此耳。鬼神每有稍多之靈活自由,亦曰神通,爲人所不及。

神通有由報得者:如鬼神,其自由是有限的。有由修得者:如印土諸宗派及中國道教之修行家,其自由多種不同。有由證得者:如證佛果者,一切神通不期而自具。

神通其事初非不可理解者,一言括之,要不外隔礙解除,不通者得其通耳。生命本性在求通,在一貫地、逐步地、千方百計地擴大升高其活動能力。從生物界演進中形形色色、千態萬變無奇不有,不可見乎?再試就吾人此身一爲解剖檢視,其組織,其結構,其機能,何等精微靈巧,何等神妙可驚!是誰設計出來——誰實爲之?若云上帝,那不過是笑話。此宇宙大生命內在矛盾爭持逐漸發展之結果耳。是自然之力,非超自然之力。

當其矛盾發展也,路向諸多不同,不同之中又有不同,遂爾紛紜變化莫可計數。然趨向此一路者,即違離彼一路,隔礙由斯形成。凡有所注存,便有所亡失,得於此者失於彼,事理所在,應該曉得。從脊椎動物發達頭腦,一路前進不懈而出現的人類,開發了理智的計劃性於後天,凡見於其他動物先天具有的種種神巧本能遂以不見。此即是說:當其活動能力將在後天知識進步而得無盡地開拓之時,就隔斷了不假思索、不靠經驗知識的直覺功能之路。然在宇宙生命最大透露的人心即密邇生命本原矣,又何難返本歸原,得其豁通無礙乎?——神通其事初非不可理解者在此。③

凡此者,是迷信,非迷信,辨之非易,不可不知。此爲第一層。

第二層——然在信仰宇宙惟一大神的高級宗教，試審查其所信——如信上帝創造此世界、主宰此世界——卻全屬迷誤，此又不可不知。蓋吾人感覺、知覺之所及者只現前一事一物耳。一事一物可界劃其始其終，以爲知識對象；宇宙渾然詎有其究極之可言耶？統合萬事萬物無所不包的宇宙觀念，但出於假設想像而已，不在知識範疇內，應是哲學所有事，非科學之事。於此二者不加辨別，乃對於所不及知之事，輒信以爲事實若何，其爲迷誤也審矣！

質言之，多神教的神，倒可能有些是事實，不盡虛；惟一大神教的神非事實，只是迷信。——此爲第二層。

第三層——最高級的宗教即圓滿的出世法，具見於佛教中者，迥異於前二者。前二者嫌於智力屈從乎感情，概難免「惟弱者而後需要宗教，惟愚者而後接受宗教」之譏。然在全生物界惟一能代表生命本性，迄今無盡無休地向上奮進、自強不息的人類生命，在創造其人類文明上，其勢豈能留滯在此階段？隱伏於人類生命中的出世傾向，在高級宗教既大大顯發於初級宗教矣，其卒必發展進達於圓滿也復何疑乎？——圓滿的出世法之出現自是一定的。

宗教是社會的產物，自一面言之，有不能不隨社會經濟的發展而發展者；另一面，凡屬於上層建築領域的各部門仍各有其自身之發展，非機械地一切在被限定著。古印度佛教就出現了圓滿的出世法，如我夙昔所指出，正是人類未來文明的一種早熟品。

否定人生，志切出世，似非人世恆情，顧乃風行於古印度人之間。尋其人厭棄生活的心情，殊非苦於生活爲艱，卻寧爲生活易於給足，而後其趣尚乃移耳。其風尚所以絕不於北方寒帶見之，而出現於土沃氣暖、稻穀易熟之印度者在此。古印度社會生產力自是不會高的，顧何能成就得高深精密的思想學術（此屬上層建築）？而卒有此成就者，蓋於當時眾多清修僧侶猶供給不難。

佛教創始人釋迦牟尼以享受豐厚的淨飯王太子，即有室家之樂乃棄家遠走者，深有感觸於人生問題而必求其解決也。此一大心大願非生命本性向上奮進不已之表見耶？夫亦曰人類要求徹底認識其自己而已，豈有它哉！④

上文曾有最高級宗教在迷信問題上涉及不多的話，是否說其間猶有些許迷信呢？在這裡即有必要對迷信一爲剖析。

說迷信，是說人自蔽其明。人何爲而自蔽其明？心有所牽於外，則蔽生而明失也。人是富於感情的動物，而任何少許隱微的貪著、恐懼、恚恨等等諸般心情均將構成一絲牽掛而自失其明，況其情念又重者乎？世人之落歸迷信恆在此。此是淺一層的分析。更深一層言之，從乎向上心而否定人生志切出世者宜爲正信而非迷信了。然人的欣厭好惡皆根於俱生我執而來。此與生俱來的深隱我執（不是現於意識上的分別我執）完全是迷妄的，其由此而來的厭離世間之念同屬迷妄也何疑？

「佛陀」爲梵音，其義則覺悟之意。「心、佛、眾生」三無差別，是佛家恆言。眾生與佛原自無別，其別只在迷與悟之間而已。然迷惘豈有實在性？譬如迷於東西方向者，東西何嘗爲之易位？眾生自性是佛，固未嘗以迷而改；一朝覺來，依還是佛。問題只在無始以來習氣重重，積習難返耳。出世之念仍身處迷中，正信不異迷信——此爲深一層分析。

二、宗教與科學——此一問題與一切宗教均有關係。關係簡單明確，即二者在人類文明中各有其領域是已。

宗教與科學同爲社會的產物，既同構成於人們的心思，又同爲人生而服務。但在心思活動上既不同其動機，更且不同其對象。科學知識以現前個別事物爲入手對象，雖步步深入研究，有所聯通，蔚成體系，但不及於渾全宇宙，不做最初、最終任何究極之談。解決當前疑問是其動機。疑問解決，達於實用，又復促其前進。此中大有人制勝乎物的主動精神在。社會生產力發達升高有賴於此，同時亦即推動著歷史車輪。反之，震於外界無邊廣大威力，自己每處在脅迫被動中，心神不安，卻是宗教信仰起因。此即其早期出現的動機不相同矣。其後則有進於此者：偉大宗教顯示出人類的一種深切關懷憧憬，若不容已。其所憧憬者若在當前萬物流逝之外，又實隱寓其中，既爾眞實不虛，卻又若有待實現。蓋人生自我對神秘的無邊宇宙之依存究竟若何，有不容趨置。此其動機顯然復不同前。再言其構思中之對象，外則泛及一切，內則反躬自省，莫得而限定之。特於宇宙究極不能不涉想幽渺，其或出以幻構，落於迷信仰賴，抑或深有會悟，得其安心立命之道，則種種各有可能。社會的生產和生活必有禮俗制度乃得進行，而此則為禮俗制度奠立基礎，又輔翼之。⑤宗教也，科學也，事實上各有其領域，豈不昭昭乎？

人類文明發展恆由簡而繁，由渾之劃，在古人頭腦思路中固無科學與宗教之分辨，則其以此濫施於彼，信有神靈主宰，幻想世界若何創始，實有不可免者。此所以多神教盛於早期社會，惟一大神教則盛於中古之世也。入於近代，科學驟興，凡知識之所及，迷信自破。三百年來宗教對科學只取守勢，而且是脆弱的守勢。同時大自然界為科學技術所征服利用，人們意氣甚豪，如今繁榮的資本主義大國，宗教衰退，在社會上只起一種門面作用，粉飾太平，固其宜矣。

中古歐洲宗教勢力強橫暴虐，而卒為科學所勝者，科學家本乎人心自覺之明以治學，出其所認識者公之於世；世人誰不好真而惡偽？其勝也，人心自覺之不可昧勝之也。站在宗教立場，不應怯懦於科學攻勢。——這是於宗教大有好處的。宗教而有其真，愈經刮剝其真愈顯。宗教無前途則已耳。宗教而有其光明前途，亦惟有本乎人心自覺之不可欺、不可昧——這是人類特徵所在——而得開展，莫能外也。其所不同者：科學家心向外用之於物，宗教家反用之生命本身，有如第十三章前文之所說而已。

三、宗教與道德——此一問題與一切宗教均有關係。關係是簡單明確的，即二者在人類文明中密切比鄰，雖非一事，卻相聯通也。

道德之眞義應在人莫不有知是知非之心，即本乎其內心之自覺自律而行事。但俗所云道德卻不如是逼眞。蓋因人生活於社會中，而各時各地的社會恆各有其是非之準，即所謂禮俗者，爲通常所循由而成習慣，合者爲是，不合者爲非；道德於此，乃與禮俗幾有不可分之勢。社會禮俗率由宗教演來，是則宗教與道德之所以密切爲鄰也。素昔歐洲社會每於不信宗教之人輒視爲不道德之人，或視爲道德上可疑之人正爲此耳。

更有進於此者：宗教信徒每當對越神明，致其崇仰、禮拜、祈禱、懺悔的那一時刻，心情純潔誠敬，便從塵俗狹劣中超脫出來。這實在是一極好方法來提高人們的德性品質，也就是提醒其知是知非的理性自覺，稍免於昏昧。一般人的德性品質常資藉信仰宗教而得培養，是所以說道德宗教二者實相聯通也。

更深入地說明其故，則在人類生命深處宗教與道德同其根源是已。此根源即人心之深靜的自覺。心靜與自覺分不開，早經指說於前（第六章第六節）。心靜之深淺度頗多等差，而自覺之明度隨以不等，殊難用言語區劃之。這裡渾括說「深靜的自覺」，其間猶且涵有等級。大抵體貌恭肅，此心誠一不二，庶幾得之。粗浮之氣仍待漸次消除，乃可步步深入靜境，非可期於一朝。人之能自主其行事，來從自覺之明，所以成其自覺自律的道德在此。非此不為眞道德。宗教信仰要在必誠必敬，一分誠敬一分宗教信仰；否則，尙何宗教之可說？宗教、道德，二者在人類生命深處同其根源者謂此。⑥

然此二者當其表見在社會人生上卻不相同。茲引用舊著之文如下：

宗教最初可說是一種對於外力之假借，此外力卻實在就是自己，其所仰賴者原出於自己一種構想。但這樣轉一彎過來，便有無比奇效。因為自己力量原自無邊，而自己不能發現。宗教中所有對象之偉大、崇高、永恆、真實、美善、純潔原是人自己本具之德，而自己卻相信不及。經這樣一轉彎，自己隨即偉大、隨即純潔於不自覺。其自我否定每每就是另一方式並進一步之自我肯定。

質言之，（高級）宗教是一種方法，幫助人提高自己品德，而道德則要人直接地表出其品德，不借助於方法。佛教所謂人天乘、小乘、大乘者，其乘即乘車、乘船之乘，正是明顯點出來方法工具之意。道德則要人率眞行事，只要你一切老實率眞，品德自然漸漸提高也。二者之不同在此。

若再申明其不同則宗教傾向出世，而道德則否。二者於此，有時可發生很大牴觸。圓滿的出世法惟於佛教大乘見之，如我舊著所云：

宗教最後則不經假借，徹達出世，依賴所依賴泯合無間，由解放自己而完成自己。（見《中國文化要義》一〇七—一〇八頁）

須知出世是佛教小乘，偏而未圓；大乘菩薩「不捨眾生，不住涅槃」出世了仍回到世間來，弘揚佛法，利濟群生，出而不出，不出而出，方爲圓滿圓融。

有關宗教的問題固不止此，今我分疏解釋姑止於此。

第三節　世間、出世間

說世間，主要在說人世間；然人固離開其他眾生不得，說世間即統宇宙生命現象而言之耳。生物既不能離無生物而有其生，則世間者又實渾括生物、無生物爲一體而言之也。

然則說出世間又何謂乎？世間生物、無生物統在生滅變化、新陳代謝、遷流不已之中，似乎無從出越得，而實不然。有此即有彼，有世間即有出世間；出世間者，世間之所托；世間生滅也，而托於不生滅。然二之則不是，世間、出世間不一不異。宇宙萬有森然只是現象，其本體則一耳。現象、本體可以分別言之，而實非二事，是即不一又不異矣。世間、出世間即哲學家所說現象與本體也。現象是生滅的，本體則無生滅可言。從乎佛家言語，「即一切法」而「離一切相」，那便是出世間了。

然佛家所謂出世間，非徒存乎想像言說如彼哲學家之所爲也。世間原是生滅不已的，必也當眞不生不滅乃爲出世間。不生不滅，不可以想像——想像本身恰是生滅法——卻非不可以實踐。假如許可世間生滅是事實，那麼，出世間不生不滅，毋寧是更眞實的事。

在前東西學術分途一章，不曾說過如次的這些話嗎：

學術是人類生活中所倚以解決問題的。說問題，亦即是生活中遇到的困難或障礙之謂；解決了困難障礙，便取得了自由；不斷地爭取得自由，正是人類生命所以代表宇宙大生命本性者。有什麼問題，產生什麼學術；當社會發展前進到了不同階段，那時人生問題從而有所不同，便自有其不同學術出現。

東方三家之學——佛家其一——各為一種生活實踐功夫（不徒在口耳之間相傳說），都是解決真問題的真學術。

茲爲進行必要的解說，下文將分三段，各標小題如次：

一、要知道出世間有其的解。

二、假如承認世間的眞實性，那麼出世間就更眞實。

三、略說次第深入的人生三大問題。

要知道出世間有其的解，見於《成唯識論》，試摘取如次：

（上略）此智遠離所取能取，故說無得及不思議；或離戲論，說為無得，妙用難測，名不思議；是出世間無分別智，斷世間故，名出世間。二取隨眠是世間本，惟此能斷，獨得出名。

世俗總以爲人生天地間，世代更換不已，而天地——大自然界——則外在固定，只可仰觀俯察，如何出得去？此無知誤解，須待分層逐步來解說，乃得明白。

前在第六章第五節不曾爲如次之闡明乎：說生物是不能局限於其機體的，即不當脫離那關係著生物機體所賴以生活的自然環境條件而孤立地、靜止地來看它，而是應當聯繫著那機體和其環境關係，總合爲一整體的。那麼，一個人不就同樣地應當如是來認識嗎？馬克思嘗謂「自然界是人的非有機的軀體」（見前第八章）。其義蓋在此。佛家所以稱一個人的身體爲「正報」，而其所依存的大自然界則爲「依報」。一個人是其正報、依報所合成，分離不得。這是必須承認的第一層。

前在第五章不又曾爲如次之闡明乎：從原始單細胞生物以至後來進化出的高等動物，雖同有其知覺運動，而其間等差懸絕，要視其知覺所及之廣狹繁簡，而活動力之大小強弱隨以分殊。此知覺所及的廣狹繁簡則又各視乎其機體感官的分工進化、神經腦髓的發達程度而定。質言之，動物由於物種不同，其所生活的世界是各不相同的，莫認爲是在同一世界內生活。本能生活的動物，於其生來特定相關之事物情味濃烈，而於此外漠不相關。動物愈低等，其生活境界愈狹隘，生命發展高至人類而境界大闢。現前世界之廣大、富麗實隨人類生命之發展創進而來，且正在不斷開闢之中，前途是莫得限量的（見第六章第四節）。蓋人類生命發展出計劃性，不徒依恃乎其生來的感官肢體，更能創製種種工具，資藉以知覺和活動之故。因此可以說，社會文明不同等者，其世界即不相等；在個體生命，其資質不相等者，其發育成長不等者，乃至其官能健全或健康狀況不等者，便各自生活在各自世界中。此爲第二層必須明曉和必不容否認的。

從上兩層可進而言第三層，即是前在第八章「人與自然界之間的關係」中述及佛家唯識學的眼等五識生，但由自識變生相見二分，所取能取固是一體之義。這是把人類知覺所及的世界收合集中到人的感覺來講。感覺爲知覺之造端；知覺資始於感覺，順從生命趨勢和生活練習而發展出來，爲一切知識之本。要曉得吾人通常現有者只是知覺，而總把知覺當成感覺來說，其實感覺乍現即逝，把握不及。惟獨佛家從其瑜伽功夫的實踐，逆著生機體向外逐物之勢，深入人心內蘊自覺靜境，乃於感覺有所體認。⑦ 唯識學蓋出於瑜伽師（修瑜伽功夫者）之所宣說。如其所說，人的感覺即眼耳等五根，色聲等五塵之間所生的五識是也；感覺中所感一方面，謂之相分；能感一方面謂之見分；合相見二分爲識自體。或從其根而日眼識，或從其塵而日色識，均無不可。五識生時——感覺出現時——所有其色聲等相分，實爲自識之所變生。相分爲所取，見分爲能取，二取固是一體，即此之謂也。《成唯識論》上說明云：

（五識）識生時無實作用，非如手等親執外物、日等舒光親照外境，但如鏡等似外境現。名為了他，非親能了；親所了者，自所變故。……

眼等五識是了境識，其親所了者曰親所緣緣；尚有疏所緣緣，指其間接所緣之物。五識各待眾緣和合而生，緣缺不生；其緣之多少各不等，此不及詳。

或問：唯識家言是今所謂唯心論否？可答云不是。如唯識家說，五識所有色聲等屬性境故，屬現量故。言性境者，明其有別於獨影境、帶質境。言現量者，明其有別於比量、非量。有頌云「性境不隨心，獨影惟從見，帶質通性本」。性境義同實境，非可隨心而有；帶質即於妄情中帶有本質（第八），此指第七緣第八識說；獨影則指第六識時或有任意虛構之觀念。現量如鏡照物，沒有分別計度；比量必依據因明（邏輯）以立宗；若其似現量或似比量者即屬非量。此其區別甚嚴，誰復得而斥其唯心乎？

然從另一面來說，則唯識家固自言其唯心也。此心指第八識。（「心」、「意」、「識」

三名字分別相當於第八、第七、前六識。）所謂第八識者實即謂吾人生命整體；其曰「一切唯心所造」者，一切惟吾人生命之所造耳。世間萬象森然，總不出吾人了境取相之前六識；前六識則來自眼耳鼻舌身五根和第六意根（分別計度之頭腦）。此六根者吾人所用以適應環境、爭求生活之工具，遠從生物進化不斷發展而來，涵於吾人生命整體之中，同時其主體亦即在此（八識）焉。既然六識相分爲自所變，能所非二矣，則主客一體，一切在吾人生命中，不在其外，便可肯定。

更進一層說明：不獨六識親緣非外也，其疏所緣者還即第八識變。森然萬象皆從變有，時時刻刻在變中，而所變不出能變。此能變者析言之有三，即心、意、識三者。識（前六）不過是其淺表，根本則在意（第七）和心（第八）。心即生命整體，而所有生命活動則全由意來。所謂意者，謂第七唸唸緣第八以爲「我」，隱默地、不息地在轉之無已時也。我執是生命活動根源。有現於第六識中之我執，謂之「分別我執」，不過是粗淺的，有間斷的。惟此第七識中之我執與生俱來，乃所謂「俱生我執」，恆轉不已，隱伏不顯，三能變之能變的動力全在此焉。前六識所變者名「異熟生」，第八所變乃曰「眞異熟果」。眞異熟果是其人正報、依報的綜合體。——「一切唯心所造」的話，其理由如是。

若問：爲什麼唯識家既不唯心矣，而卒又唯心起來？答曰：其不唯心者，實事求是；其卒又近若唯心者，仍是實事求是。他們始終在解決人生問題的實踐中，不實事求是便解決不了任何問題。他們原不是在談哲學，無所謂唯心、不唯心。同時要注意：前之不唯心，後之唯心，其心之意詞意義寬狹不同。前之不唯心即不唯主觀意識之義；後之「唯心所造」者，即一切惟生命之所造之義。

如我夙昔之所說明：人的眼耳等感覺器官活動，原是從其求生存、避禍害的立場出發，對外界的各式各樣「探問」，其色聲等感覺，即其收到之「情報回答」。自己隨問隨答，便是相見二分出於識體自變之理。情報回答固必出於外界狀況有所反映，卻非一如其實，而是涵有很重主觀成分的。其所以主觀成分很重者，不難粗略指出如次：

1.色、聲、香、味、觸，人的一切純眞感覺（且不談其後來發展出的知覺）均涵有適意、不適意的感情成分在內。此感情成分在唯識家即屬之於前五識相應俱有的「心所」（心所有法之簡稱）。

2.人的視聽等感覺來自外界光波、聲波等刺激，但非是所有的光波、聲波皆爲人所感覺得到。其過強過弱，過高過低者，便或超於能覺度或不及能覺度了。此即證明感覺有取有捨，未嘗一如其實地反映了外界。[8]

3.吾人資始於感覺而後天發展出來的知覺，相當於巴甫洛夫學派之所謂條件反射，其無條件反射，則屬於先天本能的。條件反射從個體經驗習慣而人各不同，稱之爲「個體的反射」，以別於無條件反射之爲「物種的反射」。吾人感覺有其頗重之主觀成分，如上已明，吾人知覺的主觀成分乃更重於前者。從唯識家來看，感覺是現量的，知覺卻間雜許多比量、非量在內了。

4.人的機體構造於其所遇環境刺激，恆有天賦高度適應性能，隨時伸縮變化以爲應付。此蓋由生命總在自求協調平衡之理，醫家知之最詳。眼之感光，體之感溫，於其明暗冷熱驟然有變恆得調節裕如，是其粗淺之例。從而感覺上之明暗冷熱，就不可憑信以爲外界實況。

5.如前第六章第一節所說。要必於固定少變之事物，乃適合人心計劃性之發揮運用；若不可得，則惟取其約略相當的，亦可資之以訂計劃。但世間一切均在遷流不住、瞬息萬變之中，捉不到固定不變的局面，人心的計劃性將何以施其計呢？所以從人的感覺到知覺惟有攝取其間片段而固定化之，以約略相當（大致不差）的爲其代表。人們一切應付外界行動皆準於所感知者而行，雖然亦大都效用不虛，而實則其前提皆假定以所感知者（固定化的片段）爲眞實耳。

唯識家所說的識自體變生相分者，其爲修瑜伽者靜中發見的事實，而非同哲學家的那種思想議論，其不明白矣乎？事理如此，既然明白，那麼，何謂出世間便不難明白。出世間者：從乎佛家逆著生機體向外逐物之勢的瑜伽功夫，斷離二取，不再「探問」便不再變生相分，萬象歸還一體（宇宙本體、空無一切相），生命卒得其解放，不復沉淪在生死中之謂也。

生死從何來？從最簡單的生命存在方式如蛋白質體者，便見有新陳代謝之自我更新過程來也。——請回看第十二章前文所引恩格斯《反杜林論》中講說生命四點特徵等等那些話。一切生物總在息息不斷地有所吸取於外，消化於內，又排泄於外，從而有其生長，有其生殖焉。新陳代謝既見於其個體之內，又且見（陳）個體（新）個體之間者是已。

這裡最根本重要的是自我更新之自我，生命之爲生命在此。吾書開首便講自動性、能動性，其動是有主體地動，不同於風之動、水之動。佛家以人生爲迷妄；其所以爲迷妄者，即在「我執」上。我執於何見？如佛家說，本來清靜圓滿，無所不足者（宇宙本體），乃妄爾向外取足；即在此向外取足上見出了外與內，亦即「物」與「我」相對的兩方面，而於內執我，向外取物，活動不已焉。從原生物一直發展到人類出現，要無非從「我」這裡發展去的。——就發展出萬象紛紜偌大世界來。

生命從最低級升達最高級如人類生命者，其我執乃最活躍，最頑強。活躍者，其顯露於第六意識上的分別我執也；頑強者其隱伏恆轉無已之俱生我執則在第七識緣第八識上，人雖沉睡若死，或大腦震傷悶絕，而其體內生理活動不停息者，爲此俱生我執在也。如佛家所說，由我執有「煩惱障」，由法（物）執有「所知障」。二障原於二執，於是而有變生萬象的能取、所取那二取。破二執，除二障，斷二取，便從生死無休中超脫出來。

八識是淪在妄情中的：佛家瑜伽功夫要在消除妄情，轉識而成「智」。此所以前引《成唯識論》云「此智遠離所取、能取……是出世間無分別智；斷世間故，名出世間。二取隨眠是世間本，惟此能斷，獨得出名」也。

依次進行第二小段：假如承認世間的眞實性，那麼出世間就更眞實。

對人生持否定態度厭離生死，曾是印度突出的古風，表見在傾向出世的許多宗教之流行，從而都把世間看成是不眞實的。及至佛教出現，多方適應群機，既包有各不相等的教乘（如大乘、小乘、人天乘等）在內，又且漸漸發展出許多派別分歧，其間爭訟紛紜總集中在空有問題上。空有問題，蓋即從世間眞實不眞實問題遞衍下來者。

平情論事，世間的眞實性又何妨予以承認，卻是出世間就更眞實耳。《瑜伽師地論》中有四眞實之義，既一面認許世間眞實，更一面顯示出世間的眞實，最值得稱述。試以淺近易曉言詞述之如次。

一者世間極成眞實。——此即肯定現在通稱的感性知識是有其一面眞實性的。原論文云：

（上略）謂地惟是地，非是火等。如地如是，水、火、風、色、聲、香、味、觸、飲、食、衣、乘、諸莊嚴具、資產什物、塗香華鬘、歌舞伎樂、種種光明、男女承事、田園、邸店、宅舍等事，當知亦爾。苦惟是苦，非是樂等；樂惟是樂，非是苦等。以要言之：此即如此，非不如此；是即如是，非不如是；決定勝解所行境事。一切世間從其本際展轉傳來想自分別共所成立，不由思惟籌量觀察然後方取，是名世間極成真實。

世間生活首先是建立在分別對立中的事物上，亦即在人們常識中那些觀念、概念上；正如恩格斯在《反杜林論》內說到形而上學的思維時所說：「是則是，否則否，除此以外即是鬼話」那樣；然而它卻爲當初科學所由分門別類來研究，大踏步前進的基礎者。這些感性常識雖未深入事物本質，自有其眞實性之一面。

二者道理既成眞實。——此即肯定現在通稱的理性知識有其眞實性。它較之感性知識蓋爲透過現象深入事物本質而通達其內部聯繫者。一切科學家實事求是地研究之所得（包含辯證唯物主義、歷史唯物主義觀點的認識）應屬在此中，雖每或違遠一般常識，卻較近達乎眞際。在古佛家自非如近今科學家那樣向外致力觀測實驗之所爲，而是從生命自反的方向寂默覺照中見得一些事實，遂亦同樣地於一般常識俗見多所糾正（或增益）。[9]雖然一則是順著生命發展趨勢，而一則是逆著的，但一本於實事求是卻彼此無二致；從而各自所識得就每能互相發明印證。這些極成道理均屬生命內事，非屬出世間，顧可爲修出世間法者之所發見耳。

上列兩項皆屬世俗眞實性，蓋在俱生我執之妄情的生活中，各有其效用而不虛，便且以眞實許之也。但惜世人多從第六意識所起分別法執、分別我執的作用上慣常地加重了執著之勢，違遠事物眞際，使得貪，瞋，癡的煩惱轉陷益深，以致造作出許多愚蠢罪惡來。所以佛先從小乘教就開喻人們之所謂「我」者，不過是來從「色、受、想、行、識」五蘊上的一種誤認，以解破其我執。後在大乘《般若經》最善說空說幻，進而解其相縛。相縛者，謂不了達六塵境相之空幻，重爲相分見分之所拘，不得輕舒自在也。果然破執解縛，則眞自顯；古人云：不用求眞，只須息妄。

三者煩惱障淨智所行眞實。——此及第四「所知障淨智所行眞實」之所說便均屬於出世間了。

前曾說，煩惱障從我執來，主要是在末那（第七）識俱生我執上的四根本煩惱：1.我癡（冥頑無明），2.我見（於非我上計我），3.我慢（傲慢），4.我愛（耽愛）。在末那我執上相應不離地具有此四心所。心所者，心所有法之簡稱，乃指其相應的情趣或意向而言。「我」之爲義，原是常一主宰之意；而其實常一又何可得，亦不可能說什麼主宰。具此情趣意向更是迷妄，障蔽著眞理，陷於煩擾昏亂，故曰煩惱障。淨除此障，染識轉成淨智，眞理斯見。——第三眞實人意如此。

上一項只破我執，在破除迷妄上猶未徹底。世人從自家身心上計執有常一主宰之我，其實不外因緣湊集所生之色、受、想、行、識（解析一人的身心不外此五者）五蘊而已，既非常一之體，更難起主宰之用。「我」歸於空矣，而法（五蘊）猶在。「法」爲佛家用於一切事物之通名。認爲事物實有其事，是謂法執。法執不除，妄云何澈？

四者所知障淨智所行眞實。——此即佛家所說「眞如」、「法性」，如我領會即是宇宙本體。淨除法執之爲障蔽，乃臻斯境。法執亦曰「法我執」；如上文之我執亦曰「人我執」。人我執依法我執而起，通是我執，法我先於人我。喻如夜間迷杌爲人，人之誤認起於杌。曉悟是杌非人較易，必且進而曉悟杌之非眞。茲摘取《瑜伽師地論》原文一小段，以見大旨：

（上略）又安立此真實義相，當知即是無二所顯。所言二者，謂有、非有。此中有者，謂所安立假說自性，即是世間長時所執，亦是世間一切分別戲論根本，或謂為色、受、想、行、識，或謂眼、耳、鼻、舌、身、意，或謂為地、水、火、風，或謂色、聲、香、味、觸法，或謂為善、不善、無記，或謂生滅，或謂緣生，或謂過去、未來、現在，或謂有為，或謂無為，或謂此世，或謂他世，或謂日月，或復謂為所見、所聞、所覺、所知、所求、所得意隨尋伺，最後乃至或謂涅槃，如是等類是諸世間共了諸法假說自性是名為有。言非有者，謂即諸色假說自性乃至涅槃假說自性無事無相假說所依一切都無，假立言說依彼轉者皆無所有，是名非有。先所說有，今說非有，有及非有二俱遠離，法相所攝，真實性事是名無二。（下略）

這裡極需注意兩點：小乘佛教亦被列入「是名爲有」之中而加否定；乃至說到「有及非有，二俱遠離」，信非思議所及。這是一點。再一點，這全然不是哲學思辨的極致——那是被斥爲戲論的——而是實踐出世，出世的實踐。

末後進行第三段：略說次第深入的人生三大問題。

此所云人生次第深入的三大問題者，在前第十三章講「東西學術分途」時，既經提出說過：㈠人對物的問題，㈡人對人的問題，㈢人對自身生命的問題。

如前所說，眞的學術皆爲解決眞的問題而產生的，要解決問題都要通過行動實踐才得解決，殊非徒在頭腦、口、耳之間像西洋哲學家那樣想一想、說一說（只解釋世界而非改造世界）而止。所謂問題，就是生活中所遇到的障礙或困難之類；解決了困難障礙，就獲得了（某種）自由、自在。不斷地這樣爭取前進，將是有其淺、深、先、後次第的。一問題的解決，恆即引入其進一層的問題。人生不外如是無窮無盡地走著，人類歷史不外如是逐步地發展著。請試審思之，難道不是嗎？

距今六十年前的我，志切出世，便發覺一般人所要解決的問題總是生活上的問題，而相反地我卻不是要生活下去，我要從生命中解放出來。這裡顯然是兩個在性質上不相同的問題：前一是順著走，後一則是逆著行的；前一障礙在外物，後一則障礙即自身。那麼，還有沒有性質上爲第三問題的存在呢？多番審思，四顧觀察，乃知確有介乎此二者之間的一個問題，這就是：人對人的問題。

人和人之相處始於親（父母）子、兄弟、夫婦、一家人之間，其彼此將順照顧，自屬常事，但彼此相忤，大成問題者夫豈少見？面對這樣問題，能否像因外物爲礙的那樣來對待，譬如排除之、消滅之來解決呢？首先主觀感情上不許可（不忍），更且客觀事實上不許可。說事實上不許可者，就在人是天然離不開旁人而能生活的。從事實上就決定了你必須有與人相安共處之道才行。此即見其性質殊不相同。當然有不少走向決裂的，尤其常見於人群與人群之間的決鬥、戰爭。以決鬥、戰爭來解決人對人的問題，不是號爲文明的人類直到今天依然行之未已嗎？卻須知得、卻須注意：此時相鬥的兩方正是彼此互以對外物的態度來相對待了，即是轉歸於第一問題去了。至於人對人的這個問題，其不同乎人對自身生命之求解放自由，很顯明，無須多說。因此總結下來人生實有此性質不同的三問題存在，即不能減少，亦無可增多。

此人生三大問題之說，愚發之五十多年前，爲舊著《東西文化及其哲學》全書理論上一根本觀念。從今天看來，此書多有錯誤之處，其可存者甚少，然此根本觀念卻是不易之論。所以後來舊著《中國民族自救運動之最後覺悟》更有所申說，其文視初著較妥切明白，又有爲上方所未及詳論者，茲錄取如下，用作結束。

人類生活中所遇到的問題有三不同；人類生活中所秉持的態度（即所以應付問題者）有三不同；因而人類文化將有次第不同之三期。

第一問題是人對於物的問題，爲當前之礙者即眼前面之自然界；——此其性質上爲我們所可得到滿足者。

第二問題是人對於人的問題，爲當前之礙者在所謂「他心」；——此其性質上爲得到滿足與否不由我一方決定者。

第三問題是人對於自己的問題，爲當前之礙者乃還在自己生命本身；——此其性質上爲絕對不能滿足者。

第一態度是兩眼常向前看，逼直向前要求去，從對方下手改造客觀境地以解決問題，而得滿足於外者。

第二態度是兩眼常轉回來看自家這裡，「反求諸已」，「盡其在我」，調和融洽我與對方之間，或超越乎彼此對待，以變換主觀自適於這境地爲問題之解決，而得滿足於內者。

第三態度，——此絕異於前二者，它是以取消問題爲問題之解決，以根本不生要求爲最上之滿足。

問題及態度各有淺深前後之序；又在什麼問題之下，有其最適相當的什麼態度。雖人之感觸問題，採取態度，初不必依其次第，亦不必適相當，而依其次第適當以進者實合乎天然順序，得其常理。人類當第一問題之下，持第一態度走去，即成就得其第一期文化；從而自然引入第二問題，轉到第二態度，成就其第二期文化；又將自然引入第三問題，轉到第三態度，成就其第三期文化。

此章共分三節，是前後互相照應的。不難明白世界文明三大系之出現，恰是分別從人生三大問題而來。現代文明仍屬在第一期中，但正處在第一期之末，就要轉入第二期了。社會主義取代資本主義的世界大轉變行將到來，那正是把人生第二問題提到人們面前，要人們彼此本著第二態度行事，而其第一態度只用於對付大自然界了。

①精神一詞，指離身體稍遠乃至頗遠的人心活動而說，它代表著那種靈活自由的人心活動事實，此外無它意義。見第十章前文。

②上文第十五章曾說，禮俗制度之在群體生命同於氣質、習慣之在個體生命，原為吾人所資以進行生活的方法、手段、工具。

③一般說神通有五：一天眼通，二天耳通，三他心通，四宿命通，五身如意通（神足通、眼耳等五根可互用）。亦有加漏盡智證通為六通者。漏盡智證通為一切自在無礙之最高境界，前五通不在其外，固無取乎與前五通並列也。在前五通中一一各有其高下等差，不可同語。例如能知他人心念之他心通，在無修無證之凡夫亦見有其事例（姑不述）。其他各通偶一流露人間者事亦不少。在催眠術中，在弗洛伊德派精神分析所遇中，在某些變態心理中，在魔術（印度最盛）中，……多有出乎常情似不可解之事，其實皆為生命固有可能性之一發現。又如在大地震中，或火災急變中，人的舉重氣力猛然奇大無比；又如瘋狂似中魔之人縱躍猱升之飛捷可駭，突破恆限。不外生命無限可能性偶一變更其一向鑄造的慣例而已，豈有他哉！

④著者年十六七輒不勝其出世之思求，初非受外來啓發指引，只因在苦樂問題上深究不捨，卒悟煩惱在自己不在環境，乃於人生致其疑悶，覺得惟獨佛家有合於我耳。夫然後覓取佛典讀之。展讀難於索解，猶自暗中摸索。年廿四受聘北京大學忝任印度哲學講席，直至年廿九始放棄出家之念。回想當年父母鍾愛顧復，一切不勞自謀；師長嘉賞，學業不後於人，其出世之念恰茁露在世俗需要均不成問題之時，是亦可為前說之一具體例證。

⑤日本天皇根源於宗教而有萬世一系之觀，其社會禮俗制度屢經更代，尤以明治維新為一大變，至第二次世界大戰後又有所變。此天皇者未來遠景難說，似在今天維繫一般人心仍自有些效用。所謂社會秩序有賴宗教奠基又輔翼之者，此其顯明之一例。

⑥友人王星賢見示印度詩人泰戈爾英文論著中有 inner conciousness 一詞，且在俄國文豪托爾斯泰之英文書札和論文同亦有之。又泰戈爾文中且見有 our inner most being 一類之詞語。此兩家皆於人生有體認，於宗教有深識，宜乎其言正可佐證吾說。凡宗教必有禮節儀文，在行禮之前或且有齋戒沐浴一日至三日者。所有這些禮文條件我簡括地用「體貌恭肅，此心誠一不二」一句話表之，要知道其意義全在引導人心神靜穆和虔敬，勿馳騖於外而後自覺得明也。

⑦參看舊著《東西文化及其哲學》第四章及《唯識述義》第一冊。

⑧光波中之紅外波、紫外波，聲波中之超聲波、次聲波即屬於超出感覺，或感覺不及者。由於物種不同，生活各異，人與各高等動物的感覺器官便種種不一樣。人的聽覺極限是每秒時五萬振次，而狗耳則能感受到每秒十萬振次。狗的嗅覺靈敏，鷙鳥猛禽的視覺銳利，皆為人所遠遠不及，世所習知矣。

⑨此例如俗常以為色聲香味觸等感覺是外界的，而事實上乃是自識所變相分，不在外；又如變生相分時，有相、見、自證、證自證等四分那樣精細深微，俗所不曉等是也。凡此皆合於科學，屬於世間事物之列。

第十七章
道德——人生的實踐（上）

道德一詞在較開化的人類社會任何時代任何地方可以斷言都是少不了的。但它在各時各地不免各有其涵義，所指不會相同，卻大致又相類近耳。這就爲人們在社會中總要有能以彼此相安共處的一種路道，而後乃得成社會共同生活。此通行路道取得公認和共信便成爲當時當地的禮俗。凡行事合於禮俗，就爲其社會所崇獎而稱之爲道德；反之，則認爲不道德而受排斥。禮俗總是隨其社會所切需者漸以形成出現，而各時代各地方的社會固多不同，那麼，其禮俗便多不相同，其所指目爲道德者亦就會不同了。然而不同之中總有些相同之點，因爲人總是人，總都必過著社會生活。

然人類特徵固在其自覺能動性，道德之眞要存乎人的自覺自律。其行事眞切感動人心者，所受到的崇敬遠非循從社會一般習俗之可比。有時舉動違俗且邀同情激賞，乃至附和追從焉。此又不論古今中外所恆見不鮮者。正惟此之故，社會風尙遂有轉變改良乃至發生革命。

是故有存乎一時一地的所謂道德，那是有其不得不然之勢的；但那只是一方面，而另一方面則道德原自有眞，亦人類生命之勢所必然。

茲就有關道德的一些問題簡要地分別進行闡明如後——

一、敢問道德之眞如何？如我所理會：人類生命是宇宙大生命從低級生物發展出來的頂峰。凡過去發展中那些生物以至高等動物最接近人類者既莫不各自止於其所進達之度，陷於盤旋不進，其猶在發展前進不已者今惟人類耳。如吾書前文之所云「生命本性就是莫知其所以然的無止境的向上奮進，不斷翻新」（見第四章），人在生活中能實踐乎此生命本性便是道德。「德」者，得也；有得乎道，是謂道德；而「道」則正指宇宙生命本性而說。

二、生命寄於生物而見，那即是從一切生物的生活上見之，而生命本性既從生物進化史的大勢上昭然可見，又賡續表見於從古至今的人類社會發展史。試一回顧前瞻，當必憬然有悟。人生於此，豈不當率性而行乎！

三、既日率性而行便是道德，則其事當不難，顧何以道德乃若稀見可貴，而人之不道德卻紛紛然充斥於世邪？此蓋以人類發達了頭腦心思作用而降低其他官體作用，亦即反乎動物各依種族遺傳本能生活之路，而特依重理智於後天；此一突出的絕大進步，正得之有所減損而非得之於有所增益。第十二章前文不云乎：

人身——人腦只是給人心（生命）開豁出路道來，容得它更方便地發揮透露其生命本性耳。論其措置是消極性的，而所收效果則將是積極的偉大無比的。

對照動物來看，彼依本能爲活者，行乎其所不得不行，止乎其所不得不止，落於刻板文章，既少奮進創新之機，違失生命本性矣，更無率性不率性之可言，亦即談不到什麼道德不道德。惟人類得從動物式本能解放出來，爲宇宙間惟一能代表生命本性者，斯有率性不率性問題，斯有道德不道德問題焉。說有所減損者，即指動物式本能的減損，爲生命本性留出空白活動餘地也。正爲率性非定然，其向上奮進乃可貴。道德者人生向上之謂也。

四、人或向上或墮落，大有可以進退伸縮者在。此其所以然就在身心兩極之分化（見第十章）。人之一言一動乃至一念之萌，皆來自身心無數次往復之間（見第十一章）。頭腦心思大大發達了的人類，自是應當心主乎其身的，但事情卻不必然。往往心從身動，心若無可見者。必若心主乎此身，身從心而活動，乃見其爲向上前進；反之，心不自主而役於此身，那便是退墮了。

五、說至此，須更剖析言之：

人心即從原始生物所見有之一點生命現象不斷地發展而來，雖優劣不等，只是一事。應當說心與生命同義，又不妨說一切含生莫不有心（回看第四章）。

從生物進化史看去，總是心隨身而發展的，身先而心後，有其身而後有其心（回看第十章）。

事物的發展總是漸次量變而有突然質變。依重理智於後天之人心出現，正是一絕大突變，其特徵在人心之能靜，在其有自覺於衷（回看第六章第六節）。

說心從身動，心若無可見者：如新生嬰兒有身矣，人心之用未顯，未有自覺故也。未開化之初民社會，其人行事亦有類似情形者皆以自覺之貧乏。故必有自覺乃可言心。說向上前進必在心主乎此身，身從心以活動者，有自覺乃有自主之可言也。

六、心是靈活向上的。人心要緣人身乃可得見是必然的；但從人身上得有人心充分表見出來，卻只是可能而非必然。現成的只此身，人心不是現成可以坐享的（回看第五章）。此即是說：心尋常容易陷於身中而失其靈活向上。

七、心爲身用，自覺昏昏不明，殆爲人類生活常態。此時若無違其社會禮俗，即無不道德之譏評。然而既有失其向上奮進之生命本性，那便落於失道而不德。

八、古人說過「形色，天性也。惟聖人乃可以踐形。」（見《孟子》）形色是指身體。人身（包括人腦）原爲生命本性開拓出路道來，容其充分發揮表露。人之未能率性者辜負此身矣。古代儒家不外踐形盡性之學；固自明白言之。

九、吾書之言人心也，則指示出事實上人心有如此如此者；其從而論人生也，即其事實之如此，以明夫理想上人生所當勉勵實踐者亦即在此焉。人心與人生非二也，理想要必歸合乎事實。——此第一章之文正點明倫理學的實踐與自然科學社會科學所闡發之理合一。

十、科學的社會主義家馬克思、恩格斯資藉於科學論據以闡發其理想主張，不高談道德而道德自在其中。「因爲在理論方面，它使『倫理學的觀點』從屬於『因果性的法則』；在實踐方面，它把倫理學的觀點歸結爲階級鬥爭」。（見《列寧全集》第一卷「民粹主義的經濟內容及其在司徒盧威先生的書中受到的批判」一文）。雖外表上從頭至尾沒有絲毫倫理學氣味，卻不失爲一較好的倫理學說。

十一、從必然中爭取自由，原是生命一貫的活動表現。毛澤東論用兵要歸於爭取主動，同樣地整個人生亦正是要歸於爭取主動而已（見第四章）。文學上、藝術上、農工生產技術上……種種方面的創造發明，莫非生命靈活自由的表現，莫不表現了人的主動性創造性，而道德則是其更偉大更可貴的創造奉獻。

十二、總結說來，道德不離開事實而高於事實，在原有基礎上有所提高，自新不已。

十三、說事實即指此身及其可能性。說身，指機體、機能、體質、氣質和習慣（回看第十四章）。上文說人尋常容易陷於身中者，即囿於自己氣質、習慣之謂。個人的習慣和社會禮俗相關聯，多半隨和禮俗，此庸俗的道德，缺乏獨立自主；古人說：「鄉願，德之賊也。」（見《論語》）非講求眞道德者之所取。「學至氣質變化方是有功」（語出宋儒程明道），是講求眞道德者之言。

十四、一言一行獨立自主，方顯示生命本質，其根本要在內心自覺之明強。自覺貧弱便隨俗流轉去了。或不無自覺而憚於違俗，皆由心不勝習，苟從身以活動。對善而言惡，昔人（王船山）有言俗便是惡者，雖嚴厲哉，固有以也。

十五、世上既憚於違俗，不認眞以求是者，亦有悍然違俗而作惡者，此兩面似乎差距甚大，而其實不然。人之一言一行皆循從其氣質和習慣而活動的。各個人當時現有的氣質和習慣是其活動的基礎條件，活動只在這上面發生，既離開不得，亦非止於原樣不動。庸俗與大惡見爲差異甚大者，只是現前表面耳；迫近察之，其不同全在各自基礎上。（注意：其階級不同，處境不同，其氣質習慣不同。）革命家率先行其所是，衆人附從有先有後，卒成革命之功。此革命偉人及其先後附從之人，一一各基於其秉賦和習染而有率先與附從之別，附從又有先後之別（當然其因素中還有環境關係在），理無二致。一切都是逐漸而來，這是生命規律。

十六、大惡人與革命家似乎甚相遠，其實亦不然。革命家自是生命力強大之人，而造作大惡者往往亦就是這樣的人。正以其同具有強大生命力，世間頗有惡人轉變而賢智出衆者，亦有先是革命家而墮落爲惡者。若問：生命力強大何謂邪？其內在矛盾大耳。心身是矛盾統一的兩面，身在心中，心透過身而顯發作用，一般莫不如是（回看第十三章）。身的開豁大，心的透露大，其矛盾爭持大，是謂生命力強大。

十七、人的生命力大小強弱不同等和人的體質氣質各有所偏，皆有其生來秉賦（比較是主要的）之一面及其後天養成之一面。但道德不道德之分，全從向上抑或墮落而分，不在其他。向上或墮落總是一步一步乃至一寸一分而來的。雖則其間亦包含由量變而突變的變化，乃至忽上忽下時進時退的事情，然向上者更容易向上，墮落者更容易墮落。

十八、在向上與墮落的問題上，防微杜漸靠自覺。此在尚乏內心自覺的幼兒一時談不上，卻慢慢亦就有了。當其慢慢有自覺的同時，亦就慢慢進入後天養成一方面來，亦就是漸從氣質問題趨重於習慣問題。

十九、習慣固然亦有好習慣壞習慣之別，但氣質和習慣皆是生活中所必要的工具條件而已，生命初不在此。世俗之見以爲道德即是好習慣之謂，德育就在養成好習慣，那是錯誤的。德育之本在啓發自覺向上，必自覺向上乃爲道德之眞。習慣和社會環境總分不開，好習慣往往不過是社會所需要的道德非眞道德。

二十、道德要在有心，要在身從心而活動。說身，正是在說氣質和習慣。所謂墮落就是落在氣質習慣上不能自拔。凡此之義，上文已有明示。現在要指出者：懈惰是背離生命本性的，從一點小事以至罪大惡極者皆由一息之懈來。問題極其簡單。

二十一、遠從生物進化史看去，在進化途程中惟獨後來有人類出現的脊椎動物那一脈絡，始終在爭取自由，爭取靈活，層層上進不稍停歇，乃得有至今猶代表宇宙生命本性的人類奔向前程；其他物種所由千差萬別者正爲其各自歇止於所進達之度，遂落於盤旋中了。何爲而有歇止有不歇止？歇止者在個體圖存種族繁衍兩大問題之得解決上自安自足，從而亡失其向上不斷爭取自由爭取靈活之生命本性也。不歇止者反之，不自安足於現前的存活傳種，從乎生命本性賡續奮進也。問題只在一則懈（鬆勁）一則不懈（不鬆勁），（請回看第六章第五節前文）。一息之懈便失道而不德。在人生實踐上，其理猶是生物進化史上所見之理也。

二十二、造作很大罪惡者，總經過許多心計和凶狠魄力，表面看去極不簡單了，而我卻說它問題極其簡單，因其全副生命工具（頭腦智力，體魄精力）用在邪路上去，其幾惟在一息之懈也。一息之懈而主（心）從（身）易位矣，氣質、習慣於是用事。一息又一息，容易相續，不容易回頭，而大惡以成。

二十三、一切惡出於自私，而通於一切之善者就在不自私，以致捨己而爲公。此理至淺，人人曉得。更須曉得是公非私，是私非公，皆於當前情景比較對待上見之，非可孤立看待者。自私者惟局於其一身是固然矣；若其範圍雖大於此身，卻仍然聯繫在此，如局於一家一國者，便仍然是自私。往往有人把較大範圍的自私也看成道德，那是錯誤的。反之，若當前不存在其他較大問題，則照顧一身的病痛豈得爲自私乎？一句話：善本乎通，惡起於局。蓋爲生命本性是趨向於通的。

二十四、行止之間於內有自覺（不糊塗），於外非有所爲而爲，斯謂道德。說「無所爲而爲」者，在生命自然地向上之外，在爭取自由靈活之外，他無所爲也。體認道德，必當體認「廓然大公」，體認「無私的感情」始得，請回顧第七章各節。

二十五、隱伏身中而爲惡行之本者非一，而勢力強大莫如下列三因素：

1. 發乎男女性慾本能；

2. 發乎憤怒仇恨的鬥爭本能；

3. 爭奪強霸權力的慾望。

人類雖從動物式本能大得解放，但仍爲動物之一，猶留有一些本能，而如上兩種本能爲最強，當其衝動起來，便會不顧一切。末後權力慾則特見於生命力大的人，在一般人較差。①

①人性惡之說，蓋出於一種誤會。要曉得氣質（本能屬此）、習慣原為應付個體圖存種族繁衍兩大問題的工具手段；工具手段原居從屬地位而心為之主：惡行之出現，不過主從關係顛倒之所致耳，非其本然。正為此心一懈即失主了。

第十八章
道德——人生的實踐（下）

人類生命既有其個體一面，又有其群體一面，人生的實踐亦須分別言之。上章主要從個體一面申說道德之眞在自覺向上，以身從心。此章將申說人類群居（社會）生活中的道德則在務盡倫理情誼（情義），可以「盡倫」一詞括之。

人類生命與動物生命在本質上不同，是先天之所決定。決定了一個人從降生下來很長時期不能離開旁人而得存活；即便長大成人還是要生活在許多人事關係中，不能離群索居。因爲必脫離動物式自然生活，而向文明開化前進方才成其爲人類。這些都說在第六章第四節，可回看。故爾就人類說，其社會生命一面實重於其個體生命一面。一切文明進步雖有個人創造之功，其實先決條件都來自社會。人類社會的文明進步正是宇宙大生命的惟一現實代表，一個人在這上面有所貢獻，就可許爲道德，否則，於道德有欠。

所謂貢獻者，莫偏從才智創造一面來看。人類由於理智發達乃特富於感情（遠非動物所及）；感情主要是在人對人相互感召之間（人於天地百物亦皆有情，顧無可言相互感召）；倫理情誼之云，即指此。倫者，倫偶；即謂在生活中彼此相關係之兩方，不論其爲長時相處者抑爲一時相遭遇者。在此相關係生活中，人對人的情理是謂倫理。其理如何？即彼此互相照顧是已。更申言以明之，即理應彼此互以對方爲重，莫爲自己方便而忽視了對方。人從身體出發，一切行動總是爲自己需要而行動；只在有心的人乃不囿於此一身，而心中存有對方。更進一層，則非止心中存有對方而已，甚且心情上所重寧在對方而忘了自己。例如母親對於幼子不是往往如此嗎？舉凡這輕重不等種種顧及對方的心情，統稱之曰倫理情誼。情誼亦云情義；義是義務。人在社會中能盡其各種倫理上的義務，斯於社會貢獻莫大焉；斯即爲道德，否則，於道德有欠。

這裡需加剖辨或申明的幾點如次。

一、在母親的心情中，幼子最爲所重，往往爲了其子不顧自身安危；這種事不可一例看待。蓋各人的氣質不同，有的出於父母本能，有的行動中不失自覺之明。道德應屬於後者，不屬於前者。此一辨析不可少，卻甚微細不易辨別。

二、舊中國有五倫（君臣、父子、夫婦、兄弟、朋友）之說，其所指說偏乎此一人對彼一人的關係。今說人對人的關係應當包含個人對集體、集體對個人那種相互關係在內，亦包含集體對集體的關係在內。此例如工廠的工人對工廠、工廠對工人和工廠對工廠之間，以及工廠對國家，國家對工廠，皆事同一理。乃至國際上國家與國家之間，國家與聯合國之間，既然同是在生活上互相依存的兩方就同屬於倫理，都有彼此顧及對方，尊重對方之義，都有道德不道德問題。

三、處在彼此相關係中，其情其義既若規定了的，卻又是有增有損，轉變不定的。此即因彼此在生活上互相感召，有施有報，要視乎其事實情況如何，順乎生命之自然而行。若看成死規矩，被社會禮俗所束縛，那至多有合於一時一地的社會道德，不爲道德之眞。

人對人的問題雖存於彼此之間，但人身有彼此而生命無內外，渾包對方若一體。從乎自覺能動性，採取主動解決問題，自是在我。若期待對方，責望對方，違失於道矣。惟責己者爲不失自覺，是以古人云「反求諸己」（語出《孟子》）。但問題或未易得到解決，則「盡其在我」是曰盡倫。

倫理道德上的義務是自課的，不同乎國家法律所規定的那種義務是集體加之於我的。後者具有強制性，而前者是非強制性的，正爲其出於生命自由自主之本性故耳。法律上的義務恆與權利相對待，而道德上的義務則否，義務只是義務而已。爲什麼只講義務不提權利？此可從兩面來講明。人非有所享用享受不能生活，而生活是盡義務的前提，顯然生活權利不能沒有。其所以不提來說，正爲事先存在了。須知這義務原是從倫理彼此相互間生出來的；我既對四面八方與我有關係的人負擔著義務，同時四面八方與我有關係的人就對我負擔著義務；當人們各自盡其對我的義務時，我的權利享受不是早在其中了嗎？具體指點來說：父母之情義在慈，子女之情義在孝，子女的生活權利不是早在父母慈愛撫育的義務之中了嗎？父母年老，子女負責奉養，父母的權利也就在子女的義務中，不是嗎？——此是講明的一面。

情也，義也，都是人類生命中帶來的。生命至大無外；代表此至大無外之生命本性者今惟人類耳。古人有言「宇宙內事乃己分內事」（宋儒陸象山語）。若遠若近對一切負責者是在人（人類生命），在我自己。這不是說大話。這是懍懍危懼，不敢怠慢之言。今天說的「無產階級負擔著解放全人類的使命」，頗合此意。權利觀念近代資產階級實倡之，那是反對往時集團權力過強而來的個人本位主義。近代以至現代的資本主義社會都是個人本位社會，在人類社會發展史上屬於前半期。從遠古以來，人類在這前半期內，大都借助宗教以培養其社會所需的道德而已，難語乎道德之眞。只有古中國人理性早啓，文化早熟，頗著見道德的萌芽。他們廣泛推行家人父子兄弟間的感情於社會生活的各方面，形成了特有的倫理本位社會（忽視集團亦忽視個人），流行著人生的義務觀（詳見舊著《中國文化要義》）。這恰好爲人類前途進入歷史後半期社會本位的社會，即將強調個人對集體的義務預示著一點影子。而且從古語「人不獨親其親，不獨子其子……貨惡其棄於地也不必藏於己，力惡其不出於身也，不必爲己」（見《禮記·禮運》篇）看去，似乎早具有社會本位的理想。① 總之，從乎人類生命的偉大，不提個人權利是很自然的事情。——此是又一面的講明。

生命是活的，所以道德——生命力量的表現——也是活的。倫理互相以關係之對方為重，而不執定具體之某一方為重，實在其妙無比。舉例言之，西洋人往世集體勢力過強，引起反抗而以人權自由相號召，近世以來重點乃移於個人。抬高個人，卒又引起反抗，法西斯，納粹，從種族主義出發，乃又重集體而輕個人。如是相爭未已。雖云立場不同，而其從身出發，各自站自我一方，而非從通而不隔之心顧及對方則無不同也。從乎倫理之義集體與個人孰重非有一定不易之則。譬如國家（集體）在危難中則個人非所重；若在平時生活中則國家固應為其成員個人而謀。總之，視乎一時一事環境條件如何，而各有其適宜者在焉。執定一偏將動有窒礙，每每事實上行不通，死理終必歸從活事。

情理是隨人所處地位不同而有所不同的。說話要看誰說，不能離開說話的人而有一句話；此即所謂「相對論」。彼此互以對方為重的倫理思想就是一相對論，今後必將通行於大小集體與其成員之間。處在平時自能得其均衡，不偏一方；而遇有必要時，卻又能隨有軒輊，自動伸縮適合情況。

「義者，宜也」，此古語明白點出義即適宜之意。古人又說要「由仁義行」，不要「行仁義」（見於《孟子》）。情理原不存於客觀，若規定一條情理而要人們踐行之，那便是行仁義了，往往不適當，不足取。世或以「三綱五常」的教訓——那正是以行仁義為教——歸咎孔孟，固非能知孔孟者。

孔孟論調太高，只能期之於人類文明高度發達之共產社會。一般說來，在社會生命一面之所謂道德既要在盡倫，而人與人的關係隨歷史發展和各方情況卻不一樣，則以適合其時其地的社會要求爲準。一時一地社會雖不相同，但從宇宙大生命來看，要求秩序穩定（社會生產順利進行），又要求有所前進（改良乃至革命）卻是同的。當需要穩定時，力求有助於穩定的行事，當需要改革時發動改革，那便合乎時宜，便是道德。總之，義各有當，不可泥執一格。

人類的道德在不斷遷進中，亦正爲人的理智理性時在開發長進中。除中國印度各以文化早熟有些例外，一般總是後勝於前。然而論罪惡恰亦是與時俱進。往者章太炎先生有《俱分進化論》之作，指出世間樂在進，苦亦在進；善在進，惡亦在進；那完全正確。

智、仁、勇三者是道德的內涵素質，或云成分。三者都是人類生命中所有，發而爲人群中可敬可愛之行事，是曰道德。三者既相聯帶而其在人又各有所長短厚薄不同；同時亦隨社會發展和文明進步而各有風尚表見不同。除個別人或少數人外，人類心理且是隨其社會發展而有其發展變化的。

是非善惡恆隨不同的社會生活規制（禮俗法律）而變易其標準。在人既有其不能不隨事之所宜者在，又當視乎其行事中的道德成分而異其道德評價。例如歐洲中古宗教威力下之科學家反迷信的發明發現，往往有智、有勇，亦且有仁也。反之，有如恩格斯自然辯證法中所云「許許多多自然科學家已經給我們證明了，他們在他們自己那門科學範圍內是堅定唯物主義者，但在這以外就不僅是唯心主義而且是虔誠的正教教徒」；其頭腦明智似不足，而其篤實虔誠不又爲任何時代任何地方道德上之所取乎。

草昧之初原始人群頭腦心思發達不足，身體本能衝動頗強，其生活規制大抵有賴虔誠的迷信禁忌以資維持，彼此間信託心理很高，是其團體所以凝固之本；論道德應屬幼稚階段。

比及階級分化之後，頭腦心思發達，暴力與詐僞乃並時而興，迄於今而未已。此際各方各族社會生活規制種種不一，蓋難概括言之。勉強概括之，則此漫長歷史時期中，其社會秩序所由維持大抵有賴於武力強制和宗教訓誨之二者。武力強制恆以國家名義行之，宗教則未定然。由於國家武力之一因素而大有影響於道德問題，試分別言之。——

一、任何個人總出於集體（族群），集體總重要過個體；於是有持國家至上觀念者，服從國家即是道德上一種必要。雖在人類前途上國家將歸消泯，然此一信念仍然在一定歷史時期內是可予肯定者。這是以國家佔有正大名義而來，非必屈從於武力。

二、然在社會發展史上國家總構成於階級統治，階級的存在既有必要時期，亦且將有其不必要時期。在臨於末後無產階級世界革命時際，便有「工人無祖國」之一義，代表工人階級革命的政黨而附從帝國主義戰爭便背叛了無產階級立場而爲不義。

三、一般說詐僞原非道德所許，然在武力統治下從事革命者又當別論。

四、從乎某些社會禮俗——此禮俗的形成實有強製成分和不開明的信仰在內——有可視爲愚忠者，其愚不足取，其忠猶不失於倫理。

要之，自脫離天眞幼稚階段以來，一般地說，古時人仍然性情淳厚心地樸實，較爲近道，而難免明智不足；近代人則智力較長，知識進步，卻嫌仁厚不足。自非出類拔萃自覺能動的極少數人外，大多在人與人關係上順從其時其地生活規制以行事，不出乎庸俗道德。前者於社會發展固自著有創進之功，後者亦非無助於其間。從人類道德發展史來說，此可譬如個體生命身體頭腦在發育，尚未達成年。必從人類歷史的自發性進入自覺性，由社會主義革命而實現共產主義的社會人生，乃見其爲道德的成長期。成年期的發展將是很長很長的，其長數十倍於前不止。究竟有多長，非今測慮所及，何必妄談。

任何事物有生即有滅，有成即有毀，地球且然，太陽系且然，生活於其間的人類自無待言矣。然人類將不是被動地隨地球以俱盡者。人類將主動地自行消化以去，古印度人所謂「還滅」是也。此即從道德之眞轉進於宗教之眞。道德屬世間法，宗教則出世間法也。宗教之眞惟一見於古印度早熟的佛教之內，將大行其道於共產主義社會末期，我之測度如此。

①古中國人文化早熟之說，愚發之五十年前（見《東西文化及其哲學》），至最近乃明確其在社會發展史上實屬於馬克思所謂亞洲社會生產方式。既另有文申說，請參看。此早熟之文化不免有其偏失，《中國文化要義》曾指出之：「中國文化最大之偏失就在個人永不被發現這一點上。一個人簡直沒有站在自己立場說話機會，多少感情要求被壓抑、被抹殺。『五四』運動以來所以遭受『吃人禮教』等詛咒者，事非一端，而其實要不外此。」（見《中國文化要義》第十二章）

第十九章
略談文學藝術之屬

眞、善、美三詞常見於世，三者固皆人生所有事。眞與善，吾書既多言及之，而未及於美，此章將略爲一談。

治科學者意在求眞，其眞不出吾前文所云四眞實品之前二者。然眞莫眞於破除所知障，是則非世人想像所及矣。世間一切相幻妄非眞也。

分別善惡屬人世間事；出世間法則進一層尙談染淨。染淨問題是佛法小乘所必不能放過的問題。然小乘必歸宿於大乘乃完成其爲佛法；染淨之談即不能外乎最後眞實之義得其歸結。

文學藝術總屬人世間事，似乎其所貴亦有眞之一義。然其眞者，謂其眞切動人感情也。眞切動人感情斯謂之美，而感情則是從身達心，往復心身之間的。此與科學上哲學上所求之眞固不同也。

說文學，涵括詩歌、詞曲、小說、戲劇、電影等等。說藝術，涵括音樂、繪畫、舞蹈、雕塑、建築等等。凡此者大抵可以美或不美爲其概括地評價。美者非止悅耳悅目，怡神解憂而已。美之爲美，千百其不同，要因創作家出其生命中所蘊蓄者以刺激感染乎眾人，眾人不期而爲其所動也。人的感情大有淺深、厚薄、高低、雅俗之不等，固未可一例看待。但要而言之，莫非作家與其觀眾之間藉作品若有一種精神上的交通。其作品之至者，彼此若有默契，若成神交，或使群眾受到啓發，受到教育。上溯遠古，自有人類歷史便見其肇始於社會文化中，隨文化之漸發達而發達，多有變化以迄於未來之世。如我所測，未來之世其必更將居於社會文化最重要地位。

人的個體生命即人身，通過其種種感覺器官與環境相接乃發生感覺、感情，一切文學藝術總都建立在這上面。所謂文學藝術包羅寬廣。今不妨先加如次之分別：

一、依照巴甫洛夫分別第一信號系統第二信號系統之說，文學藝術作品極大多數當是從第一信號系統以與人類生命發生交涉，其動人感情是直接的眞切的，但亦有些作品形之於文字符號或口語者，如小說詩文書籍及彈詞說書等等，只能間接地通於人，其動人力量應遜於前者。

二、人的各感覺器官通常是在各不同等條件下生出各種感覺的。譬如光線不足則視覺不明，而在沒有光線刺激下聽覺卻更敏；視覺、聽覺各可及於相當之遠，而味覺、觸覺必生於接近之際。味覺、觸覺密切聯繫於身，視覺聽覺更能感通乎心。前者只引生低級趣味，後者則遠不止此。如是，各種感受在人的心理上生命上所產生影響，所起作用乃大不相等。這裡特別要提出來說的是聽覺，亦即是音樂給人的影響作用最大。試引錄兩則說明如下：

音樂能影響腦細胞及全身血液的循環，愉快活潑的樂曲能使心臟活動加速，緩慢平靜的樂曲能使人心臟減慢其跳動；而隨著此加速或減慢，人的情緒即有不同。此即音樂能以治病的秘密所在。

音樂起治療功用是因為音樂能鎮定大腦視覺神經床。視覺神經床是人腦最先成熟的一部分。它是一切情緒的中心。視覺神經床一安定，病人便能產生一種輕快安閒之感，把一切幻想焦慮都排斥了。

三、文學藝術有孤單一項若音樂演奏，若繪畫展覽者，更有文學而藉歌唱、音樂、舞蹈和合爲一事以演出之，如中國京劇者，對於聽眾觀眾其所能起影響作用孰大孰小頗難衡論，然其不同則十分明顯。

再則徒事觀賞或讀書，未免偏於被動亦未免只通過頭腦，而缺乏全身地主動地活動。假如自己奏樂，或自己歌詠，或自己舞蹈，則感情抒發，其在生命上所起作用，應大不同於前者。再進一層言之：假如整個社會人生藝術化——從人的個體起居勞動以至群體的種種活動，從環境一切設施上主動被動合一地無不藝術化之，那應當是人類文化最理想優美的極則吧！下一章將討論及之。

這裡且就我對於文學藝術的一些見解分條陳述如次：

1. 巴甫洛夫曾有人的「藝術型」和「思維型」二者分別不同之說。大意謂，有的人屬藝術型，其人在高級神經活動上接近乎動物以直接感受器感知外在世界的那一切現象而來活動。換言之，即其人活動偏於本能性質。另有一種人則優於理智而依從第二信號系統來工作，那便屬思維型。因為人類頭腦是由具動物大腦功能和能以表現於語言的人腦兩部分所組成者。可以設想有的人主要是運用第一信號系統，有的人主要是運用第二信號系統：這就把人分成兩個類型，一則恆在具體形象上著眼，一則恆從抽象理智上用心。當其各自陷入極端病態時，前者相當於歇斯底里的病人，後者相當於患神經衰弱症者。① 就筆者自己來說，我恰屬於思維型，平素於繪畫音樂極見拙鈍無能，而在理論思維工作上頗不後於人；雖好動筆為文，卻從來不作詩詞。

2. 基於生理上男女性的本能之強，凡有關乎此的第一信號如某些彩色，某些聲音，某些氣味等等，或第二信號中如某些詞句語調，乃最能引誘人的興味，最能招致人的美感。試看文學藝術任何一方面自古至今的創作，如其不全是圍繞在此，至少亦必涉及乎此。但此一本能既經過種族遺傳逐漸昇華，又經過後天教育（社會禮俗在內）的陶冶，便多變化隱約文飾，非必那樣直接粗率耳。

3.前一本能而外，僅居其次的莫如鬥爭本能，極能引發人們興奮豪情，具有刺激美感、快感之力。蓋動物爲求生存，少不得鬥爭本能，傳至人類爭強好勝深蓄於生命中，其力量特大。世俗於美人而外便數到英雄，正爲此耳。畫家常取題材，於嬌美花卉而外，每及於雄猛之獅虎者亦在此。又如武俠小說，驚險影片，某種舞蹈姿式，球類競技等等，其引發人們興趣，成爲群眾娛樂之事者，要莫不在此。

4.本能之形成皆因爲個體圖存、種族繁衍兩大問題所切需之故。其稍遠於兩個問題仍不遠離者，如探究之本能、遊戲之本能、自由冀求之本能（見第六章第四節前文）種種，亦皆爲文學藝術各方面創作中所常利用，茲不一一舉例。

5.然須知生命本性在於流暢。生命得其暢快流行則樂，反之，頓滯則苦悶。是故文學作品（小說、戲劇）引人嬉笑固俗所歡迎，其使人墮淚悲泣者乃具更大吸引力。二者同樣促使生命流行，然前者（嬉笑）之動人感情不免淺薄，而後者（悲惻）之動人卻深得多也。

6.藝術技巧與科學知識迥然兩事。後者要待經驗積累總結以得之，屬理智；前者要靠本能，視乎天資之所近，殆有不學不慮者。試看世間不少音樂之才、繪畫之才早早顯露於童稚之年，又如古初蒙昧之民絕少知識，而其圖畫雕刻遺跡之存者卻能生動有致，可知也。不過初民身體勢力方強，其所爲音樂往往粗猛激烈耳。

7.以上多從本能一面來爲文學藝術之屬作說明，然在人類生命中隨個體之成長，隨文化之進展，理智、理性漸以升起而本能勢力則降下，或受到約束。理智、理性是從反本能的傾向發展而來的，其特徵在內蘊自覺有以反省回想，不徒然向外活動而已。因此，有如下兩點應當曉得：一、凡如上所說確能動人的文學藝術作品，其創作者必於自身和他人的本能活動深有體察會悟而後能刻畫入微以動人。換言之，他們都是很好的心理學家。二、信如心理學家詹姆士所說，一般感情衝動無不密切關聯於身體臟腑者，但如前第十章、第十一章所指出身心之間固可以有很大距離，那便有一種感情離身體頗遠而聯屬於心。

聯屬於心云者，即指說那些意境甚高的文藝作品，感召高尚深微的心情，徹達乎人類生命深處。提高了人們的精神品德。比如陶淵明的詩，倪雲林的畫，恬淡悠閒，超曠出塵；又如雲岡石窟，龍門造像，靜穆柔和，耐人尋味；或如歐洲中世紀建築仿古羅馬式哥特式大教堂，外高聳而內閎深，氣象莊嚴，使人氣斂神肅，起恭起敬，引向神秘出世之思。如此其例多不勝舉，總皆由人心廣大深遠通乎宇宙本體，前文早經闡明，請參看。

8.從乎身心之兩極分化而文學藝術或聯屬於身，或聯屬於心，既有所不同，便可進而指出：西洋文藝界有所謂寫實主義、印象主義者，有如西畫力求逼肖實物實景之類；而中國人反之，以爲作畫不在摹擬外界對象求其形似，卻在能創造地表現自我內在精神或意趣，故爾盛行寫意一派而輕視「畫匠」。此其趣尚不同十分明顯。除在末流上彼此各有所短而外，較核論之，西洋未免淺薄卻踏實，中國可能入於高深卻嫌空疏。其分別正在前者從身出發而後者則嚮往乎心也。

9.在文化早熟之古東方每見有上三千年或更古的陶冶、鑄造或雕塑建築，藝術價值極高，大爲後世之所鑒賞者。蓋其人方當開化非久，身體既渾樸雄壯而又內慧早發，生命力卓越，後世難可企及也。

筆者才非藝術型，平素於文學藝術方面甚少用心，茲所能剖論者止於如上所陳。但於早熟的古中國文化實預兆著人類未來社會人生之藝術化竊有所見，試論之於下一章。

①此據北京科學出版社一九五五年譯出的《巴甫洛夫選集》內「人的藝術型和思維型」一文撮舉大意。

第二十章
未來社會人生的藝術化

人世間的事物莫非因有其需要又有其可能兩面結合而出現，及至時移勢易則又隨其需要與可能之漸爾失去而消逝。宗教在世界各方之興衰變化正不外此理，試尋之可得。今天雄冠世界之歐美文明從希臘羅馬以來，在過去數千年間宗教勢力常居首位，庇蔭著一切經濟發展，卒因人類理智的發揚，征服自然，利用自然，而宗教乃浸浸失勢，虛有其表。其他亞、非、拉各方宗教不必同，而其衰落失勢殆莫不同。情勢既然如此，不少人便以爲宗教只有沒落下去，將不復有其前途。實則事情不這樣簡單，而是大有曲折的。如我所測，當資本主義被社會主義所取代之後，更且共產社會實現之時，宗教衰亡將十分明顯。社會主義時期甚長，共產社會時期更長至難可估計。在此漫長時期之後半或晚期，將從道德之眞轉入宗教之眞而出世間法盛行。此即是宗教在迫近衰亡之後重複興起。何以言之？蓋人類入於社會主義時期以至共產社會時期，是最需切道德而道德又充分可能之時。那時道德生活不是枯燥的生活，恰是優美文雅的生活，將表現爲整個社會人生的藝術化。正在如此生活中，客觀條件更無任何缺乏不足之苦，人們方始於苦惱在自身初不在外大有覺悟認識，而後乃求解脫此生來不自由之生命也。一面主觀上有出世覺悟，一面客觀上亦備足了修出世法的可能條件，而後眞宗教之興起，此其時矣。正如我五十多年前之所說：世界最近未來將是古中國文明之復興，而古印度文明則爲遠遠的人類前途之預兆且預備下其最好參考資料。

茲爲闡說如上之所測想，分爲如下兩節進行之：

一、宗教失勢問題；

二、以美育代宗教。

第一節　宗教失勢問題

宗教失勢在今天科學發達和經濟繁榮的國家是最明顯的事實，正如上文所云虛有其表而已。然亦有不可一概而論者，如當前之蘇聯等是已。蘇聯等國情況之奇特，一面在其執政黨標榜無神論，鼓行反宗教運動，另一方面在其社會群眾間乃表見出宗教熱。有的國家主張無神論多年，但現在不斷有報道說又出現了宗教熱，不只是老年人而且在青年中也有此種現象，且似有影響及於其領導。

解答此問題，首先一句話：人不是動物，不能過動物那樣的生活。動物生活完全由其機體生理因素來決定，緊緊系屬於個體圖存、種族繁衍兩大本能系統，超越不出。儘管人的生活也好像爲此而忙碌一生。卻無奈他發達了頭腦心思作用，就有超越於此之上的意識和感情。意識會把自己「客觀化」，在生活中或顧盼自喜，或自覺不耐煩而生厭，或自覺無聊，甚且不想活下去。難道這不是人世間的事實嗎？

再進一層確切言之，逐求享受和名利者不過是人心牽累於身之庸人耳。人心廣大深遠通乎宇宙，生命力強的人在狹小自私中混來混去是不甘心的，寧於貞潔禁慾，慷慨犧牲，奔赴理想，一切創造有其興味。中世紀歐洲的修道院和冒險受苦去蠻荒傳教，便是人心的一種出路。入於近代非惟其社會上經濟界政治界奮力創業的人不脫離宗教信仰生活，就是科學界的人物也是出入於實驗室和教堂之間，維持著一種心理上的平衡。換言之，近代資本社會原是在宗教——特別是新教——庇蔭下興隆起來的。

臨於資本主義末期之現代，行且社會崩潰改組，一般道德陵夷，宗教既失維繫之力。此時若能出之於奔赴社會主義遠大理想，那原是人心一條出路，（在一定意義上）足以取宗教而代之。但現代史演來，卻又不是這樣。列寧本其所見，不等待無產階級世界革命到來，而實現其單獨一國獲取社會主義革命勝利的局面。這局面在今天卻又出現許多列寧所無從預見的演變而有待人類繼續探索。

當初西歐個人發財致富的那樣社會人生，原在借助宗教而取得人們精神上一種調劑平衡的，而今天東歐有的國家一面既缺失社會主義高尚遠大精神領導，而一面又武斷地唱其無神論要廢除宗教，其勢就非反激出人們的宗教熱不可了。

在各外國通訊社報道中可注意之點，是在報道蘇聯青年如何羨慕西方資本主義社會的享受娛樂之同時，也報道蘇聯青年出現宗教熱的情況等，這恰是貌似矛盾兩歧而正是互相補充的事實。尤可注意者，以思想自由持不同政見而被逐出國的著名小說家索爾仁尼琴在給其國人書信中乃竟表示他信仰固有東正教而不信馬列主義！

簡捷說一句話：在社會風尚中，在人們頭腦中，必先有宗主以換取宗教，而後宗教方將自行消退，否則，是不行的。似乎在「蘇聯老年的宗教崇拜者」也有人見到此，指出說「這是一部分青年人不滿足於意識形態的現狀而在尋求精神價值的新源泉」。（一九七四年五月二十一日《參考消息》）

不要輕視西歐北美僅存門面的宗教，它在人們精神上失掉著落時難有彌縫之力，卻依然在彌縫。費大力氣消滅宗教是笨伯，是歷史的插曲不是正文。正文將是在人類奔赴共產主義的同時社會上興起高尚優美的道德生活。

第二節　以美育代宗教

人的思想中既有知識成分，又受情感的支配。知識雖足以影響情感，有時且轉變之，但行止之間恆從乎情感之所向。這是一般人的一般情況。近代以來西洋人科學知識猛進之後，對於宗教信仰卒若依若違，不能遽然捨棄，正爲情感上遠有不能斷然出之者耳。此恍忽依戀之情，則在教堂每週禮拜生活直接感受者實具維繫之力。感受或深或淺，當然視乎其人與客觀之所遇而非一定。但一般說來，其所感受盡在不言之中，而非神父或牧師的說教。質言之，教堂一切設施環境和每週禮拜生活直接對整個身心起著影響作用，總會使你（苟非先存蔑視心理）一時超脫塵勞雜念，精神上得一種清洗，或解放，或提高。這得之什麼力量？這得之於藝術魔力，非止於種種藝術的感受，而且因爲自己在參加著藝術化的一段現實生活。這種生活便是讓人生活在禮樂中。禮樂是各大宗教群集生活所少不得的。宗教全藉此藝術化的人生活動而起著其偉大影響作用，超過語言文字。

距今五十多年前，我在《東西文化及其哲學》舊著中，便有如下的指出：

一、個人本位生產本位的社會經濟改歸為社會本位消費本位，這便是所謂社會主義；西方文化的轉變萌芽在此。

二、（從個人立場）計較個人利害得失的心理，根本破壞那在協作共營生活中所需的心理。

三、（國家）法律（藉著刑賞）完全利用人們計較利害得失的心理去統馭人……廢除統馭式的法律之外，如何進一步去陶冶性情自是很緊要的問題。

四、近來談社會問題的人如陳仲甫（獨秀）、俞頌華諸君忽然覺悟到宗教的必要（原文見《新青年》及《解放與改造》各刊物）……我敢斷言一切宗教都要失勢有甚於今。成了從來所未有的大衰歇……

五、從未有捨開宗教而用美術做到偉大成功如同一大宗教者，有之，就是周孔的禮樂。以後世界是要以禮樂換過法律的。

以上各點散見於原書第五章談世界未來文化之中，讀者不難查看。

當世界進入社會主義以至共產社會實現之時，如吾書原文之所云：

一、隨著改正經濟而改造得社會不能不從物的（享用）一致而進為心的和同——總要人與人間有真的妥洽才行；

二、以前人類似乎可說物質不滿足時代，以後似可說轉入精神不安寧時代；物質不足必求之於外，精神不寧必求之於己；

三、以前就以物質生活而說，像是只在取得時代，而以後像是轉入享受時代——不難於取得而難於享受！若問如何取得，自須向前要求，若問如何享受，殆非向前要求之謂乎？

揭開來說：人與人的協作共營生活不是那麼隨隨便便容易成功的！人生不是生活資料豐足便會沒有問題的！人生天天在解決問題，問題亦確乎時時有所解決。但一個問題的解決就引進一個更高深的問題而已；此外無他意義。

宗教在過去人類歷史上是大有助於社會人生之慰安行進的，而種種藝術——禮樂——則是其起到作用的精華所在。今後很長時間宗教落於殘存，而將別有禮樂興起，以穩定新社會生活。試為剖說如後。

禮樂是什麼？禮樂原不過是人類生活中每到情感振發流暢時那種種的活動表現，而為各方各族人群一向所固有者而已。人們當歡喜高興時就會有歡樂的活動表現；人們當悲痛哀傷時，就會有哀悼的活動表現。心裡有什麼，面容體態表現出什麼。個人如是，群體則更有所舉動。這都出自生命的自然要求和發作。但因人非是動物式本能生活（行乎其所不得不行，止乎其所不得不止），其伸縮，起落，出入的可能太大，就有過與不及的問題。過與不及都不好，皆於生命不利。中國古人（周、孔）之所為製作和講求者，要在適得其當，以遂行人情，以安穩人生就是了。豈有他哉！

有典禮之禮，有生活上斯須不離之禮。前者見於古今中外一般習俗中，後者則爲一種理想生活，即我所云完全藝術化的社會人生。前者例如一個人從降生到死亡，有幾次較重要關節，中國古代就有冠、婚、喪、祭之禮，外國宗教就有洗禮、婚禮、喪葬等禮，其在群體生活中，則有如建國或大舉出師、行軍或會議開幕，或各種紀念日皆各有其不同禮文儀式。而有禮必有樂，說到禮，便有樂在內。其禮其樂皆所以爲在不同關節表達人的各式各樣情感。扼要說明一句：禮的要義，禮的眞意，就是在社會人生各種節目上要人沉著、鄭重、認眞其事，而莫輕浮隨便苟且出之。

人們爲什麼恆不免隨便苟且行事？隨便苟且行事又有何等弊害？

應當指出：傾身逐物是世俗人通病。這亦難怪其然。人一生下來就要吃，要穿，要宮室以蔽風雨，……總之一切有待於外物以資生活。既惟恐其物之不足，又且揀擇其美惡。重物則失己，生命向外傾欹，是其行事隨便苟且的由來。當其向外逐求不已，惟務苟得，在自己就喪失生命重心，脫失生活正軌，顚顚倒倒不得寧貼；而在人們彼此間就會竊取爭奪，不惜損人利己；人世間一切禍亂非由此而興乎？說弊害，更何有重大於此者？

人生是與天地萬物渾元一氣流通變化而不隔的。人要時時體現此通而不隔的一體性而莫自私自小，方爲人生大道。吾人生命之變化流通主要在情感上。然逐求外物，計算得失，智力用事，情感卻被排抑。自財產私有以來，人的慾念日繁，執著於物，隨在多有留滯，失其自然活潑；同時，又使人與人的情感多有疏離，失其自然親和。禮樂之爲用，即在使人從傾注外物回到自家情感流行上來，規復了生命重心，納入生活正軌。

人生活在身心內外往復之間，一般地說，便是巴甫洛夫所謂刺激反射。禮樂是直接刺激到感受器而起作用的，其間或有詩歌而主要是屬第一信號系統的刺激反應關係，感應神速，不由得情感興起而計較心退去。人們習慣逐物向外跑的心思立可收回。——這是說明其根本所在。

禮樂的根本作用既是要人精神集中當下，爲了加重其收斂集中，古時在某些重大典禮之前，負責行禮之主要人物（譬如天子或其他人）每要齋戒沐浴（甚至連續三天）淨除身上浮躁之氣，而現出人心之正大誠敬來。——這是繼續上文所作的說明。（這極似宗教而實不必然，說明見後。）

日常生活自不須如此嚴重，《禮記》中且有「無體之禮，無聲之樂」之說。因爲「禮者，理也」；「夫禮者，因人之情而爲之節文」（均見《禮記》）。禮的內容實質是情理，是情理之表出於體貌間者。所以衷心敬重其事，不待見之於行禮；衷心和悅不待見之於奏樂。《論語》上，孔子一方面指斥「爲禮不敬，臨喪不哀」的不對，同時其答弟子「問禮之本」便說：——大哉問！禮與其奢也，寧儉；喪與其易也，寧戚。所謂稱情而立文，如其情不足而禮有餘，那種繁文縟節是不足取的。——這仍然是繼續上文的說明。

下文分條更爲一些層次曲折較細地說明。

一、先要曉得中國古禮是出於我素來所說的理性早啓，文化早熟，原爲當時統治階層而設者，卻大可爲今後人類新社會所需要的文化設施作參考。且試舉古時冠禮來說明一下。茲節錄《禮記》一些原文：

> 冠者禮之始也，是故聖王重冠。（中略）已冠而字之，成人之道也。見於母，母拜之；見於兄弟，兄弟拜之；成人而與為禮也。（略）成人之者，將責成人禮焉也。責成人禮焉者，將責為人子，為人弟，為人臣，為人少者之禮行焉。將責四者之行於人，其禮可不重歟？！故孝悌忠順之行立而後可以為人；可以為人而後可以治人也。故聖王重禮，故曰冠者禮之始也，嘉事之重者也。是故古者重冠。（下略）（見《禮記．冠義第四十三》）

往古社會生產力當甚低弱，這些禮文一方面便無可能於社會普遍行之，一方面卻要求在統治階層行之。上層建築與社會經濟基礎高下不相稱，此見出其爲早熟者一。從如此禮文上可見對於成人的貴重，完全不像西方宗教之看人微末、有罪、不潔的那樣；此見出其爲早熟者二。早熟的文化自難於傳佈，遂不久有「禮崩樂壞」之歎，更且不適合國際競爭的近代；然卻正可爲今後新社會作參考。說參考，當然不是模仿採用。將來的事情留待後人爲之，此不多言。

二、再談到今後的婚禮，此殆無可取則於古者；因那時的禮俗（如古書《儀禮》、《禮記》所傳者）是階級社會的，又是宗法社會的，情勢自然不相合。今後婚姻將只是男女兩個人之間的事情，結合或分離將甚自由。有人設想未來社會中無所謂家庭、無所謂婚姻者，那不過是由於一種對婚姻和家庭之累的反感而生的幻想。卻不曉得人類心理發展趨勢和社會文化發展趨勢均不如是。從人類心理發展言之，已往的歷史均屬人的身體勢力強大，而心爲身用的時代，今後則轉入身爲心用的時代。蓋從社會主義取代資本主義便是社會發展史上從以往自發階段轉入今後自覺階段了。正爲人心抬頭用事，在社會主義文化上道德將代宗教而興。男女兩性盡可自由結合，卻不會出之以輕浮隨便。相反地，必然看成是一件大事（一生大節目），各自認眞鄭重而行。我們用不著設想其婚禮是如何如何，但相信必然有文雅優美的一次典禮，雙方親友群眾齊來致賀的。在這樣鄭重其事的結合上，家庭將必穩固和美，而其子女首先受益。

三、人生不免有時而病，醫藥之外，在昔宗教就要祈禱（有體之禮），在今後則戒愼反省（無體之禮）。人生不免有死，則喪、葬、祭祀爲與他相關係之人所有事。今後其禮如何不必多所推想，要之，此在人情固不容草草。「愼終追遠，民德歸厚」（語出《論語》），禮不爲一人一家而設，而實爲社會之事。上面所云與他相關係之人，其範圍寬狹沒有一定，要視乎他生前在社會上貢獻如何，影響如何。試看《禮記・祭法》篇之所說：

（上略）法施於民則祀之，以死勤事則祀之，以勞定國則祀之，能御大菑則祀之，能捍大患則祀之。（中略）此皆有功烈於民者也。（中略）非此族也，不在祀典。

又《論語》上說「非其鬼而祭之，諂也」。凡此皆見出人們各祭自己的先人親人和其他値得共同紀念之人而外，用不著濫祭其他鬼神。多祭其他鬼神，無非爲了求福贖罪的宗教迷信；而此則抒發感情，自盡其心就是了。

四、就一人一生節目言之，大略如上；就社會群體生活來說，一年四時不可少地總有幾個節日或紀念日，必將各有其禮，這裡用不著爲今後演變多所設想。世界大同之世各方各族於彼此同化之中仍自有從其地理歷史衍下來的風俗，無可疑也。

世界各方禮俗今後雖不是整齊劃一的，卻在社會文化造詣上或先或後進達一種高明境界當必相同。亦就是將必有共同的精神品質。試爲一申說如下：

1. 有禮俗而無法律，因爲只有社會而無國家了。這亦就是沒有強制性的約束加於人，而人們自有其社會組織秩序。此組織秩序有成文的，有不成文的，一切出於輿情，來自群眾。舊日的刑賞於此無所用之，而只有輿論的讚許、鼓勵或者制裁。

2.主管經濟生活、文化教育生活而爲群眾服務的各項研究、設計、行政事務機關及其領導人當然都少不得。此領導人物的產生，則一出於社會尊尚賢智以及人們愛好互相學習之風。(《禮記．學記》篇所謂「能爲師，然後能爲長，能爲長，然後能爲君」者，其言早爲人類理性在未來社會高度發達的預兆。)

3.人在獨立自主中過著協作共營的生活，個人對於集體，集體對於個人，互相以對方爲重，是謂倫理本位主義。倫理本位云者，既非以個人爲本位而輕集體，亦非以集體爲本位而輕個人，而是在相互關係中彼此時時顧及對方，一反乎自我中心主義。此蓋由人心通而不隔的自然情理，亦正爲如此，社會所由組成的各個成員都能很活潑地積極主動地參加其社會生活，其社會乃內容充實、組織健全，達於社會發展之極致。(倫理之義爲中國古人好講禮讓之所本。此並請回看第十五章前文。)

4.如上三則而外，諸如消滅三大差別——腦力勞動與體力勞動之差別，城市與鄉村之差別，農與工之差別的消滅；生活樂趣寓於生產勞動，從事勞動無異自娛享受；人們各盡所能，各取所需；如是種種，凡往昔科學的社會主義家之所推測者，信必一一實現，非爲空想。但惜前人只著眼政治經濟方面，而於社會文教方面顧未及詳。一若教育之普及提高不言而喻，在階級泯除、國家消亡之後，社會公共生活的條理秩序如何形成與維持，自有一切無難者。① 殊不知事情不那樣輕易簡單。凡從政治經濟方面所推測信必實現之種種，無不賴有人們精神面貌轉變爲其前提。信乎舊日宗教此時將代以自覺自律之道德，然爲人們自覺自律之本的高尚品質、優美感情，卻必有其涵養和扶持之道。否則，是不行的。

此爲人們行事自覺自律之本的優美感情、高尚品質，如何予以涵養和扶持的具體措施，且亦是在建設社會主義途程中定將逐漸出現的。這就是在生產勞動上在日常生活上逐漸傾向藝術化，例如環境佈置得清潔美化，或則邊勞動邊歌詠佐以音樂之類。其要點總在使人集中當下之所從事，自然而然地忘我，自然而然地不執著於物，而人則超然於物之上。以其精神之集中也，勤奮自在其中，未必勞苦，勞苦亦不覺勞苦。人們於此際也，其爲彼此協作共營的生活詎有不和衷共濟者乎？

何以肯定說在建設社會主義途程，必然如此走向藝術化之路？前既言之，從社會主義革命以致建設社會主義是人類歷史從自發性進於自覺性之一大轉變。隨著社會建設事業的進行，此自覺性無疑地亦將在發展提高，而大有進境。人類一向致力於認識乎物，利用乎物，卻忽於認識人類自己者——如吾書開端所說在學術高度發達之今日，而人類心理學一門學問卻最最落後無成——而當此際也，問題卻已不在物而轉在人，或人與人之間。人類如何自反而體認此身此心的學問勢將注意講求，從而懂得要有以調理身心，涵養德性，且懂得其道不在對人說教而寧在其生活的藝術化。惟其社會人生之造於此境也，人的自覺性發展乃進入高度深刻中，亦便是達於人類心理發展之極峰。

中國因其歷史發展一向特殊，社會生產力長期延滯，今天要急起直追者自在發展生產上。在生產力大進之後，社會財富日增，將不失勤儉之度而往古的禮樂文明漸以興起，此蓋可以預料者。其風尚及設施隨即爲各方所取則而普及於世界，是又可以預料者。

積極革命精神即是道德精神。蘇聯倡言反宗教，卻恰在全世界宗教衰退時而獨獨冒出宗教熱來。難道這是宗教要復興？這不過是爲宗教道德兩落空，人們不耐煩的表現而尋求其精神出路耳。走向社會主義是當前世界主流，其所需要、其所可能者惟是道德之路而非宗教之路，此其形勢明白可睹。

「以道德代宗教」創見於中國往古之世，其風流衍數千年，舊著《中國文化要義》第六章既有陳述。我早年（一九二一年《東西文化及其哲學》）敢於倡言世界最近未來將爲古中國文化之復興者，意正指此。此其關鍵轉捩所在，即在人類文化生活將從人生第一問題——人對物的問題轉換進入人生第二問題——人對人的問題是已。人生三大問題之說，備見於舊著各書，請參看，此從省。此處且略分疏從宗教向道德過渡之理。

宗教本身原是出世的，卻在人世間起著維持世間的一個方法的作用。它有助於循從一時一地的庸俗道德，或且能提高人們的精神和品質。其道全在假藉著超然至上的一個信仰對象，即視乎其皈依之誠而著其人品提高之度焉。道德本身在人世間具有絕對價值，原不是爲什麼而用的一種方法手段。宗教在人每表現其從外而內的作用，反之，道德發乎人類生命內在之偉大，不從外來。人類生活將來終必提高到不再分別目的與手段，而隨時隨地即目的即手段，悠然自得的境界。此境界便是沒有道德之稱的道德生活。

宗教所起作用從來有藉於具體的藝術影響（見前文），而往古中國的禮樂制度原從（古宗法）宗教轉化而來，納一切行事於禮樂之中，即舉一切生活而藝術化之。所謂「禮樂不可斯須去身」（語出《禮記》）者，不從言教啓迪理性，而直接作用於身體血氣之間，便自然地舉動安和，清明在躬——不離理性自覺。

宗教是社會的產物，一切無非出於人的製作。人們在世俗得失禍福上有求於外的心理，是俗常宗教崇信所由起，亦即宗教最大弊害所在。此弊害以學術文化之進步稍有掃除，但惟禮樂大興乃得盡掃。即惟恃乎此，而人得超脫其有求於外的鄙俗心理，進於清明安和之度也。要之，根本地予人的高尚品質以涵養和扶持，其具體措施惟在禮樂。不有以美育代宗教之說乎？於古中國蓋嘗見之，亦是今後社會文化趨向所在，無疑也！

我所謂社會人生的藝術化指此。

①列寧著《國家與革命》一書中有如下的話，道理很簡單：人們既然擺脫了資本主義的奴役制，擺脫了資本主義剝削制所造成的無數殘暴、野蠻、荒謬和卑鄙的現象，也就會逐漸習慣於遵守數百年來人們就知道的數千年來在一切處世格言上反覆説到的起碼的公共生活規則，自動地遵守這些規則，而不需要暴力，不需要強制，不需要服從，不需要國家這種實行強制的特殊機構。原書類此的説話不止此一段，皆從省，不錄。

第二十一章
談人類心理發展史

此章爲吾書臨末結束之文，非有前此未曾道出之新意，要在滙合前後各章有關論點而重溫之，從而讀者可得一非新而似新之概括觀念：人類心理時時在發展中，其發展趨向所在若有可睹。

爲行文方便分條來進行如下。

一、吾書第一章即揭出人心實資藉於社會交往以發展起來，同時，人的社會亦即建築於人心之上，並且隨著社會形態構造的歷史發展而人心亦將自有其發展史。此人心之隨社會發展而發展，則第九章以「人資於其社會生活而得發展成人如今日者」爲題，略有所闡說，可參看。

二、說人心是總括著人類生命之全部活動能力而說，人的全部活動能力既然從生物演進而得發展出現，且「還在不斷發展中，未知其所屆」（見第三章），是則必有其發展史之可言。但社會形態的發展古今較易比觀而得，人心之發展史惜尚未能明確地細緻地分析言之耳。

三、恩格斯有「勞動在從猿到人轉變過程中的作用」一文，即是略說人類身心由於生產勞動而得其發展。第八章援引其文，就人與自然界相互間的影響關係，申論人的身心在發展，同時，自然界亦爲之而改變，便有了整個宇宙從古至今的演化史。

四、人心的一切發展皆見於其身，身心發展相應不離。心的活動主要在大腦神經，第五章引據《神經系的演化歷程》一書，指出人的機體構造在今天曾未成定型，是即人心時在發展中之一明徵。

現存各大洲偏遠地帶一些未開化之民或淺化之民，其視歷史悠久富有文化文明之國民所不同者，既在文化文明上，更且見於其身體膚發間。例如見其頭顱型式，指紋型式，以致見於其體表胸前四肢甚或顏面之多毛。人類學家於此多有研究。其文化文明之淺陋是即其心的發展歷程短淺，而其淺也同見於其身矣。

五、然須曉得：論知識積累，智力開發，在往古雖不逮後世，而論心地感情則古人誠實篤厚又大非後世人所及。世界各方各族情況不可一概而論，但於此則大抵不相遠。此亦猶之個體生命，人當幼小時的天眞無欺乎？風俗人情古厚今薄，萬方同概。①

六、原始人群長期爲小集體生活，緊密於內，疏隔於外，個人完全沉浸在集體中，恆若只有其群的意識而難有各自人的意識之可言。氏族社會的歷史甚長甚長，入後而內部漸有分化，抑或以被侵奪於外而有分化，個人意識之萌茁發達終不可免。由此而人情風俗漸起變化，欺詐與暴力俱時而興，其勢有可以想見者。當然亦就有了其反面的否定欺詐，否定暴力。

七、然集體由小而大，或始於族姓之別，或漸屬階級之別，大抵界別分明嚴著；在集體內部總是不許可欺詐與暴力的，而在對外時則無所謂，甚且認爲當然之事。此所以集體（或社會）範圍之步步擴大，正是社會形態發展可見之一面。此一面之歷史發展在今天尙滯留在一國之內，或且一階級之內。其在國家對國家，階級對階級，則方在發展中，方在容許不容許之疑似間。是必在未來共產社會大同世界乃舉世公認地不許可欺詐，不許可暴力耳。

八、馬克思所爲社會發展史分五階段之說，是就社會生產方式次第升進以爲分判，而社會生產方式不同，則決定於財物（主要是生產資料）歸誰掌握享有——氏族共有，或奴隸主享有，或貴族僧侶享有，或資本家享受，最後爲社會公共所有。財物者，吾人所資以生產和生活之物也。凡物之於人有二義焉：人類一切手腦創造活動之對象，一也；人類所資取依賴以存活者，二也。由此二義轉生第三意義：當人類脫離自然狀態而進入一定社會組織關係後，一個不能掌有物，對物不能自由利用的人，便失去獨立自主，恆將聽命於控制著財物的人。換言之，此時誰控制了物亦將控制乎人。奴隸制社會中奴隸全失去獨立自主，封建制社會中農奴半失去獨立自主，資本主義社會中勞工勢必聽命資本家。惟在今後歷史發展出共產主義社會中，人乃歸復其原初自主地對物活動焉。心爲主動，物爲所動，一切活動莫非出乎此心而有資於物。社會發展五階段者，人對物的關係先後轉變不同之五階段也，即從而顯示著人類心理活動的發展變化史。

九、此人類心理活動的發展變化史概括言之：自古歷來的社會發展直到資本主義高度發達時，均屬身心自發性的發展時期；必待社會主義世界革命起來乃進入人類身心自覺活動時期，發揚其自覺性以創造其歷史前途焉。

身心不可分而可分——見第十、第十一、第十二各章。自發性的社會發展蓋發乎身體而心爲身所用的時期。反之，科學的社會主義革命正由人類自己認識到其社會發展的前途所在，主動地負起歷史使命而行，自覺性取代了自發性，恰便是進入了身爲心用的時代。

人類所不同乎動物者，原在其有意識；但初時意識尚在矇矓，比及資本主義時代人的意識可謂明利矣。顧其明利者個人意識耳。社會生產陷於無政府狀態，造成週期性的經濟恐慌，人人各自爲謀而缺乏社會整體意識也。是故前期歷史不名自覺，自覺之云，惟在後期。心理發展，分劃昭然。

十、人在個體生命上，隨著身體發育從幼小成長起來的同時，有其心理之開展成熟的過程。此表見身先而心後的過程，在社會生命上同樣可見，如上所云社會發展史自發在前自覺在後者是已。蓋遠從低級生物之進於人類，一切生命現象原是隨身（生物機體）的發展而後見出心來的。

十一、心隨身來是固可見之一義，然在身心關係上其趨勢卻是此身卒因心之發展而隨以降低到身爲心用之地位。人類活動率皆以外物爲對象，甚且以對外物者對其身。如西方醫家治病，是其顯例。此蓋從吾人意識活動之常途而務爲冷靜察考外在之所遇者。其探討精明，積漸深入，成就得近代至今的各種科學，全賴於意識內蘊之自覺不忽。古東方學術有異乎是：不務考究外物而反躬以體認乎自家生命，其道即在此自覺心加強擴大，以致最後解脫於世俗生命，如第十三章述及古東方三家之學者是。此蓋文化之早熟者（如我所屢屢闡說），正爲世界未來文化之預備。其中如古道家之學，古儒家之學之復興正不在遠。此學術發展史，非即人類心理發展史乎？

十二、人類原不過以自然界之一物而出現於地上，顧其後以文化文明之發達進步乃逐漸轉而宰制乎自然界浸至騰游天際攀登星月，儼若爲自然界之主人如今日者，此人類能力之日進無窮，豈非就是人類心理發展史乎。

十三、就人類心理涵有理智、理性（見第七章）而分別言之：科學技術之發明創造，人得以制勝乎物而利用之者在理智；社會人情漸以宏通開朗而社會組織單位益見擴大以至「天下一家」者則要在理性。此其兩面相資有不待言；合而言之，便是人類心理逐漸發展史。

十四、人類是由脊椎動物界趨向於發達頭腦（見第五章）卒於成就得其理智生活之路者。理智由其萌茁而成就，自始得之於有所減損而非有所增益（見第十二章）；減之又減而理性即不期而然地從以出現（見第六章第四節）；人類生命之特殊在此焉（見第六章第五節）。就人心——人類生命——言之，理性為體，理智為用（見第七章）。而言乎人類文化文明之創造也，理智為科學之本，理性為道德之本。言科學，則從自然科學進而有社會科學；言道德，則先有循從社會禮俗的庸俗道德，至若自覺自律成風其惟著於社會主義進入共產社會之世乎？社會主義思潮先為空想的，後乃進而為科學的，即是偏乎理性要求的進而為理性與理智合一的，亦即主觀理想與客觀事實合一的。道德原不外人生之實踐而已（見第十七章），正為其事實之如此也，人生所當勉勵實踐者亦即在此。「理想要必歸合乎事實」，早在吾書第一章指出之。人類負起其歷史使命，勉勵為共產社會之實現，那便是向著道德世界努力前進。而其前途則將從道德之眞轉進於宗教之眞（並見第十八章第二十章）——一部人類心理發展史至此說完。

十五、人類心理發展史其有完乎？無完乎？吾不能知，不能說。這卻是為何？道德惟在人類乃有可言，為其惟一能代表向上奮進之宇宙本性以貫徹乎爭取主動、爭取自由靈活也（見第十七章）。比至社會主義世界革命，達成全人類大解放，社會上自覺自律成風，呈現了眞道德，卻總不出乎世間法。世間法者，生滅法也；生滅不已，不由自主。爭取自由者豈遂止於此耶？有世間，即有出世間。宗教之眞在出世間。於是從道德之眞轉進乎宗教之眞。前不言乎，人類有出現即有消逝，卻是人類將不是被動地隨地球以俱盡者，人類將主動地自行消化以去（見第十八章末尾）。此在古印度人謂之還滅，在佛家謂之成佛。然而菩薩不捨眾生，不住涅，出世間而不離世間。夫誰得爲一往究極之談耶？然盡一切非吾人之所知，獨從其一貫趨向在爭取自由靈活，奮進無已，其臻乎自在自如，徹底解放，非復人世間的境界，卻若明白可睹。不是嗎？

---

①錄取恩格斯一段以資參考——

在愛爾蘭住了幾天，我重新生動地意識到該地鄉村居民還是如此深刻地在氏族時代的觀念中過著生活。農民向土地所有者租地耕種，土地佔有者在農民眼目中還儼然是一種為一般人利益而管理土地的氏族長；農民以租金方式向他納貢，但在困難時應得到他的幫助。該地並認為，一切殷實的人，當他的比較貧苦的鄰人有急需時，須給予幫助。這種幫助，並不是施捨，而是較富有的同族人或氏族長理應給予較貧苦的同族人的。經濟學家和法學家抱怨愛爾蘭農民不能接受現代資產階級財產觀念，是可以理解的；只有權利而無義務的財產概念，簡直不能灌輸到愛爾蘭人的頭腦中去。當具有這樣天真的氏族制度觀念的愛爾蘭人突然投身到英國或美國的大城市裡，落在一個道德觀念和法律觀念都全然不同的環境中，他們便在道德和法律問題上完全迷惑失措，失去任何立足點……（見《馬克思恩格斯文選》〔兩卷集〕第二卷，第二八四頁小注二）

這段話是同《共產黨宣言》指出資本社會「使人與人之間除了赤條條利害關係之外，除了冷酷無情的現金交易之外，再也找不出什麼別的聯繫了」恰相印證的。從而見得：(1)世界各方各族風俗人情的厚薄總是有今不如古之歎；(2)同在十九世紀同在歐美而各地區之間，城市與鄉村之間風俗人情竟然大不相同，不容漫然不加分判。至於在東方，在中國，更又當別論者。

書成自記

《人心與人生》一書一九七五年七月初間草草寫成，回想其發端遠在五十年前，中間屢為人講說，時有記錄，作輟不常，且以奔走國事不暇顧及者實有多年，而今卒於告成，殆非偶然。記其顛末於此，有許多感喟歉仄的複雜情懷亦並記出之。

一九二一年愚即有《東西文化及其哲學》講稿發表，其中極稱揚孔孟思想，一九二三年因又於北京大學哲學系開講「儒家哲學」一課。在講儒家倫理思想中，輒從我自己對人類心理的理解而為之闡說。此種闡說先既用之於《東西文化及其哲學》，其中實有重大錯失，此番乃加以改正。其改正要點全在辨認人類生命（人類心理）與動物生命（動物心理）異同之間。此一辨認愈來愈深入與縝密，遂有志於《人心與人生》專書之作。

一九二四年愚辭去北大講席，聚合少數朋友相勉於學。自是以後，數十年來不少相從不離之友，既習聞我「人心與人生」的講說，因之有記存其講詞至今者。據計算我以此題所作講演約有過三次。一次在一九二六年五月，一次在一九二七年二月，一次在一九三四年或其前後。

一九二六年春初愚偕同學諸友賃屋北京西郊大有莊（其地離頤和園不遠），現存有講詞一抄本，記明其時在五月。此一次也。一九二七年二月即爲舊歷臘尾年初，北京各大專院校的學生會聯合舉辦寒假期間學術講演會派人來訪，以講演相邀請。愚提出「人心與人生」爲講題，聲明講此題需時一個月，未知是否適宜。來訪者欣然同意。愚又提議印發聽講證件，向各聽講人收費銀幣一元之辦法。此辦法意在使人耐心聽講，不忽來忽去，且因那時交通非便，我每次入城需要車資。似此收費取酬的講演在外國原屬常事，在國內似乎前所未聞，乃亦承其同意照辦。據我今天記憶聽講證計發出一百有餘，開講地點在當時北京大學二院大講堂（各排座位次第升高，可容一二百人），講期約近一月，所講原分九個小題目，僅及其五。此又一次也。第三次，則在鄒平山東鄉村建設研究院爲研究部諸生所講者，今存其記錄而未標明年月，推計約在一九三四年或其前後。

如上所敘，多年只有講詞記錄，迄未正式著筆撰文。不過現存有一在一九二六年五月，有一在一九五五年七月，先後兩度所爲自序之文兩篇。從可見其時時動念著作。此書撰寫實開始於一九六〇年，顧未能傾全力於此一事。至一九六六年夏，計寫出第一至第七各章，突遇「文化大革命」運動，以自己所儲備之資料及參考用書盡失而輟筆。一九六七年遂改寫他稿。從一九七〇年乃重理舊緒，日常以大部分時間致力於此，雖間雜爲其他筆墨，而今卒得償夙願於暮年。

書雖告成，自己實不滿意。他且不說，即以文筆有時簡明順暢，有時則否，亦可見其學力才思竭蹶之情矣。蓋少年時因先父之教既恥爲文人，亦且輕視學問，而自勉於事功。其後知事功猶是俗念，不足取；惟於社會問題祖國外患則若無所逃責，終不屑脫離現實，專事學問。一生學識既疏且隘，寫此書時屢有感觸。談古中國文化則於古來經籍未曾一日用功。甚且不能通其文字章句。談及現代學術，則未能熟習一種西文，尤短於自然科學知識。若問其何以於自己所不能勝任的學術上根本性大問題，——人心與人生——竟爾勇於嘗試論述者，則亦有故。第一，年方十六七之時對於人生便不勝其懷疑煩悶，傾慕出世，尋究佛法。由此而逐漸於人生有其通達認識，不囿於世俗之見，轉而能爲之說明一切。環顧當世，此事殆非異人任。第二，生當世界大交通之世，傳來西洋學術，既非古人囿於見聞者之所及，抑且遭逢世界歷史大變局、祖國歷史大變局的今天，亦非生活在幾十年前的前輩人之所及。當全人類前途正需要有一種展望之際，吾書之作豈得已哉！

一九七五年七月十五日

漱溟自記

編後記

《人心與人生》首次問世之時爲一九八四年，由上海學林出版社印行。二〇〇四年收入「世紀人文系列叢書・世紀文庫」（上海世紀出版集團），除增補作者所寫的「自序」兩篇，並根據作者手稿對全書文字重新作了校勘，又於二〇一一年再次改版。此次臺灣商務印書館取得繁體版授權，據「世紀文庫」版（二〇一一年）重校，收入於學術文化的經典「OPEN」系列，在臺上市。

臺灣商務印書館編輯部 謹誌
二〇一三年十月八日

人心與人生 / 梁漱溟著；— 初版 .
臺北市：臺灣商務 ,2013.12
面 ；　 公分（Open ; 2:55）

ISBN 978-957-05-2882-4（平裝）

1. 人生哲學

191.9　　　　　　　102018828

廣	告	回	信
臺灣北區郵政管理局登記證			
台北廣字第6450號			
免	貼	郵	票

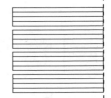

100台北市重慶南路一段37號

臺灣商務印書館　收

對摺寄回，謝謝！

OPEN

當新的世紀開啟時，我們許以開闊

OPEN系列／讀者回函卡

感謝您對本館的支持，為加強對您的服務，請填妥此卡，免付郵資寄回，可隨時收到本館最新出版訊息，及享受各種優惠。

■ 姓名：________________ 性別：□ 男 □ 女
■ 出生日期：______年______月______日
■ 職業：□學生 □公務(含軍警) □家管 □服務 □金融 □製造
□資訊 □大眾傳播 □自由業 □農漁牧 □退休 □其他
■ 學歷：□高中以下（含高中）□大專 □研究所（含以上）
■ 地址：
____
____
■ 電話：(H) ________________ (O) ________________
■ E-mail：________________________________
■ 購買書名：________________________________
■ 您從何處得知本書？
□網路 □DM廣告 □報紙廣告 □報紙專欄 □傳單
□書店 □親友介紹 □電視廣播 □雜誌廣告 □其他
■ 您喜歡閱讀哪一類別的書籍？
□哲學・宗教 □藝術・心靈 □人文・科普 □商業・投資
□社會・文化 □親子・學習 □生活・休閒 □醫學・養生
□文學・小說 □歷史・傳記
■ 您對本書的意見？（A/滿意 B/尚可 C/須改進）
內容 ______ 編輯______ 校對______ 翻譯______
封面設計______ 價格______ 其他______________
■ 您的建議：________________________________
____

※ 歡迎您隨時至本館網路書店發表書評及留下任何意見

臺灣商務印書館 The Commercial Press, Ltd.

台北市100重慶南路一段三十七號 電話：(02)23115538
讀者服務專線：0800056196 傳真：(02)23710274
郵撥：0000165-1號 E-mail：ecptw@cptw.com.tw
網路書店網址：http://www.cptw.com.tw 部落格：http://blog.yam.com/ecptw
臉書：http://facebook.com/ecptw